두레방 여인들

두레방 여인들

2017년 12월 25일 초판 1쇄 펴냄

펴낸곳 도서출판 **삼인**

지은이 문동환
펴낸이 신길순

등록 1996.9.16 제25100-2012-000046호
주소 03716 서울시 서대문구 연희로 5길 82(연희동 2층)

전화 (02) 322-1845
팩스 (02) 322-1846
전자우편 saminbooks@naver.com

디자인 디자인 지폴리
인쇄 수이북스
제책 은정제책

ISBN 978-89-6436-135-1 03330

값 14,000원

두레방
여인들

기지촌 여인들과
치유와 회복의 시간,
두레방 신학 30년

문동환 지음

삼인

감사의 말

"두레방은 하나님의 선교(Missio Dei) 신학을 기초로 기지촌 여성과 국제결혼한 여성들이 함께 모여 서로 도우면서 자신들의 억눌린   _004_
삶을 해방하며, 하나님이 주신 본래의 인간다운 삶을 살아가도록 돕는 것을 선교적 사명으로 합니다."

1986년 3월 하나님의 선교신학에 기초하여 의정부의 기지촌, 캠프 레드 클라우드에서 활동을 시작했던 두레방은 30년이 넘도록 처음마음을 잃지 않으려고 노력하며 활동을 이어왔다. 처음 설립 때부터 두레방의 목표는 이처럼 명확했고 이 목표는 두레방에서 활동하는 모든 활동가들과 오늘 만나는 여성들에게도 그대로 전해졌다. 그리고 두레방의 생명샘으로서 영원히 목마르지 않는 물줄기를 기지촌 여성들에게 전하려고 노력해 왔다. 그러나 현장 활동이라는 것은 오늘 만나는 피해여성들의 부닥친 문제와 씨름하면서 이의 해결책을 도모하는 데 급급한 것이 현실이었다. 초기부터 두레방은 여성들의 필요에 의해 다양한 프로그램들을 개발하며 돕는 데 적극적이었고 서로 돕는 공동체가 되도록 노력하였다. 이 프로그램들은 여성들의 사회통합과 자활, 화해와 치유를 위한 기제가 되기를 희망하였다. 또한 미군 주둔으로 야기된 기지촌 성매매문제는 우리 사회의 가부장제와 국가안보 최우선 정책이 낳은 취약한 여성들의 희생을 기반으로 한 비도덕적인 정책임을 직시했다. 그리고 여성들의 삶이 바뀌기 위해서는 정치적인 과제가 선결되어야 한다는 자각으로 지식인과의 연대, 국내외적인 다양한 민간단체들과의 연대를 통해서 군사화된 성매매의 속죄양인 여성들의 삶을 드러내는 데 주력했다.

그러나 이 활동이 두레방이 서 있는 자리, 하나님의 선교신학과 어떻게 연결되어야 할지에 대한 고민, 우리 교단의 신학과의 연결 지점이 있어야 한다는 고민은 늘 있어왔다.

문동환 박사님은 우리들의 큰 스승이셔서 결국에는 문동환 박사님의 손길을 거치지 않고서는 두레방 신학을 완성할 방법이 없었고, 이에 두레방은 문박사님께 간곡한 부탁을 드리게 되었다. 여러 어려움에도 불구하고 인생의 마지막 과제로 생각하시고 두레방 신학을 흔쾌히 써주신 문동환 박사님께는 어떻게 표현할 바가 없을 만큼 감사의 말씀도 전하기가 사실상 민망할 따름이다. 평생 키워온 그 많은 제자들은 어디에서 무얼하길래 이 책을 쓰셔야 하는지 고민하셨을 문박사님께 깊이 머리숙여 감사드린다. 이 책이 마중물이 되어 앞으로는 기지촌뿐만 아니라 이 땅의 성매매된 여성들을 위한 신학이 봇물터지듯이 흘러나올 수 있기를 바란다. 또한 우리의 교회와 신학이 설 자리를 생각하는 계기가 되기를 기대한다.

그리고 온세상의 폭력의 피해자들, 군사주의의 피해자들의 연대 속에서 하나님의 선교 과제를 발견하시는 문동환 박사님의 뜻이 세상의 모든 교회에 강한 울림이 되기를 소망한다. 온갖 폭력의 속죄양이었음을 아시고 이들의 눈물을 닦아 주기 위해서 힘쓰셨던 하나님의 뜻과 가장 취약한 여성들의 아픔을 미리 아시고 두레방에 앞서서 우리들을 인도하시는 하나님의 은총이 오늘 우리가 만나는 여성들의 만나가 되었음을 고백하지 않을 수 없다.

이 책의 출판을 위해서 처음부터 끝까지 도움을 주신 강순원 교수님과 한신 기독교교육과 제자들의 재능기부가 없이는 출판할 엄두가 나지 않았을 것이다. 깊이 감사의 말씀을 전한다.

또한 두레방 활동이 30여 년 가능했던 것은 한국기독교장로회 여신도회 전국연합회의 기도와 지원 덕분이었으며, 보이지 않는 수많은 여신도 교우 여러분들의 헌신과 기도 덕분이었다. 어떻게 한결같은 믿음으로 두레방의 활동을 전적으로 믿어 주고, 지지해 주고 지원해주셨는지, 이것이야말로 기적 같은 일이었다. 이 모두가 그리스도의 한 지체처럼 일사분란하게 움직이지 않았으면 불가능했을 팀 미니스트리였다. 깊이 감사드린다.

끝으로 이 책의 출판을 허락해 주신 삼인 출판사에 감사드린다.

2017년 12월 두레방
운영위원장 장 빈
여신도회 전국연합회 총무 인금란
원장 유영님

차례

두레방과 신학에 대하여

두레방 신학을 써달라는 부탁을 받은 지 5년이 넘었다. 사실 어떻게 전개해야 할지 실마리가 잡히지 않아 오랫동안 망설였다. 두레방은 미군 기지 사회에서 남성들의 무자비한 폭력과 난폭한 성욕에 희생된 불행한 여인들이 한데 부둥켜 노래하고 춤을 추며 위로하고 격려하는 모임터다. 두레방은 아내 문혜림(Harriett Faye Moon)이 1986년 의정부에서 미국 연합장로교의 협력을 받아 한국신학대학 졸업생 유영님과 함께 미군에게 몸을 파는 불행한 한국 여성을 돕기 위해 설립했다. 이후 두레방 운동은 한국기독교장로회 여신도회 전국연합회의 선교 프로그램으로 이어졌다.

두레방은 불행한 여성에게 영어를 가르치고 미국 풍습을 알려주면서 따뜻한 사랑의 공동체를 완성하는 것이 목적이다. 유영님과 아내는 기지촌 여인이 일하는 클럽을 찾아가서 두레방에 와서 영어도 배우고 미국 풍속도 익히라고 설득하며 알렸다. 처음에 그들은 의심의 눈으로 두 사람을 보았다. 그러다 한두 명씩 두레방에 나오기 시작했다. 하지만 영어 공부가 끝나면 곧바로 종종걸음으로 나가 버렸다. 그렇게 시간이 지나자 그들의 마음에 서서히 변화가 와서 아내와 유영 님과 친해졌다. 이후 두레방은 그 여인들의 안방이 되었다.

당시 "나 오늘 예수님을 만났어!" 하고 이따금씩 감탄하며 이야기보따리를 풀어놓던 아내의 모습이 생각난다. 이야기인즉슨 미군과 결혼한 여성이 라면 한 궤짝을 사서 가져왔다고 한다.

"왜 이런 데 돈을 써! 라면은 몸에 좋지 않아!"

아내가 말하자 그 여성은 이렇게 말했다.

"선생님, 그 라면을 파는 여자는 나보다 훨씬 더 가난해요. 그런 사람을 돕지 않으면 어떻게 해요!"

얼마 뒤 그녀가 누비이불로 아기를 둘러업고 두레방을 찾아왔다고 한다.

"왜 그런 비싼 누비이불을 사니? 절약해야지."

아내가 또 그렇게 충고하니 이렇게 말했다고 한다.

"선생님, 이런 이불을 만드는 일이 얼마나 힘든지 아세요? 나도 해 봐서 아는데 아주 힘들어요. 몹시 가난한 사람들만 이 일을 해요!"

아내는 그녀의 인정어린 마음에 감탄하며 예수님의 마음이 그랬을 거라고 얘기했다.

나도 여러 차례 두레방을 돕는 일을 했다. 그러나 정작 '두레방 신학'을 쓰려니 실마리가 잡히지 않는다. 두레방은 전 세계를 패망으로 몰고 간 산업문화의 맹주인 미군의 퇴폐 성욕을 채워주는 어처구니없는 제도의 산물이다. 그 당시 한국 정부는 미군의 퇴폐 성욕을 채워주고 받은 미국 달러를 주워 모아 나라 살림에 보충했다고 한다. 여기에서 무슨 의미 있는 신학을 말할 수 있을까?

이렇게 실마리를 잡지 못하던 나는 책상 위에서 오래전에 받아 둔

책 『두레방 여인들의 수기』를 발견했다. 십여 명의 여인이 쓴 처절한 삶의 이야기가 실려 있었다. 아니, 처절한 삶의 호소였다. 나는 무슨 거룩한 경전을 읽은 것처럼 손을 떨었다. 삶의 밑바닥에 있는 여인들의 아우성과 더불어 삶을 향한 그들의 마지막 절규를 들은 것이다. 한국 남성 사회에서 짓밟히고 밀려난 그들이 그 거친 삶의 막바지에서 중얼거렸다.

'고향에 있는 내 어머니를 위해서 견디어야지.'

'불행하게 태어난 내 자식들을 위해서 살아야지.'

'소망이 없어 보이는 내 가정을 그래도 버릴 수는 없지.'

쓰라린 삶을 유지하려고 있는 힘을 다 쏟아냈다. 그런 수모와 구박을 받으면서 어떻게 그토록 끈질기게 살려고 노력했을까? 끈질긴 그 삶의 원천은 무엇일까? 그것은 틀림없이 생명을 사랑하는 영의 절규다. 아니, 하느님의 형상으로 지음을 받은 영에서 치솟는 샘 줄기다.

이렇게 느끼는 순간 내 눈에 한 옹달샘이 보였다. 그 샘은 내가 나서 자란 동리 여인들이 물동이를 이고 찾아오는 옹달샘이다. 1994년 내 나이 74세가 되었을 때 딸 영미와 조카 영금이와 성근이, 그리고 동생 은희와 남편 박영신이 내가 죽기 전에 만주의 우리 고향 명동을 탐방하고 싶다고 하여 같이 간도의 명동을 찾은 일이 있다. 그때 동생 영환이는 연길의 한 과학대학에서 영어를 가르치고 있었다. 우리는 비행기를 타고 연길에서 자그마한 버스를 빌려 약 50리(20킬로미터)가량 떨어진 명동을 찾았다. 명동에는 교회와 학교를 중심으로 약 20호의 주택이 옹기종기 모여 있었다. 우리는 그곳을 학교촌이라고 불렀다. 그리고 이 학교촌을 중심으로 대여섯 개의 마을이 서로 긴밀하게 연계되어 있었다. 척박한 함경북도에서 살 길을 찾아 모여든 농민들이었다. 이 전체를 명동이라고 불렀다.

우리는 먼저 학교촌을 방문했다. 그러나 모든 것이 서글펐다. 학교 건물은 자취를 감추고 교정은 연초 밭이 되었다. 교회당을 찾았다. 건물만 남아 있었다. 언덕 나뭇가지 위에 올려놓은 종도 그대로 있었다. 그러나 그 교회당은 오랫동안 연초를 말리는 건초장으로도 사용하고 역사를 알리는 전시관으로도 사용했다. 간도 역사를 알리는 사진이 장식되어 있었다. 그 후 우리는 교회당 옆에 신축한 윤동주 생가를 들러보았다. 깨끗한 농촌 가정의 모습이었다. 본래 윤동주의 집은 동네 입구에 있었다. 그리고 과일 나무로 둘러싸여 있었다.

그런 뒤 우리는 우리가 살던 동거우를 방문했다. 동거우는 학교촌에서 한 5리(2킬로미터)쯤 되는 곳에 있는 자그마한 골짜기에 십여 채의 집이 모여 있던 곳이다. 내가 나서 8년간 뛰어놀던 곳이다. 여기에서도 우리는 매우 놀랐다. 십여 채였던 집들은 흔적도 없이 사라지고 모두 담배 밭이 되었다. 문화혁명 당시 홍위병이 난동을 부릴 때 다 파괴된 것 같다. 내가 다람쥐처럼 올라가서 놀던 커다란 느티나무도 사라졌다.

그러나 내 마음을 달래 준 것은 동리 아주머니들과 처녀들이 물동이를 이고 와서 우물물을 긷던 산기슭에 있는 샘물터였다. 그 샘터에서는 샘물이 여전히 송송 치솟았다. 물론 우물은 모래로 뒤덮여 있었다. 그러나 샘 줄기는 계속 퐁퐁 솟아서 자그마한 내를 이루었다. 내가 친구들과 자주 놀러 간 곳이다.

생각해보면 샘 줄기란 막을 수가 없다. 계속해서 솟는 법이다. 솟아오르는 샘물을 막을 도리는 없다. 만일 막으면 돌아서 나온다. 높은 언덕으로 가로막아도 샘은 계속 솟아 호수가 되고 그 언덕을 넘어서 다시 흐른다. 백두산 산정에 있는 천지호수를 생각해보라. 주변이 엄청난 암석으로 둘러싸여 드높은 산이 되었다. 그래도 샘물은 계속 솟아서 백두산 정상에 커다란 호수를 만들었다. 그리고 넘쳐흘러서 압록강과 두만강의 수원이 된다. 내가 살던 동거우에서 흐르는 샘 줄기도 명동촌에서 내려오는 물과 합쳐서 용정을 둘러싸고 흐르는 해란강과 합친다. 그리고 다시 흘러서 두만강과 하나가 되고 동해 바다로 흘러들어간다. 동해 바다는 태평양과 만나 구름을 내뿜어 다시 대지를 적시고 만물을 소생하게 한다. 그러면서 나는 옹달샘의 놀라운 힘을 느꼈다.

이 경험 회상이 두레방 신학의 실마리를 풀어 주었다. 일찍이 두레방 여인들의 경험담을 묶은 『두레방 이야기』를 읽은 일이 있다. 앞으로 설명하겠지만 갖은 천대와 고생을 겪은 두레방 여인들의 마음에서 생명 사랑의 샘이 솟아오르고 있었다. 그것이 두레방에 모여서 옹달샘이 되고 그것이 넘쳐서 세계 여러 고장으로 흐른다. 첫째, 미국으로 흘러들어 그곳에 있는 불행한 한국 여성들을 위한 무지개센터가 된다. 무지개센터는 미국에 왔다가 버림을 받아 거리에서 헤매는 불행한 한국 여성을 돌보는 프로그램이다. 감리교 여금현 목사가 주도했으며 당시 미국으로 돌아간 내 아내도 이 일에 참여했다. 둘째, 두레방 운동은 동남아시아 필리핀과 인도네시아 등으로 흘러서 그곳에도 태동했다. 그리고 국내에서도 이것이 여러 모양으로 표현이 되어 미국 정부와 한국 정부가 야합한 여성 수탈 제도에 항거하고 있다. 이러한 생명문화 운동은 억압받는 여성과 그들처럼 짓밟히는 자들의 저항을 통하여 살아나고 끈질기게 흘러간다. 이 흐름을 막을 도리는 없다.

그 후 두레방이 출판한 『아메리칸 앨리의 여성들』에서 필리핀에서 한국으로 이주해 고난한 삶을 살고 있는 이주 여성들을 상담한 이들의 고백을 읽었다. 미군기지촌에서 일하는 필리핀 여성들의 삶은 내가 읽은 한국 여성들의 조건보다 훨씬 더 열악했으나 그들의 마음에도 새 내일을 향한 샘물이 흐르는 것을 보았다. 그리고 그들 사이에도 그들 나름의 옹달샘이 이룩되고 있었다. 그러자 내 마음속에 인류를 향한 소망의 씨앗이 이 옹달샘 속에 있는 것이 아니냐는 생각이 떠올랐다. 앞으로 설명하겠지만 이런 옹달샘은 짓밟히고 천대받는 사람들 사이에서 형성되는 것으로 생각되었다. 이 글은 그것을 밝히려고 씌어졌다.

　그래서 우선적으로 제3세계에 대한 미국의 음모와 백인 문화에 의한 선주민 압살정책에도 불구하고 줄기차게 솟아오르는 생명문화운동에 대해서 파헤쳐보고자 한다. 이를 위하여 필자는 근년에 미국 역사를 밑바닥에서 훑어본 백인 역사가 하워드 진[Howard Zinn]의 『미국민중사(A People's History of the USA)』와 찰스 레이[Charles A. Reich]가 쓴 『미국의 인간성 회복(Greening of USA)』 그리고 아메리카 선주민 후손인 여성으로 미국 역사를 새롭게 본 록산 던바오르티즈[Roxanne, Dunbar-Ortiz]가 쓴 『아메리카 선주민이 본 미국 역사(An Indigenous People' History of the United States)』와 헤드릭 스미스[Hedrick Smith]의 『누가 아메리카 드림을 훔쳐갔는가?(Who stole the American Dream?)』를 중심으로 이야기를 펼쳐 나갈 것이다. 미국 역사에서 압사당한 아메리카 선주민운동이 되살아나 생명문화운동을 재연하게 되는지는 산업문화가 그 종국에 이른 오늘날 아주 중요한 물음이기 때문이다. 이것이 창세기 2장에서 12장에 기록된 하느님의 역사 경륜 원칙이 해당되는지를 논의 속에서 발견하게 될 것이다.

　이 책은 두레방 이야기와 예수운동을 성서의 전통에서 재음미하며 고찰한다. 전체적으로 우리는 먼저 두레방 여인들의 이야기를 음미하고 그 의미를 살려볼 것이다. 따라서 이미 두레방에서 펴낸 책에서 발췌한 십여 명 두레방 여인들의 이야기와 상담 자료가 보여주는 의미를 음미한다. 독자는 먼저 이 이야기를 읽으면 이 글이 말하려는 핵심을 쉽게 이해할 수 있다. 그리고 우리는 성서에서 전하는 히브리인 이야기를 다시 본다. 그리고 예수님이 창출하신 생명문화공동체의 모습을 음미하고 그것이 어떻게 거친 역사 속에서 흘러갔는지를 짚어볼 것이다. 그러나 이것이 예수님 전통에서만 이룩된다면 온 인류를 위한 진리라고 볼 수 없다. 인류의 다른 역사에도 타당해야 한다. 약자들, 특히 여자들에게서 솟아나는 샘이 모아 흘러서 결국 대해를 이룩하고 산업문화를 대치하는 생명문화를 창출해야 한다. 이것이 모든 생명의 줄기가 되시는 야훼 하느님의 역사 운영 원칙이기 때문이다. 이것을 밝히려는 것이 이 책의 목적이다. 그래야 우리에게 새 내일을 향한 소망이 주어진다.

그래서 우리는 창세기 2장에서부터 11장에 정리되어 있는 신화를 음미할 것이다. 이 전통은 하느님이 인류 역사를 어떻게 이끄시는지 비밀을 깨우쳐 준다. 먼저 하느님이 이집트에서 노예로 억압받고 수탈당하며 의지할 데가 없는 약자들을 이끄시어 과부, 고아, 떠돌이가 안심하고 사는 가나안 땅으로 인도하신 출애굽 전통을 살펴볼 것이다. 이것은 역사적인 사실이 아니다. 창세기 2장부터 11장은 하느님의 역사 경륜이 어떻게 재연되는지를 보여주는 설화다. 이 설화는 눌린 약자의 삶에서 솟는 샘물이 새 내일을 창출한다는 역사의 진리를 시사한다. 그리고 계속해서 갈릴리 청년 예수에게 이르는 히브리인 역사의 물줄기를 살펴볼 것이다. 그리고 놀랍게도 창세기 2장에서 11장까지의 주제가 그대로 히브리인의 역사로 발전하여 갈릴리 청년 예수에게 와서 아름다운 열매를 맺는다. 죄인 취급을 받는 약자를 새롭게 하는 두레방에서 새 사람이 되게 하신 것이다. 그리고 하느님 나라 시민이 되게 하신 것이다.

그러나 그 운동은 상반된 두 전통으로 갈라진다. 우선, 예수님을 따르던 무리는 예수님을 하느님의 영을 받은 위대한 예언자로 보고 이집트로 남하하면서 그가 하신 놀라운 일을 전했다. 그러나 바울은 예수님을 하느님과 동등한 영으로 보고 그는 우리의 죄를 대속하기 위해 인간이 되어 십자가에 달려 죽으셨다가 부활하여 하느님 우편에 앉아 계시다가 다시 오셔서 이 세상 나라들을 멸절하고 하느님 나라를 이룩하실 터이니 그를 믿는 자는 회개하여 이에 참석하라고 전했다. 예언자들이 다윗과 그 후손에게서 오실 메시아라고 예언한 주장을 강조하면서 이를 서방 로마로 가면서 전했다.

이 두 주장이 지중해 동쪽에 있는 알렉산드리아 지방에 와서 충돌했다. 그리고 서기 325년 니케아 회의에서 하느님의 영과 예수님의 영이 동일하다는 원칙으로 결정되었다. 바울 신학의 승리다. 그리고 이 신학이 20세기 해방신학이 탄생할 때까지 서구 신학을 지배했다. 그러나 종교개혁 당시 재세례파인 아나밥티스트 운동이 농민들 사이에 확산하면서 니케아 회의에서 지하로 잠적한 예수님을 위대한 메시아로 보았던 운동이 다시 일어났다. 그리고 이 운동이 전 세계에 기독교공동체운동으로 확산되었고 미주 대륙에도 정착되었다.

결론적으로 미국의 수탈사와 저항사 그리고 성서의 이야기라는 두 묶음을 종합하면서 인류 역사의 미래를 꿈꿔볼 것이다. 그리고 이 모든 생각은 두레방에서 새 내일을 찾은 여인들의 마음에서 솟아오른 샘 줄기에서 시작되었음을 다시 밝힐 것이다.

여기서 한 가지 전제할 것이 있다. 그것은 이 책은 학술서가 아니라는 사실이다. 학술적인 저서란 객관적으로 문제가 되는 사실을 여러 학설을 열거하면서 자기의 주장을 밝히는 작업이다. 그러나 이러한 작업은 필자가 언급하는 역사 범위가 너무 광대하여 취급할 수도 없고 필자가 역사학자도 아니므로 학술서의 성격을 벗어났음을 미리 밝혀 둔다. 이것은 말하자면 필자의 장편 설교라고나 할까? 그러나 필자는 설교라는 말을 기피한다. 교教를 설說한다는 것은 일방적이기 때문이다. 필자는 증언이라는 말을 선호한다. 필자가 역사를 살펴보면서 깨달은 바를 전하는 것이다. 증언이란 이를 뒷받침하는 역사적인 사건이 있다. 그 사건에 대한 필자의 깨달음과 견해다. 이런 증언은 언제나 대화의 문을 열어둔다. 그 사건을 다르게 보는 사람도 있을 수 있기 때문이다. 독자는 이 책을 대화에 초대하는 필자의 제언이라고 보아주기를 바란다.

첫째 마당

두레방 여인들의
증언

들여다보아야 할
이야기

여기서는 1986년에 설립한 '두레방'에 수없이 드나들던 여인들의 이야기를 풀어 나간다. 여인들의 솔직한 삶의 기록을 읽다 보면 그들이 오늘의 하비루라는 사실을 알 수 있다. 이 이야기들을 깊이 들여다보면 왜 인류의 새 내일이 그들의 삶에 뿌리를 내려야 하는지 알 수 있다. 이 이야기들이야말로 새 내일을 향한 삶의 나침반이 된다. 그들의 이야기는 앞에서 이야기한 두레방에서 출판한 두 권의 책에 실려 있다. 특히 한국 여성이 줄어들고 동남아 등지에서 온 이주 여성이 기지촌에 몸담으면서 그들이 이 땅에서 수난 당한 이야기를 듣자면, 이국땅에 팔려 와서 고생하면서도 고난을 이겨내고자 하는 뼈저린 모습이 기지촌의 한국 여성들과 꼭 같다는 것을 느꼈다. 모두 가난 때문에 몸을 팔게 되었고 고생하면서도 고국에 있는 부모와 형제에게 성실하게 돈을 보냈으며 그들 사이에 두레방과 비슷한 모임이 형성되어 서로 위로하고 의지하면서 지냈다.

두레방에서 펴낸 이 여인들의 이야기 중 한국 여성 13명의 사례와 필리핀 여성 4명의 사례를 뽑아 두레방 여인들의 가슴 아프지만 희망적인 이야기를 정리하여 함께 나누고자 한다. 여기에 나오는 인명은 모두 가명임을 밝혀둔다.

마음의 검은 그림자
입양 보낸 아이들

아버지는 내가 어렸을 때 돌아가셨다. 어머니는 가정환경이 어려워지자 여섯 살인 나를 의정부 뺏벌에 있는 한 업주에게 수양딸로 보냈다. 그러나 실상은 수양딸이 아닌 식모살이었다. 업주 집에서 내내 연탄에 밥을 짓고 아기를 봐주는 등의 일을 하고 학교는 다니지도 못했다. 그래서 지금도 글자를 쓰기가 어렵다. 나는 커서야 내가 식모살이에 종살이를 했다는 사실을 깨닫고 그 집에서 나왔다. 갈 곳이 없던 나는 친구 집에 머물다가 친구 소개로 클럽 일을 하게 되었다.

뺏벌 언덕배기에 있는 빠삐용 클럽인데 당시 내 나이 열아홉(1976년경)이었다. 소개소에서 일자리를 얻은 것이 아닌 데다 부양할 가족이나 동생이 없어서 빚은 별로 없었다. 원래 카운터 보는 일을 하기로 하고 들어갔는데 업주는 집요하게 성매매를 강요했다. 그때마다 거절했지만 업주는 싫은 내색을 강하게 드러냈다. 나는 그런 업주의 비위를 맞추려고 업주의 집 청소나 그 집 자녀를 돌보는 식으로 다른 일을 더 많이 했다.

어느 날 업주는 한 미군이 계속 나를 맘에 들어 하니 한번 만나보라고 또다시 강요했다. 나는 계속 싫다고 거절했다. 미군이 포기하지 않자 업주는 결국 나를 방으로 끌고 가서 폭행했다. 입 안이 터져 피가

나고 온몸에는 시퍼렇게 멍이 들었다. 그나마 여자 업주가 오면 진정이 되었지만 일주일에 두세 번은 그런 식으로 매를 맞았다. 그러다가 결국 나는 남자를 받게 되었다.

그 후부터 일주일에 두 번씩 보건소에서 검진을 받았다. 그러다가 차츰 검진을 받는 횟수가 줄어 일주일에 한 번씩 갔다. 그러던 어느 날 갑자기 대토벌(단속)이 나왔다. 그때 검진표가 없던 나는 경찰서에 사흘 동안 갇혀 있다가 벌금을 물고 나왔다. 가끔씩 보건소에서 네댓 명이 나와 보건소 건물이나 클럽 홀을 하나 빌려서 성병 관련 교육을 했다.

그렇게 지옥 같은 세월을 보내다 스물두 살 때 미군 남자 친구를 만나 업소에 남은 빚 약 200만 원을 갚고 클럽에서 벗어났다. 그리고 그 남자 친구와 4년을 살았다. 그 사이에 아이를 낳았는데 아이가 네 살 되던 해에 남자가 미국으로 떠나 할 수 없이 아이를 입양 보냈다. 나중에 알아보니 남자는 본국에 자녀 셋과 부인이 있었다.

022

아이를 입양 보내고 나니 오갈 곳도 없고 배운 것도 별로 없어서 일반적인 일을 찾을 생각은 엄두도 못 냈다. 그래서 다시 빠삐용 클럽으로 들어갔다. 그때 나이 스물일곱이었는데 클럽 뒤에 있는 방에서 손님으로 온 미군들에게 성폭행을 당했다. 클럽 안은 음악소리가 너무 커서 내 비명소리는 들리지 않았고 같이 있던 미군들은 도와주지 않았다. 이런 사실을 업주에게 이야기했지만 업주는 그들이 자기 손님이라서 신고하지 않았다.

다시 나는 스물아홉 살에 미군을 만났고 그 미군이 빚을 갚아 주어 클럽을 다시 나왔다. 그 남자와 3년 정도 살았고 아이를 낳았는데 남자가 미국으로 떠나 다시 아이를 입양 보냈다. 두 아이를 입양 보내고 나니 너무나 힘들어 그 전에는 잘 못하던 술을 마시기 시작했다. 술 없이는 하루하루가 힘들었다. 오갈 곳도 없는 데다 그나마 업주 아줌마는 잘해주는 편이어서 그곳에서 계속 일을 했다. 나중에 클럽이 없어져서 그만두고 나이트클럽에서 40대까지 바텐더로 일했다. 그 후 나이가 많아서 클럽 일은 그만두고 뻘벌의 한 식당에서 지금까지 일하고 있다.

한번은 동네에서 만난 한국 남성과 마음이 맞아 동거를 했다. 그 남자도 나처럼 술을 잘 마셨다. 그런데 2014년 갑자기 그 남자가 세상을 떠났다. 술을 마신 후 집 2층에서 내려오다 실족사한 것이다. 나는 한동안 그 남자의 부재를 믿기 어려웠다. 너무 슬퍼서 몇날며칠을 울며 지냈다. 그래도 겨우 정신을 차리고 퉁퉁 부은 눈으로 다시 식당으로 일을 하러 갔다. 식당 일이 끝나면 또 다른 언니가 하는 식당에서 술을 마시다가 늦은 밤에야 집으로 돌아오곤 했다.

두레방 바로 옆 식당에서 일할 때 두레방 선생들이 자주 찾아왔다. 나와 이야기를 하고 싶어 했지만 내성적인 나는 그들을 계속 피했다.

그런데도 두레방 프로그램에 참여하면 마음이 편할 거라며 자주 찾아왔다. 어느 날부턴가 차츰 그들이 낯설지 않고 짧게짧게 오가던 대화가 내 마음을 움직였다. 이젠 편안하게 두레방 사람들과 격의 없이 지낸다. 두레방 덕분에 술도 줄고 사회성도 좋아졌다. 마음의 여유가 조금씩 생기자 늘 내 마음 한편에서 검은 그림자로 남아 있던 입양 보낸 아이들의 실체가 겉으로 드러나 마음이 아팠다. 지금 어디서 어떻게 지내는지 생각하면 할수록 미안하고 죄스럽고 마음이 아프다.

A B C
인연

명자가 처음 두레방 문을 두드린 이유는 영어를 배우기 위해서였다. 두레방에 영어를 배우러 오는 여성은 대부분 미군과 국제결혼을 했거나 미군과 동거 중인 여성, 혹은 클럽에서 일하는 여성이다. 그런데 클럽에서 일하는 것도 아니고 남편이 미국인도 아닌 그녀가 영어를 배우러 왔다니, 다들 그 까닭이 궁금했다.

명자는 클럽에 취직하려고 동두천에 왔다고 한다. 궁금한 것이 많았지만 더 이상 이러쿵저러쿵 물을 수는 없었다. 우선 명자가 바라는 대로 영어 공부를 시작했다. 초등학교 졸업 후 공부할 기회가 전혀 없던 그녀에게 영어는 무척 생소하고 두려움의 대상이었다.

두레방에서는 우선 영어에 대한 두려움을 없애기 위해 자신감을 심어주고 앞으로 살아갈 준비와 계획을 함께 고민하고 염려해 주었다. 명자가 Ａ Ｂ Ｃ 영어를 한 글자 한 글자 깨우쳐 나가는 만큼 두레방과도 점점 관계가 끈끈해졌다.

명자는 두레방에 올 때마다 기막힌 과거 보따리를 조금씩 풀어놓았다. 명자는 농사를 짓는 시골 농가에서 1남4녀 중 넷째로 태어났다. 집안 형편이 너무 어려워 초등학교를 간신히 졸업하고 공장에 시다(견습생)로 취직했다. 공장 기숙사에서 기거하던 그녀는 또래 친구들과 몰려다니며 술도 마시고 담배도 피웠다. 그런데 어느 순간 그런 생활이 자신과는 어울리지 않는다고 느꼈다. 열여덟 살 때 유행성 출혈열에 걸려 죽을 고비도 넘겼다. 그때는 병명이 무엇인지도 몰랐다. 출혈이 계속되자 부모님 손에 끌려 병원을 갔는데 우습게도 병원에서는 임신했다가 유산하여 그런 거라는 엉뚱한 진단을 내렸다. 그것 때문에 부모님은 명자를 곱지 않은 시선으로 보기 시작했다.

그런데 명자에게 잊을 수 없는 끔찍한 일이 일어났다. 퇴근길에 동네에서 가방가게를 하는 남자가 그녀를 끌고 가서 강간을 했다. 명자는 그날부터 사흘 동안 남자의 가게 한편에 있는 골방에 갇혀 지냈다. 남자는 병 주고 약 주는 식으로 극진히 보살폈다. 그 남자는 오래전부터 명자를 좋아했다고 고백했다. 사흘 후 남자의 가게 골방에서 나올 수 있었지만 공장에 출근하는 것은 고사하고 그 동네에서 얼굴을 들고 다니는 것조차 힘들었다.

명자는 그때 죽을 결심으로 여기저기 방황하며 돌아다녔다. 자기에게 그런 일이 일어났다는 사실이 믿어지지 않아 앞날이 캄캄할 뿐이었다. 몇 번이나 죽을 결심을 했지만 그것도 마음처럼 되지 않았다. 가방가게 남자는 자기가 책임질 테니 이 기회에 함께 살자고 했지만 명자는 그 남자의 얼굴을 보는 것만으로도 소름이 돋았다. 하지만 그 일이 있은 지 3개월 뒤 명자는 임신한 사실을 알았다.

이 사실을 안 부모는 펄펄 뛰며 그 남자와 당장 결혼하라고 했다. 명자는 모든 걸 포기하는 심정으로 그 남자와 살림을 차렸다. 하지만 임신한 아이는 이내 유산되고 말았다. 결혼 생활은 그럭저럭 평탄했다. 남편은 명자에게 극진했고, 둘이 함께 장사하여 가게도 늘려갔다. 그러다가 다시 현식이가 태어나고부터 결혼 생활은 걷잡을 수 없이 엉망이 되었다. 아이가 선천성 장애아였기 때문이다. 병원에서는 더 두고 보자는 말만 할 뿐 병명조차 제대로 알려 주지 못했다. 도무지 믿을 수 없던 명자는 이 병원 저 병원을 전전했다. 병원마다 진단이 달랐다. 어느 병원에서는 아직 우리나라에서는 치료가 불가능한 염색체 이상 정신지체아라고 했고, 또 어느 병원에서는 뇌성마비라고 했다.

이리저리 병원을 다니면서 명자는 한 가지 사실을 깨달았는데, 가난한 사람에게 병원 문턱은 너무 높고, 우리나라에서 현식이 같은 장애아를 지속적으로 치료할 수 있는 시설은 전무하다는 것이었다. 더욱 기가 막힌 건 남편이 자식을 위해 아무런 노력도 하지 않는다는 사실이었다. 노력은커녕 현식이가 태어난 지 얼마 지나지 않아 아이를 포기하고 아무 데나 맡기자고 했다. 나중에는 아예 아이를 버리자는

025

말까지 했다. 하지만 절대 그럴 수는 없는 노릇이었다.

그러다 보니 아이 때문에 심하게 다투는 일이 잦아졌다. 남편은 결혼하면서 끊은 노름을 다시 시작했고, 돈을 벌기는커녕 허구한 날 노름방에서 지냈다. 명자는 참다못해 집을 나와 보았지만 남편은 달라지지 않았다. 급기야는 명자 모르게 가게 전세금까지 빼서 달아나버렸다. 처음에는 너무 어이가 없고 기가 막혀 울기만 했다. 하지만 아이를 위해서 울고만 있을 수는 없었다. 어떻게든 남편을 찾아 이혼하고 위자료를 받아내야겠다고 생각했다. 혼자서라도 아이를 위해 살아야 한다고 생각했다. 몇 달 동안 제대로 먹지도 자지도 못하면서 남편 친구들을 수소문해서 결국은 남편을 찾았다. 남편은 이미 노름으로 전세금을 거의 날린 상태였다. 그나마 남아 있는 몇 푼의 돈을 받고 남편과 헤어지기로 했다. 하지만 이혼 절차는 쉽게 진행되지 않았다. 이혼을 약속하고 법원 가기로 한 날에 나타나지 않았다.

결국 명자는 합의 이혼을 포기하고 미군과 국제결혼해서 살고 있는 친언니를 찾아 동두천으로 갔다. 그때 명자에게는 '그래, 미국으로 가자.' 하는 생각이 제일 먼저 들었다. '미국으로 가면 누군가가 현식이를 치료해주겠지' 하고 생각했다. 명자는 미국 갈 방법을 찾으려고 동두천으로 온 것이다. 당분간은 언니네 집에 머물면서 집안일을 하며 지냈다. 언니는 전 남편과 이혼한 뒤 재혼해서 살고 있었는데 아이와 피부색이 달랐다. 게다가 주말부부인 언니와 형부는 그다지 정이 많은 사이도 아니었다. 언니는 블랙마켓(미군 부대 내의 잡화를 빼내어 불법 유통하는 일)을 하거나 화투를 하느라 집을 비우는 일이 잦았다. 그러다 보니 집안일은 전부 명자의 몫이었다.

어느 날부터인가 형부는 언니가 집을 비운 틈을 타 명자에게 추근거리기 시작했다. 날이 갈수록 형부의 추근거림이 심해지자 명자는 더 이상 견딜 수 없어서 하루빨리 직장을 구해서 나가기로 했다. 하지만 직장은 쉽게 구해지지 않았다. 더욱이 명자에게는 하루 종일 돌보아야 하는 아이가 있기 때문에 남들처럼 평범한 직장을 구하기는 어려웠다. 그러다 보니 밤에 하는 일을 찾게 되고, 결국 동두천에 즐비하게 늘어선 미군 전용 클럽에 나가기 시작했다. 아이는 밤에만 잠깐 아이 보는 사람에게 맡겼다.

명자는 가슴에 맺힌 한을 토해내듯 두레방에서 과거를 조금씩 들춰냈다. 가슴에 묻어둔 삶의 이야기를 털어낼수록 그녀의 얼굴은 밝아졌다.

그러던 어느 날, 명자가 밝은 얼굴로 이렇게 말했다.

"아주 오랫동안 가슴병을 앓았는데 이 두레방에 나오면서 없어졌어."

명자는 남편과 결혼하고 현식이를 낳고 살면서부터 까닭 없이 가슴이 답답하고 종종 숨을 쉴 수 없는 통증을 느꼈다. 가슴병 때문에 병원을 숱하게 다녀보았지만 아무 소용이 없었는데 두레방에 와서 감쪽같이 나았다는 것이다.

말수가 적고 우울한 낯빛으로 지내던 명자는 밝고 따뜻한 성품을 회복했다. 두레방에 오는 다른 회원과도 많이 가까워졌다. 클럽에서 일하며 알게 된 여성들에게 두레방을 소개하거나 그중에서 처지가 어려운 여성은 명자가 직접 두레방으로 데려왔다.

명자는 클럽에 다닐 때 다른 여성들과 달리 밤에 미군을 받지 않았기 때문에 주인에게 수모를 많이 당했다. 그렇지만 한 번도 힘든 내색을 하지 않았다.

"낮에 두레방을 가면 내 이야기를 들어 주는 사람들이 있으니 힘들지 않아."

밤에는 클럽에서 일하고, 낮에는 거의 두레방에서 살다시피 하던 명자는 어느 날 공동식사 프로그램을 돕겠다고 했다. 그렇지 않아도 업무가 많은 젊은 실무자들이 공동식사 준비 때문에 힘들어하는 것이 안쓰러웠던 모양이다. 우리는 이러한 명자의 제안을 기쁘게 받아들이고 두레방에 오는 다른 회원들도 어느덧 명자를 두레방 공동식사 프로그램을 지원하는 활동가로 인정했다.

명자는 두레방에 깊은 애정을 갖고 모든 일에 적극적으로 참여했다. 두레방에 큰 잔치가 있으면 누구보다도 이른 시간에 혼자 나와 행사를 준비했다. 동두천 두레방에서 명자는 다른 실무자들 못지않게 회원들에게 신임을 받았다. 특별히 명자를 찾아 상담을 청해 오는 여성도 많았다.

명자가 두레방과 인연이 꽤 깊어졌을 때 한 미군을 만나 결혼을 했다. 그때는 한국 남편과 이혼수속도 다 마친 상태였다. 한 번 결혼한 경험이 있는 그 미군은 현식이를 양자로 입양해서 치료를 받을 수 있도록 했다. 그는 자신들 사이에는 현식이 하나로 족하다며 더 이상 아이를 낳지 않기로 했다. 명자는 새 남편과 함께 미국으로 떠나기 전 우리에게 이러한 말을 들려주었다.

"내가 클럽에 취직하기 전에 두레방을 먼저 알게 되어서 얼마나 기쁜지 몰라요. 만약 두레방을 여지껏 모르고 살았다면 나도 다른 여성들처럼 함부로 몸을 굴렸을 거예요. 나를 지키는 힘을 준 곳이 두레방이에요. 아마 평생 잊지 못할 거예요. 오래도록 같이 있고 싶지만 이렇게 떠나니 너무나 서운해요. 미국에 가서도 지금 내가 가지고 있는 빛깔 잊지 않고 살게요. 이런 곳에 두레방이 있어서 얼마나 좋은지 몰라요."

그렇게 정만 가득 남겨 놓고 명자는 미국으로 떠났다. 시애틀에 정착한 명자는 우리에게 편지를 꼬박꼬박 보냈다. 마치 옆에 있는 친구에게 마냥 신기하기만 한 새로운 생활에 대해 재잘거리며 수다를 떠는 것

같았다. 막막하지만 이제 영어도 제법 익숙해졌고 현식이도 특수학교
에 입학했으며, 자신도 자원봉사를 시작했다고 전했다. 얼마 전까지 종
이에 꾹꾹 눌러 쓰던 편지는 이제 전자우편으로 바뀌었다. 자신의 시련
을 성실한 삶으로 충족하려고 노력하며 사는 명자의 모습은 바다 건너
에 있는 우리에게 무엇보다도 우렁찬 파이팅 소리처럼 들렸다.

다시 찾은
우리 가족

나는 그래도 잘 풀린 편이다. 기지촌에서
일하다가 미군을 만나 결혼해서 미국으로 건너간 아가씨들 중에는 여
기서보다 더 불행하게 사는 경우도 많다. 남편을 따라 미국에 가서 산
지 12년 만에 돌아와 보니 우리나라도 참 많이 변했다. 무엇보다도 우
리나라를 떠날 때 나를 버리다시피 한 가족이 너무 따뜻하게 맞아 주
어서 눈물 나게 기뻤다.

나는 올해 서른여덟 살로 전라북도의 시골 농가에서 태어났다. 3남
3녀의 둘째이며 딸로는 맏이다. 아버지는 1974년에 돌아가셨는데 내
가 어렸을 때만 해도 우리 마을의 지서장이셨다. 일제강점기 때 도쿄
에서 공부도 하고 인물도 훤하게 잘생긴 분이다. 하지만 노름과 아편
으로 지서에서 파면당하는 바람에 어머니와 우리 6남매를 지지리도
고생시켰다.

맏딸인 나는 어머니 일손을 돕고 동생을 돌봐야 했다. 초등학교도
졸업할 수 없었다. 이렇게 살다가는 동생들 초등학교도 못 보내겠다
싶어서 중학교를 졸업하고 집에 있던 오빠와 나는 두 동생을 데리고
무작정 서울로 올라왔다. 어린 동생과 막내 동생은 어머니에게 남겨

두었다. 그때가 1965년이니까 내 나이 열네 살 되던 해다.

그 당시 정릉 산동네에는 판잣집이 많았다. 우리는 방 한 칸을 세를 얻어서 서울 생활을 시작했다. 어린 것들 넷이서 하는 살림이니 오죽했으랴. 다시는 생각하고 싶지도 않은 기억이다. 나는 일단 공장에 취직했다. 미국에 장갑을 수출하는 회사였다. 월급이 2000원 하던 시절인데 시다인 나는 항상 잔업까지 하고 밤 12시가 다 되어서야 퇴근하며 받은 돈이다. 그래도 쌀 한 말에 300원, 연탄 한 장에 20원 하던 때니 나도 참 악착같이 일했다. 한밤중에 집에 오면 음식점에 가서 일손도 도와주고, 이웃집 빨래도 해 주면서 돈을 벌었다. 열네 살짜리가 동생들 먹여 살리려면 시다 월급으로는 도저히 불가능했기 때문이다.

오빠는 그 생활을 견디지 못하고 일 년 후 어디론가 나가버렸다. 아마도 불량배들과 어울린 것 같았다. 열한 살, 여덟 살 되는 동생 둘을 동시에 초등학교에 입학시켰다. 하도 굶어서 살가죽이 벗겨지는 병에 걸리면서도 죽어라 일하다가 내 나이 어느덧 열여섯 살이 되었다. 근근이 모은 100만 원으로 전세방을 한 칸 얻은 다음, 부모님을 서울로 모셔왔다. 오빠가 가출한 것을 빼고는 비교적 행복한 생활이었다.

어머니는 시장에서 생선 장사를 하고 아버지는 연탄배달을 해서 동생들을 학교에 보냈고 조금씩 저축도 했다. 나는 사춘기에 접어들었고 같은 공장의 조장과 연애를 시작했다. 못 먹고 못 입어도 나는 젊었으니까 고생하면서도 내 성격은 늘 활발했다.

우리 집은 점점 여유를 찾아 삼양동 산동네로 독채 전세를 얻어 이사했다. 그런데 호사다마好事多魔라고 했던가, 돈을 버느라 억척스럽게 일하던 어머니가 덜컥 앓아누웠다. 하도 못 먹어서 영양실조로 살점이 떨어져 나가는 병이었는데, 사람들이 나병으로 판단하고 강제로 소록도로 보내 버렸다. 나도 못 먹어서 그런 경험을 했기 때문에 아무리 아니라고 해보았지만 소용없었다. 전부터 폐병을 앓던 아버지는 충격을 받아 병세가 더욱 악화되었고, 나는 다시 가장이 되었다.

이렇게 살다가는 모두 죽을 것 같아 청량리에서 오빠를 보았다는 사람의 말만 믿고 오빠를 찾아갔다. 그 일대를 헤매며 수소문한 끝에 명동에서 깡패 중간 보스라는 오빠를 찾았다. 동생들을 보살피다가 내게만 떠맡기고 가출한 오빠였지만 기댈 곳이라고는 오빠밖에 없었다.

오빠와 오빠 친구들이 소록도에 가서 어머니를 빼오는 데 성공했다. 어머니가 소록도에 갇힌 지 1년이 지났을 때였다. 어머니가 집으로 돌아오신 지 2년 뒤에 아버지는 병으로 돌아가셨지만, 어머니는 지금도 건강하시다.

나는 오빠가 그 세계에서 빠져나오도록 울기도 하고 애원도 하며 온갖 애를 썼지만 쉬운 일이 아니었다. 심지어 오빠를 경찰에 신고까지 했다. 그러던 어느 날, 오빠는 드디어 명동파에서 빠져나오겠다고 결심했다. 명동파는 배신당했다고 판단하여 매우 심하게 때리고 심지어는 칼로 몇 군데나 찌른 뒤 아직 목숨이 붙어 있는 오빠를 장위동의 으슥한 산기슭에 돌무더기로 덮어놓은 채 버리고 갔다. 조금만 더 피를 흘리고 방치되었다면 오빠는 죽었을지 모른다.

그런데 마침 그때, 지금의 올케 언니가 친구와 함께 저녁 산책을 하다가 돌무더기 아래에서 사람의 손이 움직이는 것을 발견했다. 무서워서 정신없이 도망치다가 살려야겠다는 생각이 들어서 다시 올라가 자취방으로 옮겨 돌봐 주기 시작했다고 한다. 그 사이에 둘은 정이 들었다. 어느 날, 오빠는 배가 불러오는 올케를 데리고 삼양동에 살고 있던 우리 가족에게로 돌아왔다.

고생을 모르고 자란 올케지만 가난한 집에 시집와서 곧잘 버티어냈다. 우리는 친자매처럼 모든 것을 털어놓으며 지냈다. 그러던 어느 날

내 몸이 이상한 걸 알았다. 공장에서 연애하던 조장이 나를 겁탈했고, 나는 그만 임신한 것이다. 올케 언니는 내 말을 듣고 조장을 찾아갔다. 그런데 그 남자는 어이없게도 이미 결혼한 남자였다. 나는 울면서 유산했다. 내 젊음이, 진실이 이런 아픔으로밖에 보상받을 수 없어서 너무나 서글펐다.

그 뒤 오빠는 군대에 갔는데 얼마 있다가 탈영했다. 그때만 해도 탈영은 거의 총살이었다. 군사재판에서 민사재판으로 옮겨 목숨을 구하려면 100만 원이라는 거금이 필요했다. 1973년, 1974년 한창 무서운 시절이었다. 버스회사 식당에서 밥을 해주며 돈을 벌던 올케와 장갑공장에 다니던 내 수입을 몽땅 합해 보았자 발끝에도 미치지 못하는 거금을 어떻게 마련할 것인가.

기지촌에 가면 큰돈을 미리 당겨 쓸 수 있다는 얘기를 들었다. 오래 망설였지만 사람 목숨을 구하는 일이 가장 급하다 싶어 100만 원을 당겨 오빠를 구했다. 그리고 나는 문산에 있는 파라다이스 클럽에 들어갔다. 그렇게 기지촌 생활을 시작했다.

파라다이스 클럽은 문산에서 제일 크다. 클럽 뒤에 딸린 집 한가운데는 분수도 있었다. 아가씨들이 많아서 작은 방이 줄줄이 있는데, 나도 그중 한 방에서 손님을 받았다. 미군들한테 꽤 인기가 있다 보니 클럽에서도 인정을 받았다. 그때만 해도 기지촌은 경기가 좋았다. 지금은 미군이 직업군인이라서 저질도 아주 많지만, 그때는 착하고 교육 수준도 높은 미군이 많았다.

나는 돈을 버는 대로 쓰지 않고 모아 두었다가 일주일에 한 번씩 집에 가져다주었다. 그 또래의 아이들처럼 못 먹고 못 입는 동생들이 가여워서 먹을 것이랑 옷가지랑 사들고 들어가면 어머니는 내가 불쌍하다고 눈물 바람이었고, 나는 나대로 고생하는 어머니가 안쓰러워 눈물 바람을 했다.

지금도 가슴에 못이 박여 멍울져 있는 일이 있다. 내가 안 먹고 안 쓰고 모아서 사간 옷가지를 동생들은 더럽게 번 돈으로 산 거라며 입지 않겠다고 밀쳐 버렸다. 물론 나중에 입기는 했다. 또 어머니는 내가 드리는 생활비를 굶어죽을 수 없으니 할 수 없지 않느냐는 식으로 마지못해 받았다. 가족은 내가 왜 기지촌까지 가게 되었는지 뻔히 알면서도, 게다가 그 돈으로 먹고 살면서도 계속 나를 멸시했다. 집에 다녀온 날은 눈이 퉁퉁 붓도록 울었다. 못 사는 가족이 불쌍해서 울었고, 가족에게조차 멸시당하는 내가 불쌍해서 또 울었다.

그래도 나는 집에 꼬박꼬박 생활비며 동생들 학비를 댔다. 오빠가 능력이 있어야 가족을 책임지겠다 싶어서 무리해서 중고로 요꼬 기계(스웨터 원단을 편직할 때 사용하는 기계) 두 대를 들여 놓았다. 다행히 오빠와 동생 둘이 요꼬에 매달리며 가족 생계를 이어갔다.

어느 날 괜찮은 미군이 나와 결혼하고 싶다고 했다. 나도 지긋지긋한 이 기지촌을 빨리 떠나고 싶어서 서류상으로만 결혼했다. 한국을 떠나던 날, 비행장으로 전송 나와 달라고 가족에게 여러 번 부탁했기에 쉴 새 없이 두리번거렸지만 끝내 아무도 나오지 않았다. 나는 그때 울면서 맹세했다. 절망과 천대만 준 나라, 다시는 한국 땅을 밟지 않겠다고. 이제 내게는 희생만 강요하고 끝내 멸시만 준 가족 따윈 없다고 이를 악물었다.

나는 고생을 타고난 모양이다. 남편을 따라 들어간 시댁은 한마디로 빈민 계층이었다. 시부모님은 착하디착했지만 무능했다. 미국에 가기만 하면 고생은 면할 거라고 생각했는데, 그런 나의 기대는 여지없이 깨지고 말았다.

나는 다시 결심했다. 새 가족을 위해서 또다시 일해야겠다고. 직장

033

을 두 개나 구해서 겹치기로 일했다. 통조림공장과 청바지공장이었는데 일은 고되지만 그만큼 보수는 괜찮았다. 시댁이 얼마만큼 살게끔 하는 데 2년이 걸렸다. 독일을 거쳐서 오클라호마주에 이르기까지 13년을 사는 동안 나는 잠시도 쉬어본 적이 없다. 그래도 그동안 예쁜 딸과 아들을 하나씩 낳았다.

내 몸도 무쇠로 만든 게 아닌지라 그동안 여러 번 쓰러졌고, 큰 수술을 세 번이나 받았다. 오클라호마에서는 봉제 일을 했는데 공장으로 출근하지 않고 하청을 받아 집에서 일했다. 일솜씨가 깔끔하고 야무지다는 소문이 나서 일감이 늘 밀려들어왔다. 일을 많이 하다 보니 가정을 돌볼 시간이 넉넉하지 않았다. 하지만 다행히 남편과 아이들이 잘 도와주었다. 특히 아이들이 영리해서 공부를 잘했고, 자랑스럽게도 재미교포를 위한 한국어 신문에 기사가 실린 적도 있다.

가족과 완전히 의절했다는 생각에 모질게 마음먹고 시작한 미국 생활이지만 막상 미국에 도착하고 보니 말도 안 통하고 아는 사람 하나 없어서 막막하고 외로웠다. 그래서 다시는 가족과 연락하지 않겠다던 결심을 깨고 집으로 몇 번 편지를 띄웠으나 답장이 없었다. 친정과의 연락을 거의 포기하고 살아가던 차에 막내 동생한테서 연락이 왔다. 대학 입학시험에 합격했는데 돈이 없어서 등록을 못하니 좀 도와달라는 내용이었다. 원망스러운 마음은 씻은 듯이 사라지고 더 죽자고 일해서 4년간 남동생의 대학 등록금을 보냈다.

남편은 몸이 점점 쇠약해지는 내가 걱정스러운지 그만 일을 쉬라고 했다. 나도 그동안 막내 동생이 대학을 졸업해서 이제 대학등록금을 보내지 않아도 되어 1년만 한국으로 근무 신청을 내달라고 남편한테 부탁했다.

남편은 지난해 11월, 의정부 캠프스탠리에 부임했고, 우리는 부대 근처에 작은 사글셋방을 얻었다. 오랜만에 밟아 본 고국 땅은 정말 많이 변해 있었다. 내가 벌어온 돈을 더럽다며 비웃던 어머니와 동생들도 이제는 진심으로 나를 아껴 주고, 지난날의 속좁음을 뉘우쳤다. 요즘 나는 서른여덟 평생에 처음으로 행복감을 맛보며 살고 있다. 비록 몸은 쇠약해졌지만 가족을 다시 찾았기 때문이다.

내 주변의
모든 남자

수연의 어린 시절은 그리 행복하지 못했다. 어린 시절을 떠올리면 곧 성폭행으로 얼룩진 기억을 더듬어야 했다.

수연의 엄마는 수연이가 세 살 때 아버지의 구타를 견디지 못해 도망갔다. 그 뒤로 수연은 줄곧 친할머니 밑에서 자랐다. 할아버지가 계셨지만 새할아버지여서 그런지 수연을 몹시 구박했다. 할머니와 할아버지는 수연이 때문에 싸우는 날이 많았고, 어느덧 할머니도 수연을 거추장스럽게 여기며 구박하기 시작했다.

하루는 할아버지가 수연을 부르더니 몸을 더듬고 이상한 짓을 했다. 무서워서 마냥 울기만 한 수연은 할머니에게 이야기했고, 그 문제로 다투기 시작한 두 분의 관계는 더욱 나빠졌다. 수연이가 어린 시절에 할아버지에게 당한 일은 시작에 불과했다. 고모부, 동네 오빠, 친아빠, 삼촌의 친구 등 그녀 주변에 있는 사람들은 온통 그런 짓만 원하는 사람뿐이었다.

수연은 더 이상 그런 상황을 견딜 수 없어 고등학교 2학년 때 집을 나와 자취를 시작했다. 그러던 어느 날, 시골에서 할아버지가 올라와서는 사소한 일에도 꼬투리를 잡아 몽둥이로 때렸다. 수연은 그 길로 자취방에서 뛰쳐나와 여기저기를 헤매다가 한강 둔치에서 허기와 고통을 견디다 못해 쓰러지고 말았다. 그때 한 아저씨가 다가오더니 먹을 것을 사주고 술까지 먹이고는 여관으로 데리고 가 성폭행을 했다. 아침에 눈을 떠보니 그 아저씨는 수연의 머리맡에 돈을 남기고 이미 가버렸으며 자신의 아랫도리에는 피가 묻어 있었다.

자취방에서 나온 수연은 어디로 가야 할지 몰랐다. 친아빠는 새엄마의 눈치를 보느라 집에 오지 못하게 했다. 그러던 중 알고 지내던 동네 오빠와 동거를 시작했다. 시간이 지나자 이렇게 살다가는 앞으로 절대 스스로 설 수 없을 것이라는 생각이 들어 말없이 그곳을 떠났다. 하지만 운명은 가혹했다. 그 집을 나오고 나서야 수연은 자신이 임신한 사실을 알았고, 이미 8개월을 넘어서고 있었다. 그때까지도 수연은 미련하게 아무것도 몰랐던 것이다.

어쩔 수 없이 수연은 할머니에게 갔다. 할머니는 수연의 불러 있는 036 배를 보고 상황을 눈치 챘다. 평소에 수연에게 돈 한 푼 주지 않던 할아버지가 수술하라며 돈을 내주었다. 수연은 얼핏 아이의 얼굴을 보았다. 함께 산 동네 오빠의 얼굴을 닮아 있었다. 무엇 때문인지는 몰라도 그때 눈물이 참 많이 나왔다. 비록 떠나보낸 아이지만 이미 다 자라 온전히 사람 꼴을 하고 있었다. 할머니는 그 아이에게 옷을 해 입혀 뒷산에 묻었다.

너무 일찍부터 삶의 궁지로 몰린 수연은 우여곡절 끝에 군산 아메리카타운에 있는 '사보이 클럽'에서 일을 하게 되었다. 그러나 그곳 생활도 만만치 않았다. 결국 버티지 못하고 빚 70만 원을 남겨 놓은 채 친구와 야반도주하여 이곳 의정부로 도망을 왔다. 유독 영어를 못한 수연은 이 동네에 있는 한 클럽에서 일을 하기 시작했지만 보건증을 발급받지 못해서 그만두어야 했다. 그러던 중 제임스라는 백인 미군을 만나 동거하고 결혼을 약속했다. 수연은 영어를 할 줄 몰랐기 때문에 아주 기본적인 대화조차 할 수 없었다. 그래서 제임스에게 무언가 이해시켜야 할 때마다 두레방에 와서 편지를 부탁했다. 수연은 동거를 하며 결혼수속을 준비했고 시내 다방에서 일을 시작했다.

어느 날, 다방에서 일을 마치고 집에 돌아와 보니 제임스가 보이지 않았다. 마치 도둑맞은 꼴로 어수선하게 어지럽혀진 방 안을 보고서야 제임스가 떠났다는 사실을 알았다. 그는 자기 물건을 전부 챙겨서 떠났다. 아주 작은 물건조차 흘리지 않고 샅샅이 잘도 챙겨서 떠났다. 심지어는 자신의 베갯잇까지 뜯어갔다. 수연은 자기와 결혼까지 약속한 사람이 그런 식으로 떠나버렸다는 사실에 큰 충격을 받았다.

수연의 형제는 셋이지만 호적이 다 다르다. 차라리 어릴 때 자신을 고아원에 버렸더라면 이렇게 비참하게 살지는 않았을 거라고 생각한 적도 많다. 수연은 우연히 두레방의 한 실무자를 알게 되어 두레방을 드나들기 시작했다.

어느 날 수연이 눈물을 글썽이며 말했다.

"저에게 이렇듯 친절하게 대해 주는 사람은 처음이에요."

수연은 이 사회에서 여자로 태어나서 여자라는 이유로 당한 고통을 보상받는 길은 곧 이웃에 대한 사랑을 확신하고 신뢰하는 것이라고 우리에게 말하고 있다.

상처보다 선명한
삶의 힘

순녀는 지금까지 살아오면서 받은 충격으로 어릴 때의 일을 거의 기억하지 못한다. 기억나는 오직 한 가지는 아

버지 같은 사람이 업어서 개울을 건네주던 장면뿐이다. 그다음 기억
은 고아원 같은 곳에서의 생활인데, 그것도 역시 필름 끊기듯 토막토
막 기억날 뿐이고 한참 후에 한 시골에서 일을 도와주고 밥을 얻어먹
으며 생활하던 기억으로 이어진다.

　이 기억을 조립해서 생각해 보면 아마도 한국전쟁 때 가족과 헤어
져서 고아원에 맡겨진 것 같다. 그곳에서는 물을 많이 먹으면 오줌을
싼다고 물을 주지 않아 목이 마르면 걸레를 짜먹고는 했다. 고아원 원
장은 밤마다 여자아이들을 불러내 강간했는데 순녀도 아홉 살이 되던
해부터 불려 가기 시작했다. 고아원 생활을 견디지 못한 순녀는 그곳
에서 도망쳐 나와 시골을 돌아다니며 일해 주고 밥을 얻어먹는 생활
을 했다. 어느 날은 배가 고파서 정신을 잃고 길거리에 쓰러져 있는데
수군거리는 소리에 깨어 보니 자기가 죽은 줄 알고 사람들이 땅에 묻
으려고 하고 있었다고 한다.

038

　여기저기를 흘러 다니다가 서울의 공장에서 일하면 돈을 벌 수 있
다는 이야기를 듣고 무작정 상경했다. 그때가 열세 살이거나 열네 살
쯤이다. 하지만 서울역에 도착해 보니 아는 사람도 없고 직장을 구하
기도 어려워서 무료합숙소에서 지냈다. 그때는 길거리에 있는 유리조
각을 주워 고물상에 갖다주면 간신히 밥 한 끼는 얻어먹을 수 있었다.
순녀도 길거리에서 유리조각을 주웠는데 교통사고를 여러 번 당하여
그때의 상처들이 그 이후의 상처와 함께 온몸에 깊게 새겨져 있다. 이
상처들은 마치 순녀가 살아온 흔적을 고스란히 담고 있는 듯하다. 무
료합숙소는 서울역 근처의 걸인이나 갈 곳 없는 사람들이 모여 자는
곳인데 순녀는 이곳에서 꽤나 오래 생활했다. 어린 여자애 혼자서 그
렇게 지내다 보니 아저씨들이 밤에 괴롭히는 일이 많았다.

　서울역 근처에는 당시 유명한 사창가가 있었다. 혼자 몸인 순녀가

그런 곳으로 흘러들어가기에는 너무 쉬운 시절이었다. 아니나 다를까, 한 아저씨에게 이끌려 그곳으로 간 순녀는 고작 하루 세 끼만 간신히 얻어먹었다.

한번은 경찰의 단속에 걸려 부녀자보호소에 수용되었다. 그곳은 굶어죽거나 도망가다가 잡혀서 매 맞아 죽는 것 외에는 다른 생각을 할 수 없는 생지옥이었다. 밥도 제대로 주지 않아서 그대로 있으면 굶어 죽을 지경이었다. 순녀는 이를 악물고 친구와 함께 도망치기로 마음먹었다. 드디어 허술한 틈을 타 도망을 쳤는데 재수가 좋은 건지 걸리지 않고 무사히 그곳을 빠져 나왔다.

부녀자보호소를 나왔지만 막상 어디로 가야 할지 막막했다. 무엇으로 생계를 이어가야 할지, 할 수 있는 일은 아무것도 없었다. 결국 순녀는 다시 제 발로 그 사창가에 가야 했다. 순녀는 얼마 지나지 않아 그곳에서 다른 지역으로 팔리고, 그러기를 몇 번이나 되풀이했다. 그렇게 해서 오게 된 곳이 뺏벌이다.

기지촌에서 일하는 여성은 성병진료소에서 정기적으로 성병 검진을 받아야 하는데 그러려면 주민등록증이 필요했다. 그때까지 순녀는 주민등록이 되어 있지 않았다. 그래서 포주가 자신의 호적에 딸로 올리면서 이름을 지어 주었는데 바로 박순녀다.

검진증이 생긴 순녀는 흑인만을 상대하는 클럽에서 일하기 시작했다. 그런 생활을 하는 동안 순녀에게 가장 큰 문제는 피임이었다. 루프나 링을 해보아도 금세 부작용이 생겨 고생했고, 피임약을 먹으면 구토가 심했다. 어느 때인가 어차피 같은 약이니까 감기약도 피임이 되지 않을까 혼자 생각하고 감기약을 서른 알이나 먹고 일하기도 했다. 하지만 감기약으로 피임이 될 리가 없는 데다 워낙에 건강한 체질이어서 꼬박꼬박 임신이 되어 그때마다 낙태수술을 받았다. 한번은 8개월째에 수술을 받은 적도 있다. 우연히 뱃속에서 나온 아이를 보았는데 사람의 형태를 다 갖추고 있어서 마음이 아팠다. 순녀는 이런 식으로 스무 번가량 낙태수술을 받았다. 잦은 낙태수술로 몸이 망가지고 죄책감도 컸지만 그에 못지않게 괴로운 것은 임신 중에는 물론이고 낙태수술을 한 다음 날에도 남자를 받아야 하는 생활이었다.

순녀도 미군을 만나 결혼했다. 딸을 낳았는데 남편이 어찌나 그 딸을 예뻐하며 애지중지하는지 동네 사람들 사이에 소문이 날 정도였다. 남편의 임기가 끝나 미국으로 가야 하는 시간이 왔다. 순녀는 낯선 땅으로 간다는 것이 여간 두려운 게 아니었다. 가고 싶지 않았지만, 그때는 '철이 없어서' 남편이 시키는 대로 그를 따라 미국으로 갔다. 그때가 스물네 살이다. 남편의 집은 오클라호마주의 시골이었는데 그곳에서 둘째 아이를 낳았다.

아들을 낳은 다음부터 악몽 같은 생활이 시작되었다. 남편은 한국에서 복무할 때도 마약에 손을 댔는데 미국에서도 그 버릇을 끊지 못했다. 남편은 약값이 한국보다 비싼 데다 생활비도 많이 들어 약을 구입하기가 쉽지 않자 점점 난폭해졌다. 어느 날부터인가 순녀를 때리기 시작하더니 나가서 돈을 벌어 오라고 구박했다.

"한국에서는 몸 팔아서 돈을 벌었잖아. 여기서도 그렇게 하면 될 거 아냐!"

남편은 결국 그런 말까지 내뱉었다. 순녀는 하도 기가 막혀 들은 척도 하지 않았다. 하지만 그 다음 날부터 남편은 자기 친구들에게 미리 돈을 받은 뒤 순녀가 있는 방으로 들여보냈다. 순녀는 소리소리 지르며 그들을 내쫓았다. 하루는 정말로 남편 친구들에게 몸을 팔면 충격을 받아 다음부터는 절대 그런 짓을 못 할 거라는 생각이 들어 남편 친구 두 명과 돈을 받고 관계를 맺었다. 하지만 남편은 충격이나 질투는

커녕 그 돈으로 마약을 샀다. 폭력도 점점 심해졌다. 벽으로 밀쳐 피가 흘러도 무자비하게 걷어차고 짓밟기 일쑤였다. 순녀는 이러다가 죽는 게 아닐까 싶어 상담센터에 고발했다. 상담사는 남편이 잘못했으므로 이혼을 원하면 위자료를 받아 이혼할 수 있으며 아이들도 순녀가 키울 수 있다고 했다. 하지만 순녀는 아이들이 무식하고 못난 엄마보다는 그래도 아빠와 있는 게 좋을 것이라고 생각했다. 어쨌든 순녀는 한국으로 돌아가고 싶었다. 결국 아이들은 남편에게 맡기고 위자료도 아이들 교육비로 쓰라고 한 푼도 받지 않은 채 이혼했다.

이혼한 뒤 어떻게 해서든 한국으로 돌아가야겠다는 생각으로 일자리를 찾았다. 하지만 영어는 물론 한글조차 모르는 그녀가 낯선 나라에서 할 수 있는 일은 별로 없었다. 할 수 없이 마사지 팔러^{massage parlour}(퇴폐안마시술소)로 나섰는데 그때부터 이곳저곳으로 팔려다니기 시작했다. 어떤 때는 하와이까지 팔려가기도 했지만 오직 한국에 가야 한다는 생각으로 악착같이 돈을 모았다. 하지만 마사지 팔러 일도 그리 만만하지 않았다. 어떤 손님은 꼬챙이로 순녀의 온몸을 찔러대기도 했다. 한번은 배를 칼에 찔려 출혈이 심해 사경을 헤맨 적도 있다. 이렇게 온갖 고생을 하며 항공권 값을 겨우 장만해 한국행 비행기에 몸을 실었다. 김포공항에 내렸을 때 순녀의 수중에는 30달러가 전부였다.

한국으로 와 순녀가 제일 먼저 찾은 곳은 역시 뻿벌이다. 당장 갈 곳이 없던 순녀는 마을 초입에 있는 쓰레기장 옆의 허름한 움막에서 하루를 났다. 그 이후 10년이 넘는 세월을 기지촌에서 히빠리(길거리에서 손님을 잡아끌어 성매매하는 것) 생활을 했다.

몇 년 전에는 빵 프로그램을 거쳐 한동안 두레방에 취직해 공동식사 담당으로 일했다. 빵 프로그램에 참여했을 때 건강하게 사는 순녀의 모습을 한 방송사에서 프로그램으로 만들기도 했다. 그 방송을 본 순녀의 고향 사람이 뺏벌로 찾아와 그녀의 부모님 소식을 전해 주었다. 유난히도 귀여워한 순녀를 전쟁 통에 잃고 시름시름 앓다가 몇 년 후 돌아가셨다는 것이다. 그 이야기를 전해들은 순녀는 별다른 감정을 느끼지 못했다. 이미 접어둔 세월이 너무 긴 탓인지도 모른다.

지금은 기지촌을 벗어나 한국 남자와 살림을 차렸다. 곁에서 보기에 둘은 알콩달콩 살아간다. 순녀처럼 한글을 모르는 그 남자는 순녀의 과거를 문제 삼지 않았고, 순녀는 모처럼 붙잡은 평범한 생활을 기꺼이 감수하며 살고 있다.

순녀는 봄이 되면 뺏벌 주변의 넓은 들판으로 나가 나물을 캐다 시장에 내다 판다. 그리고 그 돈으로 두레방에 온갖 맛난 것을 사들고 온다. 소문난 의리파인 순녀가 온몸에 난 상처보다 더 선명한 힘으로 삶을 헤쳐 나가는 모습이 마냥 감사하기만 하다.

042

꽃상여
기억을 안고

내 나이 서른다섯, 두 혼혈 아이의 엄마다. 지금 이렇게 지난 세월을 생각하면 나처럼 험한 인생이 또 있을까 싶다.

나의 가장 오래된 기억은 꽃상여다. 아버지가 사업에 실패한 후 전국에 안 가본 곳이 없다. 그러다가 있는 재산을 다 날리고 천안에 정착했다. 아마 서너 살쯤이었다. 집 앞을 지나가는 꽃상여를 넋을 잃고 쳐다보다가 나도 모르게 그 행렬을 쫓아갔다. 참 예쁜 꽃상여였다. 그러다가 공동묘지로 가는 길과 뱀골 가는 길로 갈라지는 곳에서 길을 잘못 들었다. 꽃상여를 계속 쫓아 공동묘지로 갔으면 동네 아저씨들이 업고 동네로 돌아왔을 텐데 뱀골로 들어간 것이다. 뱀골은 뱀들이 겨울잠을 자려고 모여드는 동굴이 있는 곳이라 사람들이 얼씬도 않았다. 나는 그냥 지쳐서 쓰러져 잠이 들었다. 다행히 뱀한테 물리지는 않았다.

근처 마을에 살던 나무꾼 아저씨가 뱀골에 왔다가 웬 여자아이가 쓰러져 있는 걸 발견하고 지게에 져서 집으로 데려갔다고 한다. 그 아저씨가 아니었으면 나는 어떻게 되었을지 모른다. 마침 그 집에 자식이 없어서 나를 자식 삼아 쌀밥도 지어주고 참 잘해 주었다. 집에서는 절대 먹을 수 없는 쌀밥을 먹고 아줌마, 아저씨가 너무 잘해 주니까 집에 가고 싶은 생각이 들지 않았다. 그래서 엄마, 아빠가 다 죽고, 집도 없다고 거짓말을 했다.

그 집에서 계속 살았으면 아마 내 인생도 달라졌을 것이다. 우리 집에서도 죽었다 생각하고 찾지 않았는데 아저씨는 어떻게 알았는지 석 달 정도 지났을 때 집에 데려다 주었다. 엄마가 집에 돌아온 나를 보자마자 한 말을 나는 죽을 때까지 잊지 못할 것이다.

"죽지 않고 뭐 하러 살아왔냐?"

살아 돌아온 딸이 반갑지도 않았을까. 그 말이 지금까지 가슴에 못이 되어 박혀 있다. 언젠가는 엄마가 죽기 전에 그 말을 꼭 할 생각이다.

내가 큰아들 쟈니만 했을 때니까 열 살쯤이다. 위로 언니 하나, 밑으로 여동생 하나 있을 때 엄마가 또 임신을 했다. 그런데 엄마가 까닭 없이 갑자기 미쳐버렸다. 식구들 아무도 못 먹는 쌀밥을 지어가도 구더기를 퍼왔다면서 상을 마당에다 던져 버렸다. 남동생을 낳고도 엄마는 제정신으로 돌아오지 않았다.

미친 엄마와 어린 남동생 시중을 다 내가 들어야 했다. 언니는 모자라서 일을 잘 못했고, 동생은 너무 어렸다. 아버지는 먹을 것이 떨어져도 술만 마시러 다녔다. 지금 생각하면 아버지는 알코올중독이었다.

043

술에 취해 인사불성이 되어 돌아온 날은 냉수를 떠다드려도 "날 죽이려고 독약을 떠왔지?" 하면서 내동댕이쳤다. 술에 취하기만 하면 자식들이 아버지를 죽이려 한다고 난리였다. 작년에 집에 다니러 갔을 때에도 아버지가 감기를 앓고 있다고 하여 판피린과 아스피린을 사갔는데 아스피린은 드시고 판피린은 슬쩍 밀어놓으셨다. 아직도 내가 아버지를 죽이려 한다고 생각하는 것일까?

아버지는 술만 드시고, 엄마는 미쳐서 누워 있으니 남동생에게 암죽을 쒀줄 양식도 없었다. 그나마 다행인 것은 한 달에 한 번, 4킬로미터 떨어진 면사무소에서 우유가루를 나누어 주었다. 그것을 타려고 아침 일곱 시쯤 여동생은 걸리고 남동생은 업고 출발했다. 그런데도 11시 정도에 겨우겨우 도착해서 우유가루를 받았다. 그러면 해 질 녘에야 집에 도착할 수 있었다. 어렵게 타온 우유가루를 한 숟가락씩 퍼먹고 허기를 달래 보지만 여전히 배고픈 남동생은 밤이나 낮이나 울음을 멈출 줄 몰랐다.

우리 옆집에는 넉넉히 사는 먼 친척이 살았는데 아저씨가 게을러 감자가 밭에서 썩어도 가난한 우리 가족이 캐 먹으면 도둑질했다고 난리가 났다. 어느 날은 먹으라면서 삶은 감자 하나를 주었다. 배고픈 입이 몇인데 달랑 감자 하나를 준단 말인가. 그날 나는 울면서 감자를 남동생 입에 넣었다. 남동생을 죽일 수는 없었던 것이다.

그러다가 엄마가 저절로 정신을 차렸다. 그런데 아랫목에 누워 있는 남동생을 보고 "뉘 집 애기냐?" 하신다. 기가 막힐 노릇이었다. 하지만 나중에 지난 일을 기억해내고 나에게 미안해했다.

내가 초등학교를 졸업할 무렵이다. 부모님은 형편이 나아지지 않자 입을 하나라도 줄여 보자는 생각으로 나를 수원 외할머니에게 보냈다. 외할머니는 엄마의 새엄마였는데 아이가 없었기 때문인지 애를 잘 낳는 엄마를 미워했다.

아버지가 남동생을 마당에 집어던지거나 몽둥이가 부러질 정도로 때려도 나는 아버지의 눈 밖에 나지 않으려고 무진 애를 써서 한 대도 안 맞고 자랐다. 그런데 외할머니한테는 무척 많이 맞았다. 특히 아랫배를 발로 걷어차였다.

외할머니는 항상 이렇게 말했다.

"니 에미년이 애를 쑥쑥 잘 낳았으니까, 니년이라도 애를 못 낳게 해야지."

중학교도 졸업 못한 채 일만 죽어라 하고 매만 실컷 맞으며 살았다. 하루는 서울로 심부름을 갔는데, 우연히 같은 동네에 살던 친구를 만났다. 그 친구는 문산에 있는 기지촌에서 클럽 생활을 하고 있었다. 나는 그 길로 친구를 따라 도망쳐 문산으로 갔다. 그때부터 기지촌에서 미군을 상대하는 생활을 시작했다.

045

그러다가 쟈니 아빠를 만나 클럽에서 나와 방을 얻어 동거를 시작했다. 곧 임신을 했다. 쟈니 아빠와 결혼한 상태는 아니지만 그는 참 잘해 주었다. 결혼한 여자가 아니어서 미군부대 병원이 아닌 도립병원에서 아이를 낳고 그날로 퇴원했다. 그런데 집에 와서 하혈을 심하게 했다. 그 후로 반년을 시름시름 앓았다. 이불을 아무리 많이 뒤집어쓰고 있어도 너무 춥고 떨리고 자꾸만 밖으로 나가고 싶었다. 그런데 그럴 때 나가면 죽는다고 들은 기억이 나서 죽어라고 참았다.

아이는 여름에 낳았는데 겨울까지도 자리를 펴고 누워 있었기 때문에 연탄을 제때 못 갈아서 보일러가 터져 버렸다. 너무 서러운 것은 그 한겨울에 방 안이 추워서 쟈니가 폐결핵까지 걸려 아픈데 주인은 당장 보일러를 고쳐 놓으라고 야단하는 거였다. 쟈니는 갓난아기일 때 폐결핵으로 고생한 데다 자라면서도 영양이 부족해서 작고 비쩍 말랐다. 또래 아이들과 비교해도 세 살은 어려 보였다. 그런 쟈니를 볼 때마다 못난 어미를 만나 고생한다는 생각에 죄책감이 들었다.

그러나 주인은 막무가내였다. 사정을 해도 계속 괴롭혔다. 인정사정 없었다. 할 수 없이 방을 옮기고 보일러를 고쳐 주었다. 그리고 마음속으로 그 집을 저주했다. 나중에 그 집 아들이 교통사고로 죽었다는 소문을 들었다. 나는 잘 죽었다고 생각했다. 내 눈에 피눈물 나게 하고, 네 눈에 피눈물 날 줄은 몰랐냐고 속으로 말했다. 나는 지금도 나를 괴롭혀서 내가 저주하는 사람은 꼭 죽는다고 믿고 있다.

그렇게도 잘해 준 쟈니 아빠는 온다 간다 말도 없이 미국으로 떠나 버렸다. 나도 살 길을 찾아 동두천으로 이사했는데 주인집에 밀린 방세, 전기요금, 빌린 돈을 포함해서 300만 원의 빚이 있었다. 다른 아가씨들은 이럴 때 야밤에 도주하기도 하지만 나는 그렇게 하고 싶지 않아서 솔직하게 지금은 갚을 수 없지만 언젠가는 갚겠다고 말했다. 주인은 의외로 순순히 믿어 주었다. 내 형편을 아니까 체념한 것인지도 모른다. 아무튼 나를 믿어 줘서 정말 고마웠다. 동두천으로 이사한 뒤에 클럽에서 독하게 일해서 5년 뒤에 돈을 모아 빚을 갚으러 갔을 때 주인아주머니가 울면서 말했다.

"내가 기지촌에서 30년을 살았어도 너 같은 년은 첨 봤다. 그냥 입닦으면 그만이지 뭐 하러 돈을 갚아?"

나는 지금까지도 꼭 갚겠다고 내 자신과 한 약속은 한 번도 어기지 않았다. 아무리 어려워도.

어느 날 이상한 꿈을 꾸었다. 살았는지 죽었는지 소식을 알 수 없던 언니가 꿈에 소복을 입고 나왔는데 양쪽에 웬 처음 보는 여자들이 언니를 잡고 끌고 갔다. 꿈에 어떤 사람이 소복을 입고 나오면 그 사람에게 불행이 닥친다는 얘기를 들은 적이 있다. 그때는 몰랐는데 그 꿈은 바로 의정부 클럽에 팔려가는 언니를 보여주는 꿈이었다.

언니는 열여덟 살에 강간을 당해 임신했다. 어쩔 수 없이 나이 차이도 많은 그 남자와 결혼해야만 했다. 결혼을 하고 보니 이 남자는 바람둥이인 데다 폭력까지 행사했다. 동네에서 안 건드린 여자가 없을 정도였는데 언니는 질투를 하지 않았다. 오히려 그 남자가 다른 여자와 바람을 피우러 집을 비우는 게 더 좋았다. 그래야 맞지 않기 때문이다.

하루는 동네 사람들이 그 남자의 버릇을 고치겠다며 몰려왔다. 그런데 그 남자는 전부 언니 탓이라며 언니를 마당으로 밀쳐냈다. 그 바람에 머리를 다쳤는데 동네 사람들에게 몰매까지 맞아서 실성하고 말았다. 그 길로 집을 나와 경기도 광주에서 의정부까지 걸어서 왔다고 한다. 도대체 어떻게 그 먼 길을 잘 먹지도 못한 몸으로 걸어 왔을까? 언니는 그때 일을 아직도 전혀 기억하지 못한다.

의정부로 온 언니는 어느 음식점 앞에 쓰러져 잠을 잤다. 한데 그 집 아저씨가 언니를 발견하고 먹을 것을 주고 깨끗이 씻겨서 의정부의 클럽에 팔아버렸다. 언니가 끌려가는 꿈이 클럽으로 팔려가는 꿈이었다. 언니가 클럽에서 일하다가 자꾸만 도망가니까 주인은 동두천에 있는 클럽으로 다시 팔아 넘겼다. 기가 막힌 것은 언니가 팔려온 동두천 클럽이 바로 내가 묶여 있던 클럽 이웃이었다.

나는 클럽 생활을 시작하면서 집과는 연락을 끊었기 때문에 언니가 집을 나온지도 몰랐다. 그러니 클럽에 팔려 온 미친 언니를 보고 얼마나 놀랐겠는가? 그때부터 나는 언니를 동생처럼 보살폈다. 언니는 한 미군을 만나서 결혼했고 지금은 미국에서 잘 살고 있다. 나는 언니가 미국에 가기 전에 그 미군을 많이 혼냈다. 언니가 버는 돈은 다 가져가면서 정작 언니가 좋아하는 것은 전혀 사주지 않았다. 자기는 음식점에서 다 사먹고 좋아하는 콜라와 맥주만 늘 냉장고에 쟁여 놓았다. 그

꼴을 볼 때마다 참을 수가 없어서 언니 집에 가서 다 뒤집어엎으며 따졌다. 그러자 미군은 내 눈치를 슬슬 보면서 미안하다고 말하며 언니를 조금씩 챙겼다.

언니가 미국으로 떠나고 나서 나도 한 미군을 만나 결혼했다. 그리고 두 번째 아이 리처드를 낳았다. 쟈니가 여섯 살 때다. 그런데 그 미군은 쟈니와 리처드의 여권을 만들 생각도 하지 않을 뿐만 아니라, 쟈니가 친아들이 아니라고 먹는 것도 아깝다면서 심하게 때렸다. 하루는 나갔다가 집에 들어왔는데 쟈니를 죽이려고 목을 조르고 있는 게 아닌가? 아이들을 미워할 뿐만 아니라 돈도 가져다주지 않았다. 그런데도 나는 맞는 것이 두려워서 불평조차 제대로 못했다.

그 미군은 나 몰래 집에서 가까운 곳에 다른 한국 여자와 살림을 차린 적도 있었다. 그 일을 당하고 나서도 질투는커녕 나처럼 속아서 살고 있는 그 여자가 불쌍하기만 했다. 결국에는 그 여자도 도저히 살 수가 없었는지 도망치고 말았다. 그 미군은 다시 우리 집으로 들어왔고 아이들과 나를 더 심하게 때렸다. 그러던 어느 날 그는 자기 짐만 몰래 싸들고 미국으로 돌아갔고 그와의 관계는 그렇게 끝이 났다.

어떻게 이런 일을 두 번이나 당할 수 있는가. 미국으로 간 그는 혼자만 이혼해 버리고 내게는 이혼에 필요한 서류조차 보내 주지 않아서 이혼도 안 되었다. 그 미군이 같이 미국으로 가자고 말해도 싫다고 했을 것이다. 그 사람하고는 도저히 같이 살 수 없었으므로. 그렇지만 혼혈 아이 둘을 데리고 혼자 살아나갈 생각을 하니까 막막했다. 이혼하지 못한 상태였기 때문에 아이들에게 호적을 만들 수가 없어서 쟈니가 학교 갈 나이가 되었을 때도 입학통지서가 나오지 않았다. 아이들 공부는 꼭 시켜야 한다는 생각에 동사무소에 가서 80만 원을 주고 학교에 입학시켰다.

048

쟈니가 다니는 초등학교에 혼혈 아이는 쟈니밖에 없었다. 그래선지 아이들이 놀리고 때리고 따돌렸다. 한번은 학교에서 돌아와 말도 안 하고 앉아 있다가 불쑥 학교에 가기 싫다고 말했다. 아이들이 "이놈아! 니네 엄마, 뭐하는 여잔지 다 안다!"고 놀린다는 것이다. 이유를 듣고 나니 할 말이 없었다. 정말 부끄러운 엄마였으므로.

리처드 아빠가 그렇게 떠나고 나서 아이들과 살아 보려고 돈이 되는 일이면 뭐든지 했다. 갈빗집에서 설거지도 했고, 배 밭과 상추 밭에서도 일했으며, 봄에는 나물을 뜯어다가 시장에 내다 팔았다. 그러나 미군을 상대하던 클럽 생활 때문에 몸이 있는 대로 상해서 중노동을 견뎌내지 못하고 자주 쓰러지다 보니 어렵게 번 돈을 약값으로 다 날렸다. 살아 나갈 방법은 하나밖에 없었다. 미군과 자는 일이었다.

그러던 어느 날, 미군 한 명을 다시 만나 동거를 시작했다. 의정부, 동두천에 있는 미군이 거의 그렇듯이, 이 미군도 어렸을 때 썩은 샌드위치를 주워 먹던 기억이 있을 정도로 가난한 집에서 태어났다. 아빠가 거의 다른 형제 열한 명 중 장남이었다. 그리고 이미 다섯 번의 결혼과 이혼을 했다. 네 번째와 다섯 번째 결혼한 여자는 한국 여자라고 했다. 사랑을 받지 못하고 못된 것만 보고 자라서 다른 사람을 사랑하기가 어려웠을 것이다.

처음에 동거할 때 아이들 때문에 걱정을 많이 했다. 리처드 아빠에 대한 나쁜 기억이 있어서 아이들이 이 미군을 싫어할까 봐 걱정했다. 다행히도 아이들은 그 미군을 너무 좋아했다. 아니, 그 미군이 주는 돈과 굶지 않아도 되는 상황을 좋아했다. 그런데 그 미군은 결혼하자고 말만 할 뿐 동거를 시작하고도 리처드 아빠와 이혼하는 것을 돕지도 않고, 동거하면서부터는 결혼하자는 말도 꺼내지 않았다. 그래도 계속 내가 결혼을 요구하니까 아예 집을 나가버렸다. 나중에 아는 미군에게 알아보니까 그 미군은 다섯 번째 부인하고 이혼하지 않았다고 했다. 나한테는 이혼했다고 거짓말한 것이다. 그리고 나를 이용할 만큼 이용하고 나서 싫증이 나니까 떠난 것이다.

나는 오늘 밤도 우리 세 식구가 살아남기 위해서 달러를 주는 미군을 유혹하러 골목에 나가야 한다. 언제까지 이 생활을 계속해야 할까? 그러나 지금은 이 방법밖에 없다. 작은 소망은 두레방에서 만든 빵이 많이 팔려서 나도 같이 일할 수 있기를 바란다. 그리고 친구이자 우리 집의 기둥인 쟈니와 리처드가 어떤 일이 있어도 반듯하게 자라는 것이다.

평범한 가정을
이루고 싶은 꿈

윤자는 1969년 3월 도봉산 기슭에서 태어났다. 엄마와 아버지, 위로는 언니 셋과 오빠가 한 명, 밑으로 남동생 한 명이 있다. 윤자의 집은 가난해서 엄마가 도봉산 유원지에서 병을 주워 팔아 끼니를 유지하는 수준이고 아버지는 무능력했다. 그녀는 초등학교를 간신히 졸업했다.

하지만 위로 열 살이나 많은 윤자의 오빠는 망나니였다. 어린 시절의 기억이라고는 오빠한테 매일 두들겨 맞던 것뿐이다. 오빠한테 맞다가 기절해서 병원에 실려 간 적이 한두 번이 아니다. 보다 못한 엄마가 파출소에 오빠를 신고하는 일도 있었다. 그녀는 그렇게 사는 게 너무나 지긋지긋했지만 어린 나이에 할 수 있는 건 아무것도 없었다.

그러던 어느 날, 윤자가 겨우 열세 살을 넘겼을 때다. 엄마가 있는 곳에 갔다 오다 매일 지나다니는 검문소를 평소처럼 지나가고 있었다. 그런데 그날 검문소에 있는 헌병이 그녀를 그냥 보내 주지 않았다. 그때, 윤자는 열세 살의 나이로 성폭행을 당했다. 삶을 알기에는 너무나 어린 그녀에게 이 날 일어난 일은 그녀의 삶을 송두리째 흔들어놓았다.

괴롭고 힘들었다. 거의 매일 울면서 지냈지만 엄마나 식구들한테는 말할 수가 없었다. 입을 열면 아마 모두 자신을 손가락질하고 죽이려 들 것만 같았다. 특히 오빠가 너무 무서웠다. 옆방에 세 들어 살던 여자가 괴로워하는 윤자의 모습을 눈치 챘다. 그 여자는 동두천에 살았는데 무슨 일을 하는지는 모르지만 혼자 살면서도 늘 모자라는 것 없이 여유로운 삶을 살았다. 여자는 윤자에게 술과 담배를 권하면서 고민을 들어주었다. 가슴이 답답했던 차에 윤자의 마음을 조금이나마 알아주는 것 같아서 윤자는 여자의 말을 고분고분 잘 들었다.

어느 날 여자는 윤자를 데리고 동두천으로 갔다. 동두천을 처음 본 윤자는 그곳이 한국이 아니라 미국이라고 생각했다. 거리에 즐비한 영어 간판도 생소하지만 머리털 나고 거리에서, 아니 자신의 눈으로 직접 그렇게 많은 미국 사람을 본 적은 처음이었기 때문이다. 자유로운 거리, 미국 사람들의 밝은 표정, 그곳은 영락없는 미국 땅이었다.

윤자는 여자와 같이 들어간 클럽에서 또 한 번 충격을 받았다. 머리가 어지러웠다. 빙빙 돌아가는 현란한 조명과 알아들을 수 없는 음악소리에 머리가 터질 것만 같았다. 여자와 윤자는 이것저것 구경을 한후에 집으로 왔다. 그다음부터 그곳을 찾는 발길이 잦아졌다. 여자를 따라 자주 그곳을 드나들게 된 것이다. 하지만 윤자는 여자에게 배신을 당했다. 나중에 알고 보니 그 여자는 윤자를 클럽에 팔아넘긴 것이다. 윤자는 그렇게 열세 살 어린 나이에 클럽에서 일을 하게 되었다. 처음에는 뭐가 뭔지 몰라 우왕좌왕 클럽 안을 오가며 일했다. 어떤 미군이 윤자를 보더니 한손으로 들어 올려 힘을 과시했다. 그만큼 윤자는 너무나도 작고 어린 소녀였다.

　윤자는 거의 10년 동안 이곳저곳을 돌아다니며 춤을 추고 몸을 팔았다. 마약과 환각제 복용, 지나친 음주로 몸은 계속 망가졌다. 많은 사람과 동거를 했지만 미국에 가는 것이 겁이 나서 결혼하자는 미군도 마다했다. 한번은 미군과 결혼하기로 큰 결심을 하고 결혼 수속까지 마쳤지만 결국 불안해서 서류를 찢어 버렸다. 그렇게 그녀는 미국 갈 기회를 스스로 접었다. 어쩌면 한국 사람을 만나서 남들처럼 살고 싶은 생각이 있었는지도 모른다.

　그러던 윤자가 열아홉 살 때 일본을 가게 됐다. 클럽에 있던 빚을 다 청산하고 일본인의 현지처인 작은언니를 따라 일본으로 날아갔다. 일본 요정에서 일을 했지만 돈은 좀처럼 벌 수 없었다. 게다가 불법체류자란 이유로 부당한 대우를 받아도 당당히 항의할 수도 없는 입장이다 보니 생활은 항상 불안했다. 그녀는 젊고 예뻤기에 그곳에서도 결혼할 기회가 많았지만 모두 거절했다. 윤자는 일본 요정생활 5년 만에 다시 한국으로 돌아왔다. 그러나 한국에 돌아와서도 갈 곳이라고는 다시 동두천밖에 생각나지 않았다.

　결국 다시 다방에서 일을 하기 시작했다. 다방에서 일한 지 이틀 후, 윤자는 지금의 남편을 만났다. 우연히 커피 배달을 간 곳이 그의 사무실이었다. 한 번 만나고 난 뒤 남자는 다방에 찾아와 돈을 내놓으면서 일을 그만두라고 했다. 그렇게 몇 번을 만나긴 했지만 윤자는 열여섯 살이나 더 많은 그 사람이 무서웠다. 그래서 도망을 다녔고 다방도 여기저기 옮겨 다녔지만 남자는 귀신같이 윤자를 쫓아다녔다. 결국 윤자는 남자와 동거에 들어갔지만 그에게는 이미 부인과 아들이 둘이나 있었다. 남자는 윤자에게 곧 이혼할 거니까 기다리라고 했다. 하지만 쉽지 않았다. 부인은 죽어도 이혼해 주지 않겠다며 버텼다.

그런 외중에 윤자에게 아이가 들어섰다. 주변에서는 아이를 낳으면 신세를 망치는 거라고 말렸지만 윤자는 아이를 낳고 싶었다. 남자도 아이를 원했다. 남자는 딸아이를 원했지만 마음대로 되는 일은 아니었다. 임신 7개월이 되어서야 결혼식을 올렸다. 윤자의 집에서는 처음부터 반대한 결혼이라 그 남자가 많이 미웠지만 결국 받아들였다. 결혼식을 올리고 사내아이를 낳았다.

그러나 어느 때부터 남편은 윤자를 때리기 시작했다. 때리는 정도가 점점 심해져 이가 부러진 적도 있다. 머리를 심하게 맞아 늘 어지럽고 구토가 치밀 때도 많았다. 살림이 박살나는 일은 다반사였다. 윤자는 남편에게서 벗어나야 한다고 생각했다. 하지만 그럴 때마다 아이가 눈에 밟혀 도저히 도망갈 수 없었다. 자기는 도망가면 그뿐이지만 아무 죄 없는 아이의 인생은 어떻게 될 것인지 불을 보듯 뻔했다. 남편은 분명 아이를 고아원에 맡길 것이다. 모정이라는 것이 무엇인지 윤자는 아이 때문에 그저 참고 지냈다.

남편은 아이가 두 돌이 되도록 본부인과 이혼하지 않았다. 또한 생활비를 제대로 가져다주지 않아 늘 생활고에 허덕였다. 함께 산 지 2년이 지났을 때 본부인의 아이 둘이 윤자의 집으로 왔다. 여름이어서 아이들을 데리고 야외로 소풍을 갔다 왔는데 그다음부터 아이들은 친엄마에게 가지 않았다.

아이들은 거칠었다. 친엄마가 제대로 거두지 않아서 밥은 멀리하고 라면과 인스턴트식품만 찾았다. 편식이 심하고 모든 일상생활이 마치 부모 없이 자란 아이들 같았다. 하지만 윤자는 자기마저 이 아이들을 내치면 안 된다고 생각해서 말없이 아이들을 거두었다. 그런 가운데 남편이 본부인과 이혼했다. 드디어 윤자의 이름이 남편의 호적에 올라갔다. 정식으로 부부가 되었다.

전 부인의 아이 둘이 걱정이었다. 아이들은 계속 말썽을 피웠고 어떻게 하면 이 젊은 새엄마를 골탕 먹일까를 궁리하는 것 같았다. 피곤한 생활이 이어졌다. 공부에도 전혀 취미가 없었다. 학교에서 내주는 숙제조차 해본 적이 없는 아이들 같았다. 시간이 지나 어느 정도 아이들이 마음을 잡아간다 싶으면 그것도 아니었다. 아이들은 순간적으로 나쁜 짓을 저질렀고 거짓말을 아무렇지도 않게 둘러댔다.

언젠가는 아이들이 윤자의 지갑에서 10만 원이 넘는 돈을 훔쳤고, 다른 친구의 물건에도 손을 댔다. 아이들 때문에 그녀의 속은 숯덩이가 되어 갔다. 아이들 문제로 남편과도 자주 싸웠다. 아이들은 툭하면 집을 나갔다. 도둑질을 하다 잡혀 경찰서에서 전화가 오기도 했다.

어느 날 아이들 때문에 속이 너무 상해서 술을 마시고 늦게 집에 들어갔다. 그동안 쌓인 스트레스를 풀고 싶었다. 그런데 남편은 집에 들어 온 윤자를 가만두지 않았다.

"한 번 양갈보는 영원한 양갈보다. 어디 가서 어떤 남자랑 술을 마시고 자고 오는지 내가 어떻게 아느냐. 내 눈으로 본 게 아닌데 네가 여자랑 술을 마셨는지 양놈이랑 술을 마셨는지 어떻게 아느냐고. 네가 낳은 아이가 내 자식이 맞는지 친자 확인을 해봐야겠다."

남편의 입에서 기억하기도 싫은 말이 마구 쏟아졌다. 기가 막힐 노릇이었다. 항상 마음속에 품지 않았다면 어떻게 저런 말을 서슴지 않고 할 수 있단 말인가. 자기 자식까지 낳고 전 부인 사이에서 낳은 자식들까지 키우는 여자한테, 함께 몸을 섞고 사는 여자한테 어떻게 이렇게 잔인할 수 있단 말인가.

화가 났지만 자신의 힘으로는 어떻게 해볼 수가 없었다. 말 같지 않아서 대꾸도 하지 않았다. 자신을 얼마나 무시하고 천하게 여기면 아이들 앞에서 저런 말을 함부로 할 수 있나 싶었다. 윤자는 남자랑 헤어지고 싶었다. 정말 함께 사는 게 너무 힘들었다. 아이들은 말썽만 피우고, 남편이라는 인간은 자기를 무시하고, 정말이지 그만두고 싶었다. 지금까지 참아온 건 제 배불러 낳은 아이 예쁘게 키워내고, 남들처럼 가정을 이루고 평범하게 살고 싶은 꿈 때문이었다. 하지만 더 이상은 참기가 힘들었다. 남편이 헤어지자고 말하면 기다렸다는 듯이 그러고 싶다고 했다. 이렇게 마음고생하면서 살려고 열여섯 살이나 차이가 나는 남자와 산 것은 아닌데, 젊은 나이에 이렇게 고생하면서 사는 여자는 이 세상 어디에도 없을 거라고 생각했다. 게다가 이 나이에 다 자란 아이 둘을 맡아 키우는 여자도 세상 천지에 없을 거라면서 한탄했다. 사는 게 지긋지긋했다.

하지만 자신의 힘으로 어찌 할 수 없는 거대한 삶의 무게에 그만 두 손을 들고 말았다. 시간이 흘러가는 대로 그냥 체념하고 살았다. 주변에서는 그녀를 두고 말이 많았다. 젊은 나이에 무엇이 부족해서 그러고 사느냐, 혼자서도 충분히 살 수 있는데 왜 남편이랑 아이들한테 무시당하고 사느냐고 얘기하면서 답답해했다. 윤자도 자신의 삶이 답답하고 한심하다고 얘기하지만 어찌할 도리가 없었다. 젊은 나이에 세상이라는 걸 안 윤자, 어쩌면 혼자서 아이를 데리고 나가 예전 같은 생활을 하며 고생할 엄두가 나지 않았던 건지도 모른다. 혼자서 고생하는 것보다는 차라리 마음고생은 할망정 남들처럼 가정을 이룬 지금이 더 나은 건지도 모른다고 생각했다. 여자에게 가정이라는 울타리가 어느 때는 아예 감옥 같은 존재가 될지 모르지만 기지촌 여성에게는 어쩌면 놓치고 싶지 않은 것일 수도 있다.

윤자는 어려서부터 미군을 상대하고 고생하면서 한 남자를 만나 결혼해서 아이를 낳고 가정을 꾸린다는 건 그저 꿈같은 얘기라고 생각했다. 그런 생각을 하며 지내다가 가정을 꾸렸으니 스스로 버릴 수 있는 용기가 없었다. 가정을 박차고 나오면 자신의 앞길은 보지 않아도 뻔했다. 윤자는 자신에게 최면을 걸듯 남편이 자기를 사랑한다고 굳게 믿었다. 본부인과는 애초부터 정이 없어서 작은애를 낳고 나서부터 같이 살지 않았다고, 자신이 좋으니까 같이 살지 그렇지 않으면 벌써 떠났을 사람이라고 자신 있게 말한다. 그리고 자기도 남편을 사랑하다고 말한다.

다른 평범한 여성처럼 아이를 낳고 가정을 꾸려서 아침저녁으로 남편의 밥을 해주는 생활은 많은 기지촌 여성에게는 이룰 수 없는 꿈인지도 모른다. 그런 까닭으로 윤자는 때로는 그 삶이 재미없고 지겹더라도 평범하게 사는 것이 가장 소중하다고 느끼며 자기 최면을 걸 듯 하루하루를 버티는 것일지도 모른다.

윤자의 가정은 항상 위태롭다. 삐거덕거리는 소리가 날지언정 그때마다 용케도 부서지지는 않는다. 언제까지 그 삶이 이어질지는 아무도 모른다.

갓길 없는 일상의
외발 걷기

효정이 엄마는 어렸을 때 돌아가셨다. 이후 초등학교 6학년 때 계모가 효정보다 위인 딸 둘을 데리고 집으로 들어왔다. 그 시절을 떠올리면 콩쥐의 고생은 비할 바가 아니었다. 효정은 계모와 언니들의 생리대까지 빨아야 하는 생활이 지겨워서 바로 옆 동네인 뺏벌로 와서 클럽 일을 시작했다.

클럽 생활은 견디기 어려웠지만 일하다가 한국 남자를 만나 결혼하여 다른 동료들의 부러움을 샀다. 우연히 알게 된 한국 남자는 스무 살의 효정이 진 빚을 갚아주고 클럽 생활에서 벗어나게 해주었다. 그렇지만 그때는 그것이 효정을 옥죄는 족쇄가 될 줄은 몰랐다.

효정은 스무 살 때 결혼했다. 남편이 클럽에 갚아 준 돈 100만 원은 둘의 관계를 주인과 종의 관계로 만들었다. 효정은 남편의 말이라면 무엇이든지 고분고분 따라야 했다. 결혼생활 9년 동안 두 아이를 낳았는데 그 사이 피임에 무지한 데다 생활고 때문에 유산을 다섯 번이나 했다.

이를 악물고 열심히 일했다. 그렇게 고생한 덕분에 아파트도 장만했다. 그러나 남편은 의처증과 구타가 심했다. 효정이 우연히 알게 된 남자를 간통죄로 고소해 구속되기도 했다. 상대편 남자가 300만 원을 내놓아 합의했는데 그 뒤로 남편의 폭력은 점점 더 심해졌다. 한번 때리기 시작하면 칼과 가위로 옷을 갈가리 찢어 놓았다. 갈비뼈가 부러져서 병원 신세를 지기도 했다. 남편이 때리는 이유는 늘 사소한 이유에서 시작했다. 그는 때리는 것으로 그치지 않고 칼로 위협하며 자신이 원하는 성행위를 해달라고 협박했다. 이런 결혼생활을 견디지 못한 효정은 오래전에 자신이 일한 뺏벌로 다시 돌아왔다.

뺏벌의 한 클럽에서 일하고 있는데 남편이 그곳까지 쫓아와서 사람들이 다 보는 앞에서 심하게 구타한 후 끌고 갔다. 1년 뒤 효정은 다시 집을 나왔다. 온몸이 멍투성이고 머리는 쥐가 파먹은 듯 깎여 엉망이었다. 자신이 일한 클럽으로 찾아온 효정은 부들부들 떨며 사람과 눈도 못 마주칠 정도로 불안한 기색이 역력했다.

남편은 그 뒤로도 몇 번이나 클럽으로 찾아와 때리고 협박했다. 언제부터는 효정에게 이혼 조건으로 돈을 요구했다. 클럽 주변 사람들도 그런 관계를 다 알게 되어 남편이 뺏벌에 나타나면 효정에게 어서 숨으라고 일러 주었다. 효정은 간절하게 이혼을 원했다. 하지만 남편은 이혼하려면 결혼 전에 준 패물과 클럽에 갚아 준 빚, 남아 있는 가전제품 할부금, 같이 벌어 적금한 통장 등을 달라고 요구했다. 효정은 이혼을 원했지만 이혼 절차에 대해 아는 바도 없고 또 아이들이 마음에 걸려 갈등이 심했다. 그러나 고통스럽게 계속되는 남편의 폭력을 더 이상 견디며 살 자신이 없었다.

효정이 처음 두레방에 왔을 때의 모습은 참 이상했다. 아무 말도 하지 않고 묵묵히 앉아 밥을 먹은 뒤 누가 시키지도 않는데 설거지며 온갖 허드렛일을 미친 듯이 했다. 마치 일을 하지 않으면 누구에게 야단을 맞기라도 하는 듯 쉴 새 없이 일했다. 그런 모습이 안쓰러워 편안히 생각하라고 거듭 이야기하고 작은 것 하나에도 많은 배려를 했지만 효정은 그런 배려조차 편안히 받아들이지 못했다. 늘 안절부절못했으며 시선은 고정하지 못하고 여전히 갈팡질팡했다. 그래서 보는 사람들조차 불안할 지경이었다.

그러던 어느 날 효정에게 이상한 증상이 나타났다. 아침에 일어나면 세수도 하지 않은 채 옷만 대충 걸치고 밖으로 무작정 나갔다. 목적지 없이 무턱대고 걷다가 한참 뒤에 겨우 정신이 들어 집으로 돌아오곤 했다. 어느 날엔 몸이 안 좋아 두레방에서 소개한 병원으로 간다고 나와서는 정작 엉뚱한 곳에 가 있기도 했다. 아무래도 이상해 병원에 가서 진찰을 받아 보니 모든 게 스트레스 때문에 생긴 정신적, 물리적 압박에 시달리는 것이라고 했다. 어떤 상황에 직면해 스스로 감당할 수 없는 상태에 이르면 그렇게 다양한 반응이 나타난다고 했다.

모든 게 시간이 해결해준다고 했던가. 처음에는 얘기도 못하고 머뭇거리던 효정이 점점 변해갔다. 남편과 결혼한 이야기부터 차츰차츰 털어놓더니 그동안의 힘든 삶의 여정을 두레방 회원들에게 편안하게 쏟아냈다. 회원들은 이런 효정의 처지를 마치 자신이 당한 듯이 함께 분노하며 위로했다. 또 자신이 살아오면서 남자에게 당한 기가 막힌 사연을 효정에게 들려주며 위로했다.

그렇게 1년이 지났다. 효정의 남편은 지치지도 않고 뺏벌을 드나들었다. 이제는 남편이 클럽으로 찾으러 와도 도망가거나 숨지 않았다. 한번은 남편이 이혼 서류를 꾸미려면 자기를 따라 살던 동네로 가야 한다며 우격다짐으로 효정을 잡아끌었지만 효정은 아주 당당하게 이렇게 말했다.

"당신 같은 사람은 믿을 수 없다. 그러니 당신이 직접 서류를 꾸며서 갖고 오면 그 다음 문제를 의논하겠다."

효정으로서는 난생 처음 남편에게 자기가 하고 싶은 이야기를 한 셈이다. 그렇지만 이혼은 쉽게 해결되지 않았다. 그러던 중 클럽에서 만난 미군이 효정의 빚을 갚아 주어 미군이 배치 받은 동두천으로 가서 동거를 시작했다. 미군은 유부남이었는데 효정과 결혼하기 위해 곧 이혼할 거라고 했다. 다른 미군들이 그렇게 말한 것처럼. 효정은 비록 한국 남자는 아니지만 새로운 생활이 시작될 거라는 희망을 가졌다. 하지만 안타깝게도 그 미군도 한국 남편과 마찬가지로 구타와 의처증이 심했다. 마음대로 밖에 나가지도 못하게 했고, 두레방 실무자를 만나는 것도 못마땅해했다. 조금이라도 자기 마음에 들지 않으면 효정을 때렸다. 또한 집 안은 늘 머리카락 한 올 없이 깨끗해야 했다.

효정의 상황은 다시 전처럼 나빠지기 시작했다. 두레방에서 크고 작은 잔치가 있을 때면 한참 즐겁게 앉아 놀다가도 어느 순간 온몸을 오들오들 떨며 말을 더듬고, 아주 작은 소리에도 깜짝 놀라 두려움에 떨었다. 효정이 절망한 이유는 미군이 처음 말한 것과 달리 결혼은 안중에도 없다는 사실이 아니었다. 한국 남자나 미군이나 여전히 초조함과 불안감에 떨며 생활해야 하는 처지가 별반 다르지 않다는 사실을 절감한 것이다. 다행히 동거하던 미군은 본국으로 돌아갔다.

효정은 이제 자포자기에 익숙했다. 한국인 남편과 이혼 문제도 적극적으로 나서서 풀려고 하지 않았다. 그저 동거를 원하는 미군이 있으면 함께 살기를 되풀이했다. 클럽에 나가 이 남자 저 남자에게 시달리지 않아도 되기 때문이다. 그러는 사이 효정은 짐을 챙겨 본국으로 떠나는 수많은 미군에게 익숙해졌고, 그때마다 나름 수완을 체득했다. 효정은 아직도 갈 길이라고는 없는 위태로운 일상을 외발로 아슬아슬 걷고 있다.

어린아이와도 같은
김은숙

나는 비교적 유복한 가정에서 자랐다. 그 런데 중학교 때 또래 남학생들과 놀다가 덜컥 임신을 하고 말았다. 나는 배가 점점 불러오자 엄격하신 아버지와 오빠에게 혼날 것이 두려워 아무 말 없이 가출했다.

그리고 서울에 있는 직업소개소에서 소개한 다방에서 잡일을 하다가 1984년 의정부 뺏벌로 옮겼다. 다방에서 일한 것처럼 주방에서 잡일을 하는 줄로 알고 왔는데 아가씨 생활을 해야 했다. 외국 사람을 본건 처음이라 그 옆에 앉는 게 너무 힘들었다. 매일 보따리를 싸서 울고불며 나간다고 업주와 싸웠는데 빚이 있어 계속 설득당할 수밖에 없었다. 마담 언니는 그때마다 "여기 무서운 곳 아니다. 잘 있으면 돈도 많이 벌 수 있어." 하고 달콤한 말로 설득했다. 또한 도망갔다가 붙잡혀 오면 다른 데로 보내버린다는 이야기도 들었다. 나도 의정부가 낯선 곳이어서 설사 업소 밖으로 나간다 한들 어디로 어떻게 가야 하는

지 몰라 두렵기도 했다.

주변 사람들이 계속 낯선 사람인 데다 외국인 옆에 앉아 있는 것이 너무나 무서워서 클럽에서 늘 울었다. 그 모습을 본 주변 언니들이 약을 권유해서 먹기 시작했다. 미군에게 약을 사거나 약을 구하기 힘들 땐 약국에서 독한 감기약을 사서 먹었다. 일을 하다가 임신한 적도 있는데 의정부 시내에 있는 산부인과에서 낙태수술을 받았다.

그렇게 클럽에서 1년 정도 일했다. 그러다가 한 미군을 만나서 1985년에 결혼했다. 그 미군이 클럽 빚을 다 갚아주었다. 1년 정도 살았을 때 남편이 한국에서 복무를 마치는 바람에 돌아오겠다는 약속을 하고 미국으로 먼저 떠났다. 하지만 그는 계속 핑계만 대고 한국으로 돌아오지 않았다. 나는 이대로 살 수 없어 변호사를 사서 이혼했다.

나는 다시 클럽에서 일했는데 장사가 잘 안 되자 업주가 내 카드로 잔뜩 빚을 져서 몇 년 전까지 월급을 몽땅 카드사에 압류당해 만져보지도 못했다. 결국 내 월급으로 업주의 빚을 갚은 셈이다.

뻣벌에는 민들레회라는 여성들의 자주회 모임이 있는데 회비가 한 달에 3000원이다. 그리고 보건소 직원이 클럽을 빌려서 성병 교육을 했는데 어떤 내용인지는 기억이 잘 안 난다. 검진은 주기적으로 받았다. 보건소에서는 성병 진료만 하고 감기 같은 질병은 치료해 주지 않았다. 임질에 걸려 의정부 보건소에서 3박4일 있을 때 페니실린을 맞기도 했다.

1990년경 세 번째 클럽에서는 바텐더로 일했다. 나이가 들었기 때문이다. 바텐더로 일하면 성매매 강요는 받지 않는다. 그래서 그곳에서 10년 정도 일했다. 하지만 미군 부대의 미군 숫자가 줄어들자 동시에 손님도 줄어들어 세 번째 클럽은 문을 닫았다. 생활 빚이 있어 돈을 벌어야 하는데 나이가 많아 오갈 곳이 없었다. 겨우 주변에 아는 클럽에 바텐더로 들어가 현재까지 일하고 있다. 이제 업주의 빚은 다 청산했고 지금은 조금씩 저축도 하고 지낸다. 단지 걱정은 업주가 클럽을 내 이름으로 등록하고 영업한다는 사실이다. 자신 있게 내 이름을 빼달라고 못하는 내 성격이 안타깝다. 일찍 가출한 후 예순이 된 지금도 많은 부분이 어린아이 같아서 업주를 부모처럼 의지하고 따르는데, 업주들은 이를 이용하여 잘해주는 척하면서 따로 이익을 챙겼다. 그런데도 나는 그들을 나쁘다고 말하지 못한다. 그만큼 오랫동안 클럽에서 일했기 때문이다.

1989년에는 두레방 자활 프로그램의 일환으로 고용되어 일했다. 한 10년 이상 클럽과 두레방 두 곳에서 일한 셈이다. 다행인 것은 두레방에서 일한 경험으로 내가 점차 자활에 대한 용기가 생겼다는 것이다.

가족이 있어도
보육원으로 보내진 임영희

나는 1955년 제주도 농촌에 태어났다. 열두 명의 아이들 중 다섯 명이 죽을 정도로 어려운 집안 형편 속에서 부모님은 일곱 살 때 나를 보육원으로 보냈다. 매일같이 눈칫밥을 먹는 보육원 생활은 힘들었다. 중학교에 진학해서도 사람들은 고아라고 따돌리고 손가락질했다. 날마다 창피함을 느끼며 점점 자신감을 잃고 어른 눈을 똑바로 못 쳐다 볼 정도로 내성적인 성격이 되어 갔다. 보육원에 보낸 엄마를 계모가 아닐까 의심도 원망도 많이 하다가 결국 견디지 못하고 중학교를 중퇴하고 말았다.

1970년 열다섯 살 때 제주도로 내려온 큰언니를 따라 서울로 올라갔다. 태어나서 한 번도 본 적이 없는 사이라 자매의 정 같은 건 없었다.

가혹한 대우를 받으며 방도 없이 마루에서 쭈그려 자야 했다. 그러다가 언니 남편에게 강간을 당했다. 그러나 아무에게도 말할 수 없었다.

큰언니는 영등포 직업소개소로 나를 데려갔다. 그리고 나는 열일곱 살 때 다방 하꼬비(어린 여종업원)로 일하면서 그곳에서 살게 되었다. 3개월간 일하고 번 돈은 모두 언니에게 주었다. 후에 형부가 담배 세우는 일을 하면서 다시 언니 집으로 돌아갔다. 그때 어머니가 제주도에서 오셔서 언니에게 준 나의 월급을 가로챘다. 어처구니가 없었다.

그 후에 살게 된 작은언니 집도 불편하기는 마찬가지였다. 전에 다방에서 일한 것이 기억나서 찾아간 직업소개소 사장은 한번 일어서 보라고 하더니 경기도 전곡읍 사창가로 보냈다. 무슨 일을 하는지도 모른 채 갔다가 결국 자궁에 상처가 나서 병원에 입원했다. 이런 곳인 줄 몰랐다며 내보내달라고 도움을 청해 봤지만 결국 주인 귀에 들어가서 1971년 동두천 보산동 기지촌으로 팔려가고 말았다.

063

동두천에서는 스페인 남자가 함께 살림을 하자며 쫓아다니면서 일을 방해했다. 빼낼 돈도 없으면서 계속 일을 방해하자 업주가 의정부 뺏벌로 20만 원에 넘겼다. 넘길 당시 동두천 생연7리라고 불리는 집에 들어갔더니 미성년자인 내게 주민등록증을 만들어 주었다. 그리고 의정부 뺏벌 제이슨 클럽으로 갔다.

클럽에서 번 돈은 포주와 반으로 나눴는데 80불은 벌어야 계산을 해주었다. 클럽을 그만두려고 해도 지고 있는 빚이 200불이면 두 배인 400불을 지불해야 나갈 수 있다고 했다. 그런데 업주는 500불을 내라고 했다. 신기하게 벌면 벌수록 빚이 늘었고, 도망가면 모두 한통속인지 신기하게 다 어디서 잡아와서 멍들 정도로 때렸다. 같이 일하던 언니들이 경찰에 신고해 보라고 했다. 당시 나는 미성년자이기 때문에 임영희라는 가명을 썼고 보건증도 가짜이기 때문에 무서웠지만 용기를 내서 신고했다. 그러다가 서울에 있는 시경에 갔더니 그곳은 서울시 밖에 처리하지 않는다며 치안국으로 가라며 서로 처리하기를 떠밀었다. 그러나 결국 포주는 잡혀갔고 나는 클럽에서 나올 수 있었다.

클럽에서 나오자 먹고 잘 곳이 없었다. 이전 클럽에서 같이 일하는 언니들이 소심한 나에게 좋은 약이라면서 꽁알(옥타리돈:마약성 감기약)이라는 약을 권했고 나중에는 그 약 없이는 정상적인 생활을 할 수 없었다. 그래서 그 약을 사려고 자취포주한테 빚을 지게 되었고 결국 그 밑에서 일하게 되었다.

이상하게도 제주도 고향집으로 돌아갈 수 없다는 생각이 들었다. 하지만 이 포주는 내가 꽁알 하는 것에 많은 불만을 품어서 결국 돈 문제로 크게 싸우고 도망을 나왔다. 그 당시 도와준 미군이 있는데 그 미군하고도 싸웠다. 갑자기 이런 생활이 너무나 싫어서 자살을 시도했다. 수면제 수십 알을 먹었으나 사흘째 되는 날 다시 일어났다. 이 소식을 듣자마자 회장 언니랑 포주가 집으로 찾아와 내가 대마초를 피웠다고 누명을 씌우는 바람에 유치장에서 2개월이나 있다가 나왔다. 그때가 1976년쯤으로 기억한다.

나올 때 어느 포주가 나를 데리러 왔다. 전에 약 때문에 돈을 많이 빌려준 사람이었다. 그 사람은 뻿벌에 작은 스톨(store, 여기서는 약간의 금기된 물건도 팔았다)을 냈다며 거기로 데려갔다. 그곳에서 심한 환각 증상에 시달린 나는 사람들하고 계속 불화가 있었다. 아는 언니가 보증을 서고 조용한 클럽으로 옮길 수 있도록 도와주어 다행히 환각 증상은 줄어들었다. 그러던 어느 날 쫓아다니던 한 미군이 빚을 갚아 주었으나 꽁알을 살 돈이 필요해서 계속 빚을 졌고 그렇게 자취포주집과 클럽을 전전했다.

스물여섯 살 때 미군을 만났다. 그 미군이 클럽에 진 빚을 갚아주

064

고 나를 빼냈다. 그리고 4년 동안 함께 살았다. 그는 미국으로 돌아간 후에도 생활비를 보내주고 클럽에서 일하지 말라고 부탁했다. 결혼을 하고 싶었으나 나이 차이와 전에 감옥에 갔다온 과거가 신경 쓰였다. 미군도 적극적으로 결혼하자고 말은 했지만 행동은 적극적이지 않았다. 나는 전과 기록 때문에 결혼을 못할 것이라고 생각했다. 주변 사람들이 돈만 있으면 된다고 했지만 결국 포기했다.

1990년대 중반 마흔 살이 되면서 우울증이 점점 더 심해졌다. 다른 일을 하려고 해도 적응이 안 되어서 다시 자취포주 밑으로 돌아갈 수밖에 없었다. 돈도 없고 연탄도 땔 수 없어서 춥고 배고픈 생활의 연속이었다. 감옥에서 나오면서부터 내가 무엇을 해야 하나 막막해서 죽고 싶은 생각이 많이 들었다. 할 줄 아는 것도 없고 자신감도 없었다. 그냥 동네를 지나가도 모두 내 얘기를 하는 것 같아서 더욱 움츠러들었다.

어느 날 두레방 그림 프로그램 지도자가 내 그림을 보더니 "이 언니 무엇을 해야 할지 모르고 있어." 하는 말을 들었다. 안 그래도 나의 기구한 삶이 주체성을 죽였다고 생각하고 있던 터라 그 미군이 미국으로 돌아간 후 밭일을 해보기로 했다. 과연 내가 다른 일도 할 수 있을지 나 자신을 테스트한 것이다. 밭일이 너무 힘들어서 겨우 사흘밖에 나가지는 못했지만 그래도 이 일로 자신감이 생겼다. 덕분에 5년 동안이나 클럽과는 먼 생활을 했다. 미군 가게에서 일하는 친구에게 일자리를 소개받아 튀김집에서 일을 시작했다. 주변 사람들이 다들 3개월밖에 못 버틸 것이라고 말했지만 오랫동안 했다. 임영희라는 이름으로 만든 가짜 주민등록증도 어떻게 없앨까 고민하던 끝에 제주도를 찾았을 때 돼지우리에 버렸다. 지금 나는 내 이름으로 만든 진짜 주민등록증으로 살고 있다.

2000년에는 같은 뻣벌 주민으로 살고 있는 한국 남자와 결혼식도 올리고 서류상 결혼도 했다. 그는 한쪽 팔이 의수여서 장애인 수당을 받고 있으며, 고물을 모아서 팔아 생활했다. 나도 마트 청소 일을 하거나 목욕탕 청소 일로 월급을 받으며 열심히 저축하며 살고자 했다. 그런데 알고 보니 남편은 도박중독자여서 내가 모아놓은 돈이 있는 걸 눈치 채면 그걸로 도박하러 빡빡 긁어 갔고 카드빚에 여러 여자와 노래방을 가는 등 항상 나의 속을 끓였다.

결국 서류상으로 이혼은 했지만 실제로 헤어지지는 못하고 같이 살고 있다. 지금은 우울증이 심해서 지속적으로 약물치료 중이고 그동안 지병이던 디스크 수술도 했다. 지금은 두레방의 도움으로 한시적 수급자로 인정되어 최저생계비인 월 40여 만 원을 받아서 생활한다. 그나마 오랫동안 키운 강아지를 자식처럼 돌보며 애정을 쏟고 그 힘으로 살아가고 있다.

066

나는 두레방에서 시행한 많은 프로그램에 참여했다. 특히 2000년 미술치료 프로그램을 시작하면서 많은 용기와 자신감을 얻었다. 그후 별다른 일이 없을 땐 늘 두레방에서 한두 시간, 또는 서너 시간을 실무자들과 가족처럼 지낸다. 그리고 그동안 겪은 일, 겪고 있는 일, 고민 등을 솔직하게 털어놓고 위로를 받는다.

두레방은 매우 오랫동안 내 생활을 지키며 내가 겪은 많은 어려움을 돌보아주었다. 우리같이 사람 취급도 받지 못하는 여자들의 이야기를 누가 들어주며 관심을 갖겠는가? 두레방이니까 우리가 와서 온갖 이야기를 쏟아내도 들어주지. 그것 때문에 나는 많이 건강해졌다고 생각한다. 두레방이 없었으면 지금 내가 어떻게 살아가고 있을지 상상조차 할 수 없다. 국가가 일찍이 지금 같은 시스템을 만들었다면 우리가 덜 고생하지 않았을까 하는 생각이 든다.

무가지 신문 광고를 보고
뺏벌로 온 가정주부

          나는 전업주부로서 충주에서 두 아들을 키우고 살았다. 어느 날 밤 집 주변에서 사회복무요원 대여섯 명에게 집단 성폭행을 당했다. 그 와중에도 얼굴을 기억하여 두 사람을 경찰에 신고했고, 경찰에서 그들을 잡았다. 남편은 합의금 2000만 원을 받아서 내 언니와 반반씩 나누어 가졌다.

    나는 이후 두 아들을 키우며 가정을 지키려고 혼신의 노력을 기울였으나 남편은 강간 사건을 핑계로 매번 죽지 않을 만큼 때렸다. 그렇게 2년을 참고 살다가 가만히 있으면 맞아 죽을 것 같아서 가출했다. 하지만 막상 갈 곳이 없었다. 무가지에서 본 숙식보장 및 큰돈을 벌 수 있다는 광고의 유혹에 넘어가 찾아간 곳이 1997년 의정부 뺏벌이다. 어떤 일을 하는지 자세한 설명은 듣지 못했다. 하지만 이곳 업주는 클럽 여성을 모집할 때 항상 무가지 신문 광고를 이용했다. 그 업소에는 나와 같이 결혼생활에 문제가 있는 30대 초중반 여성들로 늘 넘쳐났다. 업주는 동네에서도 성매매 강요와 임금착취로 유명한 악덕업주로서 두 곳에서 업소를 운영하며 부자가 관리했다.

    업주는 미군 손님이 없는 날은 클럽 문 앞에 나가서 히빠리를 하라고 시켰다. 그러다 보니 늘 손님이 많았다. 이 업소는 성매매 단속에 여러 번 걸렸는데 그때마다 아들이 운영하는 근처 업소에서 일하게 했다.

    어느 해에는 업주가 성매매로 미군 단속(OFF LIMITS)에 걸렸다. 그러자 내가 성매매하다 걸렸으니 내가 변호사비를 내야 한다며 변호사비와 재판 비용 4000만 원을 내 빚으로 올려 두었다. 두레방에서 업주를 상대로 소송을 해주겠다고 했지만 깡패인 아들의 협박이 두려워서 몇 년 동안 끈질기게 일해서 그 빚을 갚아 나갔다. 월급날이 되면 업주는 온 가족을 대동하여 나를 데리고 나가서는 일식집에서 회를 시켜먹고 수십만 원이나 되는 밥값을 내게 지불하게 하여 다시 돈 없는 상태로 만들었다.

성병 검진은 일하는 동안 꾸준히 받았다. 그런데도 2000년경 성병에 감염되어 동두천에서 감금치료를 받았다. 빚을 거의 갚아 나갈 즈음에는 성형수술을 하게 하는 등 온갖 수법으로 다시 수백만 원의 빚을 지게 만들어 업소에서 벗어날 수 없게 했다. 나는 이 업소와 온 동네를 통틀어서 가장 많은 매상을 올리기 때문에 업주에게는 황금알 같은 존재였다.

두레방에서는 성매매를 전제로 한 빚(선불금)이나 업주가 그녀에게 물리는 각종 빚은 성매매방지법에 따라 무효라고 설명해 주며 대신 소송을 해주겠다고 했지만 매번 거절했다. 폭력배 아들이 무서워서다. 성매매를 하는 동안에도 나는 고향에 생존해 계시는 부모의 생활비며 병원비, 오빠나 언니 등 가족이 요구하거나 필요한 돈을 끊임없이 송금했다.

2010년 마지막 빚 1000만 원이 남았을 때 한 미군이 일시불로 갚아 주어 지긋지긋한 그곳 생활에서 벗어났으며 두레방으로부터 의료지원도 충분히 받았다. 남편이 찾아올까 두려워 이혼도 오랫동안 못했는데 두레방의 도움으로 소송을 시작하여 이혼할 수 있었다.

나는 2012년에 나를 도와준 미군과 결혼하여 미국의 텍사스 킬린 지역으로 건너왔다. 지금은 영주권을 얻으려고 서류를 준비 중이며 집 앞 텃밭을 가꾸고 오리, 닭 등을 키우며 살고 있다. 미국에 온 뒤 나는 성격도 매우 밝아졌고 새로운 환경과 새 삶에 기대감에 부풀어 있다. 미국에 입국한 후에도 두레방에 간간히 전화해 텃밭 가꾸는 일부터 결혼 서류가 늦어지는 이야기 등을 알리면서 안부 전화를 한다.

두 번 이혼 당하고
재기한 김인실

나의 고향은 제주도와 가까운 추자도다. 1993년 제주도에서 결혼했으나 남편의 폭력과 의처증이 심하여 두 딸을 낳아 기르다가 도저히 견딜 수 없어 부모님의 권유로 이혼했다.

이후 의정부에서 보험설계사 일을 하다가 재혼했는데 시부모가 초혼 실패 등을 빌미로 구박이 심했다. 남편도 어느덧 이에 동조하며 거칠게 굴어 아이를 두고 이혼했다. 그러다가 교통사고를 당해 머리를 심하게 다친 이후로는 제대로 된 일자리를 찾을 수 없어 심신이 피폐해졌다.

어느 날 같은 동네에 살던 친구가 집에 놀러와 뺏벌이라는 동네를 알게 되었다. 친구는 그곳에서 일을 했는데 내 나이도 적지 않은 데다가 수입이 필요해 그 친구를 따라가 일자리를 구했다. 그 친구가 일하는 클럽(다이아몬드)에서 웨이트리스로 일을 시작했다. 미군을 개인적으로 만나거나 돈을 많이 못 버는 날에는 주인이 욕을 많이 했다. 미군과 몇 번 동거했으나 결혼한 적은 없다. 미군은 몇 달씩 동거하다가 기간이 되면 다시 미국으로 돌아갔다. 미군의 아이도 몇 번 지운 적이 있다. 같이 살던 미군이 미국으로 돌아가면 일을 다시 할 수밖에 없고 클럽에서도 임신한 채로 일을 할 수 없으니 아이를 지우라고 강요했다. 보건증도 주 1회 받았는데 당시 성병진료소에서 성병 치료를 받은 적도 있다. 보건소도 의정부 신시가지에 있었다. 일단 보건소에 가면 주사를 맞고 약을 처방받았다.

그 당시 방세는 20만~25만 원이었는데, 업주가 제공하는 숙소에 들어가서 살아도 방세를 똑같이 지불해야 하는 상황이라 따로 방을 얻어 살았다. 월급이 15만 원이니 방세가 더 비싼 셈이다. 실제 주스

069

값이나 2차를 나가 번 돈은 지각비, 결근비, 옷값과 처음 뺏벌에 들어와 살 때 방값으로 빌린 돈 등으로 나가서 많이 받아야 30만 원이며 어느 달은 한 푼도 못 받은 적도 있다. 심지어 옷은 본인이 원하지도 않는데 사다주고는 옷값을 받아가서 받는 돈은 얼마 안 되었다.

클럽에서 4년 넘게 일했지만 도저히 생계를 유지할 수 없어 클럽 일을 그만두고 식당 알바를 했다. 식당 주인은 당뇨합병증을 앓고 있었는데 어느 날 자기 집안일을 일주일에 두 번, 그리고 주말에만 일을 해달라고 하여 알바를 시작했는데 1년 동안 받은 돈이 15만원이었다. 알바로 일할 때 옷을 받은 적이 있는데 1년치 월급에서 옷값을 제하고 주었다.

결국 거기도 그만두고 의정부 시내에 나가 살았다. 화장품 영업사원으로 일하기도 했는데 돈을 벌기는커녕 오히려 빚만 생겼다. 보험사 영업사원도 했으나 몸만 고되고 수입이 좋지 않았다. 그 외에도 동네에서 동대문시장에서 옷을 떼다가 미군용 옷 장사를 비롯해 신발과 가방 가게도 했다. 기지촌에 미군이 많을 땐 그래도 장사가 그럭저럭 괜찮았는데 기지 이전 계획과 미군 축소로 기지촌 영업은 점점 위축되었다.

이것저것 해보다가 결국 다 접고 현재는 다시 뺏벌로 들어와 식당을 하고 있다. 처음 시작할 때는 걱정이 앞섰으나 다행히 장사를 시작한 지 1년 만에 식당을 열면서 진 빚을 전부 갚고 저축도 하고 있다. 그동안에 두 딸은 결혼해 잘살고 있으나 아들이 사회생활에 적응을 잘 못하여 걱정이다.

나는 기지촌에 들어오기 전에 생계를 위한 다양한 직업을 전전한 경험이 있어서 비교적 빨리 클럽 생활에서 벗어날 수 있었다. 어떤 환경에 처하든지 일자리와 생업을 찾기 위한 노력을 게을리하지 않았다. 가족관계도 잘 유지하려고 제법 노력했다. 그것이 나를 역경에서 벗어나게 한 힘이었던 것 같다.

두레방을 알게 된 건 2000년경 기지촌 클럽에 처음 들어가서다. 두레방 프로그램에 참여할 여력은 별로 없었지만 두레방이 주는 공예 프로그램에 참여하여 많이 배웠다. 내 솜씨가 괜찮아서 여러 가지를 만들었다. 그리고 생활에 필요한 법적인 조언이나 의료지원 등 많은 도움을 받았다.

나는 음식솜씨가 좋아서 두레방에서 잔치하면 잡채 등을 손 크게 해서 가지고 갔다. 옷 장사나 신발가게를 정리하면서 남은 옷을 반품하지 않고 필요한 사람들에게 도움이 되도록 두레방에 기증했다. 어려울 때 두레방 도움을 많이 받았으니 나도 어려운 사람을 도우며 사는 건 당연하다.

<u>071</u>　'나도 어려울 때 두레방의 도움을 많이 받았으니 내가 살만 하면 나도 어려운 사람을 도우며 살고 싶다.'

기지촌으로
모이는 사연들

　오 양은 스물아홉 살이다. 집이 너무 가난해서 학교를 계속 다니지 못하고 중학교를 중퇴했다. 중학교 중퇴 학력으로는 구로공단(현재 국가산업디지털단지로 바뀌었으며 당시에는 수출용 봉제공장 등이 많았다) 등의 대규모 사업장에 취직할 수가 없었다. 그래서 찾아간 곳이 주택가 지하실에 있는 조그만 봉제공장이다. 일은 너무 고되고 환풍기도 없는 곳에서 일하다 보니 병만 얻어 그 약값으로도 무시하지 못할 많은 돈이 들어갔다. 월급도 너무 적어 차비와 방세, 식비를 빼면 저축은 생각도 할 수 없었다. 견디다 못해 직업소개소를 찾았고 공장보다 돈을 좀 더 벌 수 있는 증기탕에서 일을 시작했다.

한 달 정도 지났을 때 업소 주인이 미국인 집에서 식모살이를 하면 돈도 더 많이 벌고 영어도 배울 수 있다면서 그녀를 유혹했다. 그 말을 믿고 간 곳은 미국인 가정이 아닌 기지촌의 클럽이었다. 증기탕 주인이 돈을 받고 그녀를 클럽에 팔아넘긴 것이다. 그리고 클럽 주인이 사우나 주인에게 준 돈은 그녀의 빚으로 올라가 있었다. 그 길로 클럽 안에 갇혀서 미군을 상대로 성매매를 했는데, 그 이후의 생활은 너무도 비참했다. 도망가다가 잡혀서 포주에게 골프채로 일주일 동안 얻어맞기도 했고, 옆방 아가씨가 도망가는 것을 도왔다는 이유로 그녀에게 200만 원이라는 빚을 떠안겼다.

여성들이 기지촌에 오는 또 다른 이유는 성폭행을 당한 충격 때문이다. 성폭행을 당한 여성들 중 많은 이가 임신에 대한 공포, 순결을 잃었다는 상실감에서 오는 자포자기, 부모님에 대한 죄책감 등으로 가출한다. 이들은 잡지나 길거리에서 높은 수입을 보장한다는 광고를 보고 조금 수상하다는 생각이 들어도 '이제 내가 순결도 잃었는데 무슨 일인들 못할까? 돈이나 벌자.' 하는 생각으로 찾아갔다가 인신매매를 통해 기지촌의 클럽까지 오기에 이른다. 또 결혼한 후에도 어렸을 때 당한 강간, 성폭행의 악몽을 극복하지 못해서 이혼하고 역시 같은 경로로 기지촌으로 오는 여성도 많다.

군산의 김 양(25세) 가족은 친어머니가 어렸을 때 돌아가시고 아버지와 친언니, 새어머니, 새어머니의 아들인 오빠 이렇게 다섯 식구였다. 중학교 1학년 때 새어머니와 오빠, 이렇게 한방에서 자는데 오빠가 몸을 더듬는 것을 느꼈다. 너무 무서웠던 그녀는 어머니를 깨우려고 어머니의 손과 몸을 꼬집었지만 끼어들기가 곤란했는지 어머니는 계속 자는 척했고 결국 그날 그녀는 오빠에게 강간을 당했다. 그다음 날 봤더니 얼마나 세게 꼬집었는지 어머니의 손이 온통 피멍이 들어 있었다.

하지만 그것으로 끝나지 않았다. 오빠는 이종사촌까지 데리고 와서 그녀를 옥수수 밭으로 끌고 가서는 강간했다. 더 이상 견딜 수 없던 그녀는 중학교 2학년 때 가출했다. 가진 돈이 다 떨어져 막막하던 차에 취직을 생각하고 광고지 전화번호로 연락했는데, 그곳이 바로 술집으로 보낼 아가씨를 인신매매하는 소개소였다.

그녀는 지금도 어렸을 때 당한 강간의 충격에서 헤어나지 못해 정신착란증세를 보인다. 얼마 전 자신을 강간한 오빠가 결혼한다는 이야기를 듣고 악몽이 되살아나서 견딜 수 없었다. 그런 사실을 처음으로 친언니에게 털어놓았지만 위로를 해주기는커녕 "네가 꼬리를 쳤으니까 그런 일을 당하지. 네가 아무 짓도 안 했는데 그런 일을 당했겠느냐?" 하는 기가 막힌 소리만 들었다.

여성들이 기지촌을 오는 세 번째 이유는 남편의 구타를 견디다 못해 가출한 이후 겪는 경제적인 어려움과 한국 남자에 대한 혐오감 때문이다.

의정부의 양 양(37세)은 구타하는 남편을 피해 아이 둘을 데리고 달아났다. 그녀는 생활비를 벌려고 파출부, 식당일 등 해보지 않은 일이 없다. 세 식구가 생활하기에는 월급이 너무 적었지만 특별한 기술이 없어서 다른 직업을 구할 수도 없었다. 돈이 없어 아이들을 보육시설에 맡길 생각은 엄두도 못 내고 출근할 때마다 방문을 밖에서 걸어 잠갔다. 하지만 살아보려고 발버둥 쳐도 굶기가 일쑤고, 첫째 아이가 심하게 아팠을 때는 병원비가 없어서 발을 동동 굴렀다. 상황이 이쯤 되니 도저히 더는 버틸 수가 없었다. 결국 직업소개소를 찾았고 그곳에서 소개한 기지촌의 클럽으로 가게 되었다.

또한 미혼모나 이혼 여성은 경제적으로 어렵고 특히 여자 혼자 아이를 키운다고 주변 사람들이 손가락질하는 것을 견디다 못해 기지촌으로 오기도 한다.

그런데 우리나라에 팽배한 미국에 대한 환상이 여대생을 비롯한 많은 여성을 기지촌으로 오게 하는 이유가 되고 있다. 이런 여성은 영어를 배우고, 미국 문화를 익힌다며 미군을 상대하고도 보통 돈을 받지 않기 때문에 S대학이 있는 ○○시 기지촌의 미군은 요즘 아예 클럽 여성을 멀리 하고 여대생을 선호한다.

일제강점기에는 우리나라 여성을 일본 제국주의의 경찰이나 군대가 무력으로 위안부로 끌고 갔지만 지금은 성을 상품화하는 경제 구조의 모순과 여성에 대한 가부장제의 다양한 억압이 여성을 기지촌으로 내몰고 있다. 그러므로 이러한 문제를 이해하려고 노력하지도 않은 채 기지촌 여성을 향해 본인의 선택이라고 쉽게 단정하는 것은 문제가 있다.

이렇게 기지촌까지 오는 과정에서 많은 여성이 고통을 겪고 있지만 미군과 국제결혼을 한 후에도 기지촌 여성의 상황은 크게 달라지지 않는다.

1998년 미국 NBC-TV는 '미군 부인에 대한 미군 당국의 책임'이라는 주제로 미군과 결혼하여 이민 온 기지촌 여성의 실상을 방영한 적이 있다. 이 방송에서는 "기지촌은 물론 주한미국대사관 주변 이민알선업체들은 범죄 조직과 깊이 관련되어 있으며, 이들은 월 수백 건씩 미군과 기지촌 여성의 결혼을 알선하는데, 미군 당국은 이러한 사실을 이미 오래전부터 알고 있지만 아무런 조처도 취하고 있지 않다."고 폭로했다.

그리고 국제결혼으로 이민 온 한국 여성들은 대부분 미국 도착 직후 뚜쟁이에게 넘겨져 한인 갱이 운영하는 마사지 팔러 등 사창가로 팔려가 성매매를 강요당하고 있다. 심지어 이런 생활에서 벗어나려고 하다 살해되는 사례도 빈번하다고 보도했다.

이런 현상은 파렴치한 미국 내 한인 범죄조직이 주한미군이 한국인 여성을 데리고 오는 조건으로 수천 달러의 사례금을 주기 때문에 계속 이어지고 있다. 그런데도 한국 정부는 수수방관하고 미국연방수사국(FBI)과 이민국도 속수무책으로 일관해 왔다.

이렇게 범죄 조직에 국제적 인신매매를 당하는 경우가 아니라 해도 미국에 가서 95퍼센트 이상이 이혼을 당하며, 그 이후 살 길이 막막해진 많은 한국 여성이 미국 땅에서 다시 성매매를 한다. 뿐만 아니라 언어 문제나 결혼 생활에서의 내적 갈등으로 정신분열증세를 겪는 여성들도 많다.

조쉬 : 동두천 보산동 기지촌의
미군 자녀의 양육비청구 사례

조쉬는 1983년 11월생으로 필리핀 마닐라에서 왔다. 조쉬의 아버지는 일거리를 찾지 못해 오랫동안 일을 하지 못했고, 어머니는 건강이 좋지 않아 경제적으로 어려운 가정환경에서 생활했다. 조쉬는 5남매 중 넷째로 필리핀에서 고등학교를 졸업하고 제빵 공장에서 일을 하며 지내던 중 한국에 가서 돈을 벌겠다는 결심을 하고, 예술흥행비자를 발급받아 2005년 12월에 한국에 왔다.

한국에 도착한 조쉬는 동두천의 R클럽에서 일을 시작했다. 1년간의 계약기간을 마친 조쉬는 클럽 일을 그만두고, 양주시 덕정리에 있는

지퍼 공장에서 일을 하다가 미군을 만나 2007년 1월에 결혼했다.

조쉬는 결혼 후 SOFA 비자(주한미군과 그 가족에게 발급되는 비자)를 받아 한국에서 계속 일을 했는데, 결혼 후에는 지퍼 공장 일을 그만두고, 동두천 소요산 근처에 있는 제빵 공장에서 일을 했다.

남편은 방세와 생활비는 내주었으나 필리핀에 보낼 돈은 주지 않아서 결혼 후에도 계속 일을 하면서 필리핀에 돈을 조금씩 보냈다. 그러던 중 2008년 여름에 남편과 이혼하고, SOFA 비자를 다시 발급받지 못해 이혼 후부터 현재까지 미등록 이주자로서 두려움 가운데서 생활하고 있다.

조쉬는 2008년 8월경에 지금의 아이 아빠를 만났는데, 만나자마자 바로 동거를 시작해 얼마 안 되어 임신을 하여 2009년 7월에 건강한 남자아이를 출산했다.

미군인 아이 아빠는 조쉬가 임신하고 얼마 후부터 갑자기 태도가 돌변했다. 그는 조쉬를 만나기 전에 클럽에서 만난 한 필리핀 여성과 약혼했는데, 그 여성이 필리핀으로 돌아갔다가 다시 한국으로 돌아와 클럽에서 일을 하게 되었다. 약혼한 여성이 한국으로 돌아오자 그는 자주 외박을 했고, 가끔씩 집에 들어올 때면 술에 취해서 임신한 조쉬를 폭행해 견디다 못한 조쉬가 미군 헌병을 부른 적도 있다.

조쉬가 출산하자 그는 아예 집을 나가 부대 안으로 들어갔고, 이후 어떠한 지원도 해주지 않았다. 아이를 키우며 혼자 생활하던 조쉬는 방세를 내지 못해 2009년 11월에 집을 나와 필리핀 친구의 집으로 들어갔다.

조쉬는 출산할 무렵부터 아이 아빠로부터 경제적인 지원을 전혀 받지 못했기 때문에 방세를 낼 수 없었고, 모아둔 돈이 한 푼도 없어 아이의 분유, 기저귀 등의 용품 구입비용과 그 외 생활비 등은 친구들에게 빌려서 해결했다.

경제적으로 힘들다 보니 다시 공장에서 일을 해야 하는데, 아이 때문에 일을 할 수가 없는 상황이어서 조쉬는 아이만 필리핀으로 보내기로 했다. 얼마 전 아이를 데리고 필리핀대사관에 가서 아이의 필리핀 여권을 만들었고, 곧 여권이 나올 예정이다.

조쉬는 아이를 필리핀으로 보내더라도 그곳에서 아이를 양육할 수 있는 경제적인 여건은 안 되기 때문에 아이를 보내기 전에 아이 아빠로부터 양육비를 받고 싶었다. 그래서 두레방에 도움을 요청했다.

조쉬는 아이 아빠의 부대에 있는 상사에게 전화해서 그로부터 버림을 받았다는 사실을 알리며 도움을 요청했다. 그러나 사실관계를 알아보고 전화를 주겠다던 상사는 그가 조쉬를 만나고 싶지 않다고 했고, 전화도 하기 싫다고 전해 주었다. 상사에게 더 도와달라고 했지만 모두 비협조적이었다. 아이 아빠는 조쉬에게 자신은 아무런 도움도 주지 않을 테니 필리핀 친구들에게 가서 도와달라고 하라고 했고, 현재는 전화 통화도 되지 않는 상태다.

이 같은 상황에서 두레방 상담자가 조쉬를 만났다.

조쉬가 출산했을 당시에 아이 아빠는 없었고 또 그가 동의하지 않아 출생증명서에 아이 아빠의 이름조차 적혀 있지 않았다. 게다가 조쉬는 그의 정확한 미국 주소나 사회보장번호도 모르고 있었다. 더욱 난감한 일은 아이 아빠는 아이의 미국 여권이나 시민권을 만들어줄 생각이 전혀 없는 데다 DNA 테스트마저 거부한 상태여서 아이의 양육비 지원은 시도조차 할 수 없었다. 아이의 양육비를 지원받으려면 친자라는 증거가 필요한데, 증거를 확보하려면 DNA 테스트가 필요했다. 그러나 이 비용도 만만치 않고 게다가 아이 아빠가 테스트를 거부하고 있어서 부대 내에 있는 사회복지사나 상사에게 부탁하여 도움을 받아야 하는데 결코 쉬운 일이 아니었다.

두레방은 조쉬를 도우려고 미군 부대 내에서 미군의 부적절한 행동을 감시하고 해결하는 일을 하는 담당자 W에게 도움을 요청했다. W에게 연락하여 조쉬의 현재 상황을 설명하고, 아이 아빠의 부대, 성명을 알려준 후 그의 연락을 기다렸다.

다시 W와 통화한 결과, 자기가 직접 아이 아빠 부대의 상사와 통화했는데, 상사의 이야기로는 아이 아빠가 현재 돈이 없고, 돈이 있어도 DNA 테스트를 하지 않겠으며, 또 그 아이가 자신의 아이라고 확신할 수 없다는 이야기를 했다고 한다.

W가 제시한 현재 문제를 해결할 수 있는 방법은, 조쉬가 DNA 테스트 비용을 마련하여 연락을 주면 아이 아빠를 최대한 설득해서 DNA 테스트를 받도록 해보겠다는 것이었다. DNA 테스트 결과 아이가 친자임을 확인한 증거를 가지고 양육비 신청을 할 수 있기 때문이다. 조쉬에게는 이것이 반드시 필요한 절차지만 사실상 그녀에게는 DNA 테스트 비용을 마련하는 것조차도 매우 어려운 상황이다.

두레방은 DNA 테스트 문제는 조쉬와 함께 다시 논의하고 부대 내의 지원방안을 계속해서 알아보려고 한다. 그리고 현재 조쉬가 친구들에게 돈을 빌려서 아이에게 필요한 물품을 구입하고 있는데 이를 해결하기 위해 동두천에 있는 월드비전과 연계해서 필요한 지원을 받을 수 있도록 지원할 것이다.

두레방은 6개월 된 작은 아이를 품에 안고 상담을 하러 온 그녀의 얼굴을 절대 잊을 수가 없다. 그녀는 감정이라고는 전혀 찾아볼 수 없을 만큼 매우 지쳐 있었고, 아이와 함께 버려진 본인의 상황을 매우 힘들어했다.

하루 빨리 조쉬의 문제를 해결하여 그녀와 아기가 마음 편히 웃을 수 있는 날이 오기를 기대한다.

타미(카탈리나):
의정부 고산동의 법률지원 사례

2007년 겨울에 타미를 두레방 상담자가 만났다. 약간은 통통한 체형에 큰 눈과 높은 코를 가진 타미는 모든 두레방 활동가에게 친절했다. 어느 날 타미가 배가 아프다며 전화했다. 외과 진료를 받은 결과 맹장염이 의심되었다. 타미는 수술에 들어가야 했다. 의사는 모든 병은 스트레스가 유발하므로 맹장염도 그럴 수 있다고 했다. 스트레스가 유발한 질병이라는 생각이 들었다. 상담자는 수술 회복 후 타미와 상담에 들어갔다.

친구와 같이 사는 타미는 자신의 집을 방문한 상담자에게 커피를 건네며 이야기를 시작했다. 그녀는 한국에 오기 전 이미 5년 정도 일본에서 가수 생활을 했다고 한다. 그래서 한국도 같은 시스템일 것으로 생각하고 한국행을 선택했다.

한국에 온 다음 날부터 타미는 동두천 광암동(턱걸이라고도 불림)에 있는 B클럽에서 일을 시작했다. 그런데 클럽에서는 노래를 부르는 것이 아니라 손님 옆에 앉아 이야기를 하면서 주스를 팔아야 하고 성매매를 해야 한다고 했다.

한 달 조금 넘게 일한 타미는 B클럽에서 19번의 성매매를 했다. 주로 B클럽 주변에 있는 미군이 상대였고 가끔 한국 사람도 상대했다. 타미는 성매매를 거부했지만 욕을 하면서 소리 지르는 업주가 너무나 무서웠다. 그래서 억지로 성매매를 나갔으며 계속되는 강요와 필리핀으로 돌려보낸다는 말에 다시 성매매를 할 수밖에 없었다고 한다. 이런 상황을 기획사에 말했지만 타미의 말은 그냥 무시되었다.

또한 감금과 다를 바 없는 생활을 강요받아 숙소 밖으로는 나갈 수 없었다. 그렇게 한 달이 조금 지난 시점에 지옥 같은 공간에서 한 필리핀 친구의 도움으로 B클럽을 탈출했다. 그리고 친구들이 소개해서 두레방을 알게 되었고 수술 도움을 받을 수 있었다.

눈물을 보이며 상담에 집중한 타미에게 두레방은 성매매와 관련해 소송해 볼 것을 제안했다. 타미는 생각한 후 다시 연락을 주기로 했다. 그렇게 몇 달이 지난 후 타미에게 연락이 왔다. 자신의 기획사에 또 다른 여성 피해자들이 있고, 기획사와 업주를 꼭 처벌했으면 좋겠다고 했다. 그래서 두레방은 2008년 봄에 타미의 성매매 피해에 대한 소송을 위해 함께 변호사를 찾았다. 변호사는 충분한 진술과 증거가 필요하다고 했다.

며칠 후 타미를 찾아갔다. 영어보다는 타미의 모국어인 타갈로그어로 대화하면 자세히 진술할 수 있을 것으로 생각해 통역사와 동행했다. 질문을 통역하고 타미의 대답을 통역하고, 그렇게 순차 통역이 이루어지고 법률적으로 필요한 내용을 진술하는 데는 오랜 시간이 걸렸다. 나는 진술을 정리해서 변호사에게 보내고 미진한 부분은 보충해 마침내 소장訴狀을 완성했다.

소송 진행 중에 양주경찰서에서 연락이 왔다. 타미와 두레방은 아침 일찍 경찰서를 찾았다. 우리는 여자 통역사와 함께 수사를 담당하는 경찰 책상 앞에 앉았다. 힘든 조사가 진행되었다. 경찰은 질문을 많이 했다. 그 질문에 맞춰 통역사도 계속 통역했다. 조사가 한창 진행 중에 그러면 안 되는 걸 알지만 통역사는 타미를 편들기 시작했다. 두레방보다 더 타미를 대변했다. '바파인(성매매)'이란 단어가 나오면 그냥 단순하게 통역하는 것이 아니라 그 용어가 어떻게 생기고 클럽에서 그 말이 사용될 때는 무슨 의미로 쓰이는지, 통역사는 타미의 사례에 깊은 관심을 가지고 대변해 주었다. 그렇게 아침에 시작한 조사는 저녁이 될 때까지 이어졌고 천천히 마무리했다. 마무리 조사도 끝이 나서 경찰서 밖으로 나왔을 때 통역사는 타미를 이해하고 힘내라고 말을 해주었다.

한 달 후 경찰서에서 2차 조사가 필요하다고 연락이 왔다. 늦은 오후 두레방은 경찰서를 찾았고 처음 조사 당시 도와준 통역사도 와 있었다. 그 한 달 동안 경찰은 기획사와 업주를 조사했다. 그 사람들은 타미의 진술과 전혀 다른 말을 하고 있었다.

경찰은 처음부터 타미가 소송을 제기하여 한국에서 합법적으로 계속 머물고 싶어 하는 것이 아닌지 의심했는데 상대방을 조사한 후부터는 타미를 더 의심하는 것처럼 보였다. 경찰은 점점 더 큰 목소리로 상대방 업주의 진술 내용을 그대로 타미에게 말해주었다. 그 내용을 들은 타미는 믿을 수 없다는 표정으로 얼굴이 빨갛게 달아올랐다. 타미는 긴장한 나머지 같은 질문에 대해 얼버무리고 말았다. 그럴수록 경찰은 타미를 더 의심하는 듯 나에게 "정말 타미가 원해서 소송을 했나."라고 질문했다. 타미는 진심으로 그들이 자신에게 행한 일들로 그들이 처벌받기를 원했다. 그리고 자기 같은 피해자가 더 이상 발생하지 않기를 원해서 소송을 결정한 것이다.

그러나 상황이 더 안 좋게 된 이유는 기획사 대표를 소송한 것인데 그 대표는 타미가 아는 얼굴이 아니었다. 여기서 타미는 자신이 실수했다는 것을 알고 더욱더 자신감을 잃었다. 경찰은 소송 취소를 유도했다. 이 모든 말을 통역하는 통역사는 타미가 다칠까 봐 덜컥 겁을 냈다. 그래서 통역사는 자신도 모르게 타미에게 소송을 그만두는 것이 어떠냐고 물었다. 타미는 필리핀으로 한시바삐 돌아가야 할 사정이 있는데도 이 소송에서 좋은 결과를 얻어 다시는 자신과 같은 피해자가 생기지 않기를 간절히 원하여 계속 한국에 머물고 있었다. 그러므로 타미는 이 소송을 그렇게 쉽게 끝내고 싶지 않았다.

늦은 오후에 시작한 조사는 밤 9시가 되어서야 끝났다. 경찰서 밖으로 나와 지친 타미와 나는 비로소 저녁을 먹었다. 그때 타미에게 소송을 계속 진행할 것인지를 다시 물어보았다. 타미는 확고했다. 자신이 경험한 일을 되돌아보면서 다시는 그런 일이 한국에서 일어나서는 안 되므로 소송은 계속해야 한다고 강하게 주장했다.

2008년 겨울 의정부 검찰청에서 연락이 왔다. 경찰서에서 검찰로 송치되었는데 경찰서에서 한 조사 중에 부족한 점이 있어 직접 검찰에서 조사하고 싶다는 것이었다. 그래서 타미에게 연락했는데 지친 탓인지 서울에 있는 사촌과 지내면서 일하고 있으니 쉬는 날을 만들어 가겠다고 했다. 하지만 타미는 12월이 다 지나도록 연락이 없었다.

이후 나는 타미의 친구를 동두천에서 만났고 그녀에게서 타미는 이미 필리핀으로 돌아갔다는 말을 들었다. 지난달에 잠깐 통화한 것이 타미와의 마지막 통화였다. 낯선 곳에서 용기를 내어 힘들게 싸운 타미는 그만 모든 것을 포기하고 따뜻한 자신의 나라로 돌아간 것이다.

코니 :
사업장 무단이탈에 관한 사례

코니는 필리핀 여성으로 7남매 중 첫째 딸이며 여섯 명의 동생들과 두 동생의 가족, 자신의 두 딸, 그리고 부모님을 부양할 돈을 벌기 위해 예술흥행비자를 발급받아 2004년 7월에 한국에 왔다.

코니는 가수로서 노래할 거라고 생각했는데, 한국에 오자 매니저는 계약 내용과 다른 것을 요구했다. 우선 계약서상에는 울산의 S클럽에서 일을 하기로 되어 있지만 매니저는 코니를 송탄의 Y클럽으로 데리고 갔다. 그러고는 속옷 가게에 데리고 가서 코니에게 팬티와 브래지어를 사게 한 후 클럽에서 속옷만 입고 춤을 추도록 강요했다. 코니는 울면서 그럴 수 없다고 했지만 매니저는 들어주지 않았다.

코니는 필리핀에 있는 열 명이 넘는 가족을 부양해야 하기 때문에 참고 춤을 출 수밖에 없었다. 또 클럽에서 정한 주스 할당량을 채우려면 온갖 성적 수치심을 감수해야 했고 2차 성매매를 강요받았다.

한 달 반이 지난 후 매니저는 다른 클럽으로 옮겨야 한다며 의정부의 C클럽으로 피해자 코니를 데리고 갔다. 의정부의 C클럽에서도 역시 수없이 인권을 침해당했다. 일주일에 한 번은 쉬어야 하지만 휴일은 겨우 한 달에 한 번만 주어졌고, 그것도 휴일에 청소를 시키고 청소 상태가 만족스러울 때만 여섯 시간을 쉬게 했다.

또한 계약서상에는 하루에 음식 값으로 1만 원 또는 미화로 8불을 주도록 되어 있지만 클럽 주인은 일주일에 1만 원만 음식 값으로 주었다. 때문에 음식이 충분치 않아 배가 고플 때도 많았다.

그리고 갖가지 명목으로 벌금을 매겨 주스 판매금액을 벌금으로 다 공제하고 한 푼의 돈도 주지 않았다. C클럽에서 도망치기까지 다섯 달을 넘게 일했지만 그녀는 세 번밖에 월급을 받지 못했다. 월급도 계약서상에는 500불을 받기로 했는데 450불만을 받았고 필리핀 매니저에게 주는 50불도 250불이나 보냈다.

그녀는 낯선 나라에서 도움을 청할 곳을 몰라서 매니저가 시키는 대로 할 수밖에 없었다. C클럽의 바텐더는 항상 나쁜 말을 하고, 소리를 지르고, 벌금을 매기며, 제대로 사람 취급을 하지 않았다. 클럽 주인에게 이야기해도 주인은 언제나 바텐더 편이므로 상황은 바뀌지 않았다.

한번은 바텐더가 클럽의 필리핀 여성들을 아파트로 불러 한국 남성들 앞에서 자신이 팬티만 걸친 채 춤을 추면서 필리핀 여성들에게도 한국 남성들 앞에서 춤을 추면 돈을 줄 거라며 강요했다. 그녀의 동료 두 명이 춤을 추기 시작하자 한국 남성들이 몸을 만지며 성추행을 하자 동료들은 춤을 멈추었다. 그 과정에서 싸움이 일어나 한국 남성들은 돌아갔고 남은 돈은 바텐더가 다 가져가고 필리핀 여성들에게는 20불만 주었다.

이 사건이 있은 후 한 친구는 더 이상 인권 착취를 참을 수가 없다며 클럽을 도망쳤다. 코니는 2004년 12월에 클럽을 도망쳤다.

그 후 미군과 결혼하여 살고 있는 필리핀인 친구 집에서 두 달 동안 숨어서 지내다가 친구의 초대로 우연히 만난 미군과 사귀기 시작해 2005년 4월 결혼했다. 결혼 후 코니는 SOFA 비자를 받으려고 했으나 불법체류 3개월에 대한 벌금 200만 원을 내야 한다는 이야기를 듣고 너무나 낙담하여 고민하던 중 친구의 소개로 두레방을 찾아 상담했다.

두레방은 코니와 상담한 후 코니의 인적 사항과 클럽에서 도망친 날짜, 미군과 결혼 후 미군 ID 카드를 받은 날짜 등을 확인하여 출입국관리사무소에 코니의 출입국 기록과 해당 업체에 대한 정보, 사업장 무단이탈 신고가 되어 있는지 등을 전화와 문서로 요청하여 확인했다.

코니는 2005년 2월에 사업장을 무단으로 이탈한 것으로 신고가 되어 있어 벌금이 과중하게 부과되어 있었다. 코니는 클럽 업주나 해당 기획사에 어떤 법적 조치도 취하는 것을 원치 않으며 조용히 벌금감경문제만 도움받기를 원했다.

두레방은 출입국관리사무소에 해당 업체와 피해자에 대한 조사를 의뢰했고 이후 코니와 단독 상담을 시행했으며 진술서를 작성하고 해당 기획사와 체결한 계약서를 확보했다. 그 후 탄원서를 작성하여 진술서와 진술서 번역본, 계약서와 계약서 번역본을 증거자료로 첨부해 출입국관리사무소에 벌금 감경을 요청했다.

출입국관리사무소는 해당 기획사와 코니를 조사했으나 서로의 주장이 달라 한쪽의 주장을 받아들이기가 난감했다. 결국 두레방의 설득으로 사업장 무단이탈신고에 대한 무효를 전제로 벌금을 단순불법체류로 산정하여 20만 원으로 감경했다.

코니는 2005년 8월 벌금 20만 원을 내고 SOFA 비자를 받았다. 현재 임신 중으로 2006년 4월 출산 예정이며, 필리핀에 있는 자신의 아이들을 남편이 입양하여 데리고 오는 것으로 결정하여 함께 지낼 날을 생각하며 기쁘게 생활하고 있다.

참고로 코니의 계약서 중 일부를 소개한다.

- 임금은 한 달에 최소한 500달러를 받아야 한다. ARB(연예인 등록증)를 가진 사람은 500~800달러를 받아야 한다. 필리핀을 떠난 첫 달부터 받고, 매달 말일 고용주로부터 직접 받도록 한다. 매니저와 필리핀 에이전트는 50달러를 받는다.
- 일하는 시간은 하루에 최대 8시간, 일주일에 하루 휴일, 초과 수당은 정상임금보다 150%를 받도록 하거나 최소한 한국의 근로기준법에 의한 비율로 주어야 한다.
- 에이전시는 아주 편안하고 자유롭게 살 곳을 제공해야 하고 음식은 영양가 있는 음식을 주거나 또는 하루에 만 원이나 8달러

를 제공해야 한다.

- 고용주는 편안하고 안전한 숙식을 확실하게 제공해야 하고 숙소는 전기, 수도, 난방, 하수구 시스템이 갖추어져 있는 곳을 제공해야 한다.
- 개인적인 의료문제나 사고가 발생했을 경우 보험은 한국의 고용주가 책임져야 한다. 보험료는 최소한 1만 달러인데, 일하거나 일하지 않거나 상관없이 질병, 상해, 사망이 다 포함된다. 해외이주 노동자들의 복지 기금에 근거한 의료 프로그램이 있어야 한다.
- 계약이 끝날 때까지 한 해에 15일의 유급휴가를 제공해야 한다.
- 기획사가 필리핀의 왕복 비행기 표를 제공해야 하고 계약서를 갱신할 때는 고용주는 비행기의 이코노미석을 제공해야 한다.   086

애플 : 송탄 클럽에서 만난
여성의 진술서

안녕하세요. 저는 애플입니다. 저는 1983년 10월 30일 필리핀의 북쪽 지방에서 태어났습니다. 7남 3녀 중 첫째로 부모님을 포함하여 12명의 가족을 부양하고 있습니다. 대가족이다 보니 꿈꾸던 대학 진학의 기회도 포기할 수밖에 없었습니다. 그래서 고등학교를 졸업한 직후 혼자 고향을 떠나 마닐라에서 직장을 찾았습니다. 그런 방법으로 부모님과 동생들에게 필요한 것을 해주었습니다.

저는 마닐라에 있는 여러 백화점에서 판매원으로 일했습니다. 제가 버는 돈은 집에 있는 부모님께 보내야 했기 때문에 낮은 급여로는 혼자 살 수 있는 방까지 얻을 수 있는 형편이 아니었습니다. 그래서 마닐라에서는 친척집에 얹혀 살았습니다.

어느 날, 친구가 한국으로 가는 것에 대해 이야기를 해주었습니다. 저는 한국에 가는 것에 많은 관심이 있었습니다. 필리핀에서 일하는 것보다 훨씬 많은 돈을 모을 수 있다는 이야기를 그전에 다른 친구에게 들은 적이 있기 때문입니다. 친구가 프로모션의 이름과 전화번호를 신문에서 찾아 주었습니다. 저는 그 프로모션에 전화했고, 어떤 방법으로 한국에 들어갈 수 있는지 물어 보았습니다.

그리고 제가 그곳에 전화했을 때 그곳 스태프 중 한 명이 내게 "노래를 잘 부를 수 있다면 노래 두 곡을 준비해 와서 사무실에서 오디션을 보라."고 했습니다. 그리고 그는 사무실 주소를 가르쳐주었고, 저는 그날 바로 그 프로모션에 가서 오디션을 보았습니다. 오디션을 본 후 그는 오디션 장면을 녹화해야 하니 다음에 다시 오라고 했습니다. 저는 한국에 나가는 데 관심이 많아서 녹화하기 위해서 다시 개인 스튜디오로 찾아갔습니다. 12월의 첫 주에 녹화를 다 마쳤고, 그들은 결과가 나올 때까지 기다리라고 했습니다. 오디션 합격은 한국으로 쉽게 가는 비자를 얻는 방법이었습니다.

한 달 후 프로모션에서 오디션에 합격했다는 연락을 받았습니다. 그리고 비자가 나왔으니 준비하고 사무실에 와서 계약서에 사인하라고 했습니다. 계약서에 사인하러 갔을 때 그들은 굉장히 서두르며 사인을 종용했고, 제 임금과 공제액에 대해서만 아주 간단히 설명했기 때문에 저는 계약서를 제대로 읽고 이해할 시간이 없었습니다. 저는 계약서상에 있는 제 임금이 600불이라고 적힌 것을 보았지만 그들이 계속해서 사인하기를 서둘렀기 때문에 나머지는 이해할 수 없었습니다. 그리고 그들은 제가 한 달에 400불의 임금을 받을 것이고, 한국으로 가는 데 지출한 경비는 첫 달 월급으로 공제한다고 했습니다. 또 그들은 제가 받을 임금을 매달이 아닌, 1년의 계약 기간이 만료된 이후에 준다고 했습니다. 그래서 제가 물었습니다. 그러면 매달 월급을 주지 않으면 집에 보내주어야 하는 돈은 어찌하느냐고. 그랬더니 그들은 한국에 가면 그 돈을 쉽게 벌 수 있다고 했습니다. 그들이 말한 쉬운 방법은 결국 손님에게 주스를 팔아서 얻는 돈이었습니다. 그들은 아무 걱정하지 말라며 제가 받는 월급에서 빌려 쓰는 방법이 있고, 급한 일이 생기면 그땐 돈을 주겠다고 했습니다. 저는 "알겠어요, 노력해 보죠." 하고 말했습니다.

그런 다음 저는 어떤 일을 하는지 물었습니다. 그들은 공연을 한다고 했습니다. 그러면서 가끔 손님을 즐겁게 해주어야 한다고 했습니다. 저는 아무것도 모른 채 그 말에 동의했습니다. 당연히 저는 손님을 즐겁게 하는 일도 제가 할 일 중의 하나라고 생각했기 때문입니다.

그렇게 저는 필리핀을 떠났고, 2007년 12월 12일에 한국에 도착했습니다. 제 프로모터(혹은 매니저)인 미스터 송이 공항에 마중을 나왔고, 그날 바로 저를 Y클럽으로 데리고 갔습니다. Y클럽에 처음 갔을 때, 저는 무대 위에서 춤추는 여성들을 보고 충격을 받았습니다. 저 사람들이 하는 저 일을 내가 하는 것이냐고 미스터 송에게 물었습니다. 그는 그렇다고 답했습니다. 그러고 나서 그는 클럽의 매니저와 얼마 동안 이야기를 나눈 후에 떠났습니다.

저는 조용히 사람들과 클럽 안을 관찰했습니다. 그리고 여러 생각을 하면서 스스로에게 물었습니다.

'내가 원했던 공연과 노래, 춤은 대체 뭐였나?'

그러고 난 다음 클럽에서 일을 시작했습니다. 클럽에서 일하면서 어떻게 돈을 모으는지 함께 일하는 여성들이 설명해 주었습니다. 그녀들은 주스를 파는 것과 함께 '바파인^{barfine'}이 필요하다고 했습니다. '바파인'은 손님이 원할 때 하룻밤에 200불에서 300불을 내면 언제든지 함께 클럽 밖으로 나가는 것입니다. 이때 대부분은 주변 모텔에 가서 그들과 성관계를 해야 합니다. 그것은 충격이었습니다. 저는 이런 종류의 일에 대해서 전혀 알지 못했고 매니저에게도 전혀 들은 바가 없기 때문입니다. 저는 그저 손님을 즐겁게 해주기만 하면 된다고 생각했으니까요. 하지만 스스로에게 말했습니다.

"괜찮아, 노력해 보자."

전 어차피 이미 이곳에 와 있고, 제 일을 하는 것 외에는 할 수 있는 것이 아무것도 없었기 때문입니다.

클럽에서 일하는 첫날, 무대 위에서 스트리퍼처럼 춤을 추는 것이 너무 부끄러웠습니다. 하지만 저는 또다시 나에게 말했습니다.

089   "괜찮아. 노력하면 돼."

저는 일을 원했습니다. 주중에는 저녁 7시부터 새벽 2시까지, 주말에는 새벽 3시까지 일했습니다. 하지만 첫 달에는 한 번도 손님과 함께 나가지 않았습니다. 저는 그저 클럽 안에서 손님을 즐겁게 해주고 춤을 출 뿐이었습니다. 저는 여러 타입의 손님을 상대했습니다. 미국인 공군(주중에는 자정까지, 주말에는 새벽 1시까지), 필리핀 공군, 귀영시간(자정이나 새벽 1시)이 지난 후에는 한국인 손님도 있었습니다. 손님은 다른 태도로 우리를 대합니다. 어떤 이는 좋고, 어떤 이는 불쾌합니다. 저는 이 일을 하면서 다른 손님에게서 서로 다른 몇 가지 괴롭힘을 당한 경험이 있습니다. 그것은 내가 정말 싫어하는 것입니다. 가슴이나 성기를 만진다거나, 입술이나 다른 곳에 키스하기를 강요합니다. 이런 괴롭힘은 정말 끔찍합니다. 그러나 저는 아무 말도 하지 못했습니다. 이것은 분명 옳지 않은 것임을 알지만, 이것 역시 제 일의 한 부분이라고 생각했기 때문입니다.

첫 달은 이런 일을 해야 한다는 것 때문에 매일 밤 울었습니다. 그러나 가족을 생각하면서 스스로 달랬습니다. 가족을 위해 반드시 해야 하는 일이라고, 그러니 더욱더 노력하면 이런 일도 참고 배울 수 있을 것이라고 말입니다. 둘째 달에 클럽 매니저가 "네가 만약 더 많은 돈을 모으고 싶다면, 그리고 할당된 주스 양을 채우고 싶다면 손님과 함께 나가야 한다."고 말했습니다. 그러면 돈을 더 벌 수 있고, 주스 할당량도 채울 수 있다고 말입니다. 저는 노력해보겠지만 그 일이 나에게는 너무 힘든 일이라고 얘기했습니다. 하지만 그는 더 노력해야 한다고 압박했습니다.

그래서 저는 손님과 함께 나갔습니다. 열흘에 100잔의 주스를 채우려고 말입니다. 주스의 할당량을 채우면 300불을 받을 수 있기 때문입니다. 바파인을 위해 밖으로 나가지 않으면 할당량을 채우기가 굉장히 어렵습니다. 클럽 안에서 주스를 파는 것은 굉장히 어려운 일입니다. 몇몇 손님은 단순히 클럽 안에서 춤을 추고 우리와 얘기 나누는 것에 계속 돈을 내려고 하지 않기 때문입니다. 손님들은 대부분 여자들과 성관계를 원합니다. 그것은 클럽에서 일하는 우리에게 굉장히 부끄러운 일입니다. 우리는 큰돈을 받는 대신에 우리 자신을 팔아야 하기 때문입니다.

제 자신에 대한 존중과 존엄을 잃어버린 나를 발견할 때면 제 자신이 너무 싫습니다. 제가 어떤 일을 하는지 부모님이 아신다면 분명 저를 싫어할 것입니다. 그래서 손님과 함께 나가서 성관계를 맺는 동안 저는 눈을 꼭 감습니다. 그러고는 그가 빨리 끝내고 저를 보내주기만을 기다립니다. 가슴이 너무 아팠습니다. 손님과 나갈 때마다 제 마음은 찢어졌습니다. 그래서 저 스스로 달래며 약속했습니다. 6개월만 이 일을 하고 계약기간이 끝나면 고향으로 돌아가서 다시는 이곳에 돌아오지 않을 것이라고 말입니다.

그러던 어느 날, 제가 임신한 사실을 알게 되었습니다. 저는 아직 아기를 낳을 준비가 되어 있지 않았기 때문에 너무 슬펐습니다. 하지만 낙태도 두려웠습니다. 그래서 낙태를 원하지도 동의하지도 않았습니다. 이 사실을 매니저에게 말하고 싶었지만 그럴 용기가 나지 않았습니다. 그에게 말하면 낙태를 요구하거나 다른 짓을 할 것 같았기 때문입니다. 그래서 매니저나 프로모터에게 말하기 전에 생각할 시간이 필요했습니다. 그 당시에 저는 생각할 것이 너무 많았고, 어떻게 해야 할지 결정할 수 없는 문제들 때문에 늘 아팠습니다. 주변의 여성들이 저에게 낙태를 권했습니다. 전 아직 미혼이고, 특히 필리핀에서의 삶은 너무 힘들다고 했습니다. 그녀들은 아기의 미래를 생각하라고 했습니다. 저는 그녀들의 얘기를 듣고 앞으로 어떻게 할 것인지 계속 생각했습니다.

091

그리고 또 다른 문제가 생겼습니다. 진찰을 받으면서 제가 질염 같은 것에 감염되었다는 사실을 알게 되었습니다. 제 질병이 아기에게 해를 끼칠지도 모르는 또 다른 문제였습니다. '왜 이런 것에 감염되었을까?' 하고 생각했습니다. 예전에 다른 손님과 바파인을 위해 나갔을 때 아마 그 사람에게 감염되었을 것이라고 생각했습니다. 하지만 그가 누구인지 정확하게는 알 수 없습니다. 병원에서 약을 처방해주었고, 7일을 복용하고 난 이후에 다시 보자고 했지만 7일 후에도 여전히 낫지 않았습니다. 그래서 다시 약을 7일간 복용했지만 그래도 여전히 감염은 낫지 않아 슬펐습니다.

그래서 저는 다른 검사를 받으려고 개인 병원으로 가기로 마음먹었습니다. 제 질병이 아기에게 위험한지, 어떤 영향을 미칠지 알아보기 위해서입니다. 하지만 새로운 병원에서 검사한 결과는 달랐습니다. 의사는 저에게 마이코플라스마^mycoplasma와 HPV58이 있지만 질염은 없다고 했습니다. 새로운 약을 처방받고 치료도 받았습니다. 의사는 곧나을 거라 하면서 그렇지만 충분히 쉬어야 한다고 말했습니다. 저는제 남자 친구에게도 검사를 받아보라고 했습니다. 그의 검사 결과는음성이었습니다. 제 몸을 제대로 돌보지 못한 제 잘못이라고 생각했습니다. 하지만 제가 이 질병을 어디서 얻었는지 알 수는 없었습니다.저는 늘 손님과 나갈 때면 콘돔으로 피임했기 때문입니다. 저는 매우우울해서 왜 이런 일이 나에게 일어나는지 자문했습니다.

　6월 첫 주에 매니저가 클럽에 와서 저의 여권과 외국인등록증을가져가야 한다고 했습니다. 왜냐고 물었더니 비자를 연장하기 위해서라고 해서 그것들을 넘겨주었습니다. 저는 그날 매니저와 얘기하기를 원했지만 그는 바쁘다고 하면서 다음에 얘기하자고 했습니다. 그렇게 저는 요즘 제가 처한 문제들을 그에게 말할 기회를 놓치고 말았습니다.

　그리고 6월의 둘째 주가 되었습니다. 그가 제게 전화를 했고 저와얘기를 나누고 싶다고 했습니다. 그가 제 아파트로 데리러 왔고, 그는사무실이 아닌 낯선 곳으로 데려갔습니다. 그가 저에게 처음 건넨 말이 "너 임신했니?"여서 깜짝 놀랐습니다. 저는 무척 놀랐고, 그가 어떻게 알았는지 궁금했습니다. 그래서 얼마 동안 아무 말도 하지 않았습니다. 그리고 무슨 말을 해야 할지 몰라 눈물이 났습니다. 그는 저에게계약기간이 아직 많이 남아 있고, 앞으로도 계속 일을 해야 하기 때문에 이것은 아주 큰 문제가 될 거라고 말했습니다. 그는 클럽에서 다시일하려면 낙태를 해야 한다고 말했습니다. 그러나 저는 낙태를 원하지 않는다고 확실하게 말하면서, 6개월 후에 집에 돌아가서 아기를 낳고 다시 한국에 돌아와 나머지 계약기간 6개월을 채우면 안 되겠냐고 물었지만 그는 안 된다고 했습니다.

그는 아기 아버지에 대해 물었습니다. 만약 제가 아기 아버지와 결혼한다면 그것이 저를 도울 수는 있지만 그러려면 아기의 아버지가 매니저에게 계약서상의 돈을 내야 한다고 말했습니다. 저는 그가 동의할지 모르겠다고 했습니다. 아기 아버지는 아직 이혼하지 않은 상태여서 결혼할 수 없는 처지였기 때문입니다. 그렇지만 제 남자 친구에게 돈을 내줄 수 있는지 물어보겠다고는 말했습니다. 그리고 저는 매니저에게 만약 제 남자 친구가 돈을 내주지 않는다면 어떻게 되는 것인지 물었습니다. 낙태 말고는 아무런 방법이 없다고 했습니다. 저는 남자 친구에게 말할 시간적 여유를 달라고 했습니다. 그리고 얼마를 원하는지 물었습니다. 그 부분은 사무실에서 제 남자 친구와 저에게 다시 얘기해 주겠다고 했습니다.

그래서 저는 남자 친구와 함께 사무실(B연예기획사)에 갔습니다. 제 남자 친구가 얼마를 내야 하느냐고 물었습니다. 매니저는 계약상 나머지 6개월 금액인 4000불을 내야 한다고 했습니다. 어떻게 그런 많은 액수가 계산이 되어 나올 수 있느냐고 물었습니다. 그는 회사가 클럽으로부터 제 몫으로 받는 1100불 중에서 제가 갖는 400불을 제외한 700불이 회사 몫이기 때문에 계약서상의 나머지 6개월 치를 내야 한다는 것입니다. 제 남자 친구는 너무 비싸다며 그 정도의 돈을 지불할 수 없다고 말했습니다. 그랬더니 매니저는 알았으니 얼마를 낼 수 있느냐고 물었습니다. 우리는 얼마를 원하는지 알 수 없어 아무 말도 하지 않고 기다렸습니다. 그러자 매니저는 다른 두 가지 옵션을 제시했습니다.

첫째, 3500불에서 4000불을 내면 제 계약서와 여권, 외국인등록증

을 돌려주는 것이었습니다. 둘째, 2500불을 내면 여권과 외국인등록
증을 주겠지만 계약서는 그대로 매니저가 가지고 있으며, 사업장 이
탈로 간주하고 더 이상 저에 대한 아무런 책임도 지지 않겠다는 것이
었습니다. 그동안의 제 임금에 대해서 물어보자 임신으로 문제를 일
으킨 벌금으로 임금은 한 푼도 줄 수 없다고 말했습니다. 저는 왜냐고
물었습니다.

"그것은 제 돈입니다. 그것을 위해서 그동안 그렇게 일한 것입니다."
그러자 매니저는 말했습니다.

"좋아, 4000불을 내면 네 임금을 주지."
제 남자 친구는 그렇게 많은 돈을 내고도 여전히 도망자의 신세라
면 어째서 돈을 내야 하느냐고 물었습니다. 매니저는 걱정하지 말라
고 하면서 비록 프로모션에는 도망쳤다고 말하겠지만 출입국 사무소
에는 신고하지는 않을 테니 여전히 6개월 비자는 가지고 있는 셈이라
고 말했습니다.

그러나 우리는 매니저가 계약서를 왜 돌려주지 않는지 이해할 수가
없었습니다. 그리고 그렇게 많은 돈을 내고도 도망친 것이 되어야 하
는지도 마찬가지였습니다. 매니저는 이것은 옵션일 뿐이라고 했습니
다. 4000불을 다 받지 않고 도와줄 수 있는 방법이라고 했습니다. 왜
냐하면 4000불은 매우 큰돈이기 때문에 옵션을 주어서 깎아주는 방
법으로 돕겠다는 것입니다. 그리고 그는 이런 협상 자체가 클럽 안에
서조차 비밀로 지켜져야 한다고 말했습니다. 저와 제 남자 친구는 그
가 이러한 협상으로 돈을 원하는 것 이외에는 아무것도 아니라고 생
각했습니다. 그리고 이 협상으로 얻는 것을 확신할 수가 없었습니다.
제 남자 친구는 매니저가 출입국관리사무소에 신고를 할지 안 할지
그것을 어떻게 보장할 수 있느냐고 물었습니다. 매니저는 제가 도망

쳤다는 사실을 출입국관리사무소에 신고하지 않는다고 믿으라고 했습니다. 남자 친구는 그 약속을 받아들이겠지만 그 많은 돈을 구하는 동안 얼마간의 시간이 필요하다고 했습니다. 매니저는 얼마간의 기한을 허락했습니다. 전체 금액의 반인 1250불을 7월 3일까지 내면 외국인등록증을 주고, 나머지 반을 7월 마지막 주까지 내면 여권을 돌려주겠다고 했습니다. 하지만 계약서는 돌려주지 않겠다고 했습니다.

그러나 저와 남자 친구는 이 협상을 다시 생각해 보았습니다. 계약서를 받지 못하면 매니저가 출입국관리사무소에 저의 이탈 신고를 하지 않을 것이라는 보장은 무의미하다는 사실을 알았습니다. 그리고 그에게 그 돈을 지불하는 것이 옳지 않다는 것을 알게 되었습니다. 계약서 없이 여권과 외국인등록증만 저에게 돌려주면서 그가 얻는 2500불이 그가 원하는 것이었습니다. 그리고 저는 5개월 동안 일한 저의 급여를 받지 못할 것이고, 여전히 도망자 신분이라는 결과만 남을 것입니다. 우리는 매니저에게 알겠다고 했습니다. 어떠한 보장이나 계약서 없이도 안전하다고 판단되면 돈을 주겠다고 했습니다. 그러나 남자 친구는 제 모든 것에 대한 확신이 필요하다고 했습니다.

그러던 어느 날, 저는 두레방을 만났고, 그들에게 제 상황을 얘기하고 조언을 구했습니다. 매니저가 원하는 것에 대한 권리가 저에게 있는지, 제 여권과 외국인등록증과 계약서를 얻을 수 있는지 물었습니다. 그들은 저에게 그런 권리가 있다고 말해주었습니다. 제가 그들을 만난 건 행운입니다. 제 문제가 잘 해결되길 바랄 뿐입니다.

감사합니다. NGO 단체의 건투를 빕니다. 그리고 저와 같은 상황에 처한 이주자들을 더욱더 많이 도와주시기를 바랍니다.

이주여성 상담을 마무리하면서

두레방은 외국인 이주 여성들과 상담하면서 다음과 같은 사실을 스스로 학습했다.

첫째, 클럽에서 인권 착취로 도망치는 이주 여성은 대부분 해당 업체의 사업장 무단이탈신고로 미등록 상태가 되므로 언제 출입국사무소의 단속에 걸릴지 불안한 상태에서 생활하여 심리적으로 상당히 위축되어 있다는 사실이다.

그렇기 때문에 이주 여성들은 어떠한 문제든 상담을 의뢰할 때 대부분 자신의 친구나 애인, 남편과 함께 내방한다. 또한 모든 결정을 스스로 판단하고 결정하기보다는 미군 남편이나 남자 친구에게 의지하거나 위임한다. 이 경우에는 기본 사항만 확인하고 이후에 내담자와 단독으로 상담할 수 있는 시간을 따로 확보해야 한다.

둘째, 여성들이 의뢰한 상담내용을 지원하려면 클럽 내에서 이루어지는 2차 성매매를 포함한 인권 착취 내용을 자세히 들어야 한다. 이 내용을 기반으로 두레방에서 관련 기관에 신고하거나 진정서 제출, 탄원서 제출 등 대응 방법을 모색할 수 있기 때문이다.

셋째, 가장 중요한 사항으로, 상담과정에서 자신의 문제를 자신이 정확히 인식하고 스스로 결정권을 행사할 수 있도록 상담을 진행하여 내담자 스스로 힘을 키우도록 영향을 주어야 한다.

이러한 과정은 내담자가 사건 처리 이후에도 자신의 문제에 대한 결정권을 스스로 처리함으로써 이후 자신감을 회복하고 더불어 남편과 평등한 관계 형성에도 영향을 미치기 때문이다.

둘째 마당

두레방 여인들의 한

두레방이
걸어온 길

두레방은 1986년 3월 의정부시 가능동 한 미연합사령부 앞의 한 사무실에서 영어와 한국어 교실을 개설하면서 시작했다. 1989년부터는 탈성매매 전업사업의 일환으로 두레방 빵을 만들어 판매했다. 그와 동시에 지역 혼혈아동을 위한 놀이방과 공부방을 시작했다. 많은 대학생의 자원 활동이 이어진 가운데 1992년 11월 윤금이살해사건공동대책위원회에 참가하는 등 기지촌 여성을 위한 연대활동에 매진했다. 그러면서도 지역 여성을 위한 한문교실, 미술치료 등을 계속했고 그 결과를 전시하기도 하는 한편, 기지촌 어린이 돕기 노래공연도 하여 세상 사람들에게 혼혈아동의 문제에 관심을 가지도록 시민활동을 전개했다.

2002년에는 군사주의에 반대하는 '동아시아 국제회의'를 개최하는 한편, 한국 기지촌에 유입된 필리핀 여성 실태조사와 기지촌 혼혈

둘째 마당

인 실태조사를 하는 등 기지촌 지역문제를 중심으로 포괄적인 연구, 교육, 상담 사업을 전개해 나갔다. 또한 자원의사들과 협력하여 성매매 피해 여성을 위한 무료순회진료를 하였으며 성매매 목적의 인신매매 근절을 위한 토론회와 공청회를 열었다. 2006년 그러한 활동을 토대로 여성가족부가 인가한 두레방부설 성매매피해상담소를 개설했으며, 늘어난 외국인 성매매피해여성에 대한 실태조사도 병행했다.

2012년에는 기지촌여성인권연대가 출범하여 122명의 기지촌 여성들이 국가를 상대로 손해배상 청구소송을 제기하여 현재는 일부 승소하고 일부는 항소심에 계류 중이다. 2009년부터 평택으로 미군 기지가 이전하면서 평택에 외국인 성매매 피해여성 지원시설 두레방 쉼터를 개소하는 한편 2015년 동두천 두레방 출장소를 개소하여 기지촌 여성인권 신장을 위해 적극적으로 노력하는 가운데 2017년 7월 미군 위안부 지원 관련 입법을 유승희 의원이 발의하여 국회에서 법제화 과정 중이다.

두레방 여인들의
공통점, 빈곤

이러한 가운데 두레방은 기지촌 여인들의 한이 담긴 이야기를 듣고 글로 일부를 정리하여 세상에 내놓았다. 그들 중 상당수는 글을 몰라 대필을 하기도 했고 특히 필리핀 여성들의 사례는 영어로 작성한 것을 한글로 번역하여 출간하기도 했다. 이들의 이야기를 읽으면 눈물을 흘리지 않을 수 없다. 앞의 이야기를 읽으면서 느낀 생각을 정리하면 그들에게는 공통적인 특성이 있다.

첫째, 그들은 거의 가난한 농촌 출신이다. '마음의 검은 그림자 입양 보낸 아이들'이라는 제목의 여인은 천안 근처의 농촌에서 태어났다. 그녀는 공장과 식당, 여관 등지에서 일하다가 평생 농촌에서 고생한 어머니가 중병에 걸려서 고생하는 것을 보고 돈을 더 벌고자 직업소개소를 통해 기지촌으로 오게 되었다.

영어를 배우겠다고 두레방을 찾아왔다가 새 사람이 된 명자 씨도 가난한 농촌 출신이다. 초등학교를 졸업하고 공장에서 일하다가 동네의 가방 장사에게 납치되어 강간당한 후 얼마 뒤 임신한 걸 알고 그와 결혼한다. 그리고 선천적으로 장애인 아들을 낳는다. 그런데 그녀 남편은 아기를 버리자는 어처구니없는 말을 한다. 그러더니 술과 도박으로 가산을 탕진한다. 그녀는 배신한 남편을 떠나 불행한 아들의 미래를 위하여 미군과 결혼하려고 의정부로 왔다.

한없는 사랑과 끈질긴 투쟁으로 자기 친정도 미국의 시집도 재건한 '다시 찾은 우리 가정'의 주인공도 전북의 한 농촌에 태어나 자랐다. '내 주변의 모든 남자'의 포악함을 폭로한 수연이도 농촌 출신으로 새 할아버지의 추한 행동에서 시작해서 여러 남자의 악랄한 추행을 고발했다. '평범한 가정을 이루고 싶은 꿈'을 버리지 못하는 윤자는 엄마가 도봉산 기슭에서 관광객이 버린 유리병을 모아 팔면서 생계를 유지하는 농촌 가정에서 태어났다.

자살 시도까지 해본 임영희도 제주도 농촌에서 태어났다. 아이가 많은 가난한 농가에서 태어난 임영희는 일곱 살 때 보육원에 버림받아 계속되는 고난과 수모의 삶을 살았다. 서울에 있는 큰언니 집에 잠시 있었으나 형부한테 강간당하고 직업소개소를 통하여 뺏벌로 와서 온갖 고생을 했다. 본래 내성적인 그녀는 견디다 못해 수면제 30알을 먹고 빈사의 지경에 들어갔으나 되살아나서 고생을 계속했다.

출생지를 알지 못하는 몇몇 여성들의 이야기도 있다. 어려서 고아원에서 걸레 짠 물을 마시면서 산 기억을 가진 채 끈질기게 살아온 '상처보다 선명한 삶의 힘'의 주인공 순녀의 출신지는 알 수 없다. 6.25동란 때 잃어버린 어린이라는 것만 알 수 있다. 세 살 때 꽃상여를 따라가다가 길을 잃어 죽을 고비를 겪은 '꽃상여 기억을 안고'의 주인공도 그 출신지를 알 수 없다. 그녀는 갖가지 고생을 겪으면서 두레방의 빵 장사가 잘되어 자기도 한몫 보기를 바라는 가련한 여인이다.

두레방에서 상담한 필리핀 여인들도 대부분 출생지가 가난한 농촌이다. 마닐라에서 출생한 조쉬도 가난하여 식구들을 부양해야 하는 책임 때문에 한국에 돈 벌러 왔다. 그들은 연예인으로 활동하려고 온 사람들로 기초교육은 받았으나 일부는 영어를 배우지 못해 타갈로그어로밖에 소통이 안 되어 이중적으로 언어소통에 불편을 겪고 있다. 집에 돈을 보내야만 살 수 있는 것으로 보아 이들 대부분도 가난한 농촌 출신임을 짐작할 수 있다.

폭력의
희생자들

둘째, 기지촌에서 몸을 파는 딸에게 의존하고 사는 것으로 보아 그들이 얼마나 가난한지를 알 수 있다. 사실 도시 빈민은 모두 농촌에서 밀려난 떠돌이다. 기지촌 여성의 문제는 모든 사회에서 빈곤의 문제다.

그들의 삶을 쥐어짜는 것은 가난이다. 돈이 없는 것이 문제다. 돈이 없으면 아무것도 할 수 없다. 조선시대에는 사농공상士農工商으로 농사를 잘 지으면 존경받고 살았다. 그러나 지금은 도시로 가야 한다. 도시로 가야 돈을 번다. 농촌은 노인과 부녀자들이 지키고 있다. 그들이 농사를 제대로 지을 수도 없지만 짓는다고 해도 미국, 호주, 중국 등에서 쏟아져 들어오는 값싼 농작물과 대결할 수가 없다. 따라서 돈이 문제다. 돈 없이는 아무것도 할 수 없다. 옛날에는 베를 짜고 누에를 길러서 의복을 해 입었는데 지금 세상에서는 그렇게 살 수가 없다. 돈, 돈, 돈이 있어야 한다. 돈을 벌려면 도시에 나가야 한다. 도시에 가서도 산업문화가 필요로 하는 교육을 받아야 한다. 그것 역시 돈이 있어야 한다. 이렇게 되면서 농촌에 남은 노약자와 여성은 살길이 막막하다. 따라서 젊은 여성은 일자리를 찾아나서야 한다. 어린 처녀들까지도 말이다. 기지촌으로 모여드는 젊은 여성들이란 다 가난한 농촌 출신이다.

이렇게 도시로 모여든 여성들이 할 수 있는 일이란 별로 없다. 도시에서 적당한 월급을 받으려면 적절한 교육을 받아야 한다. 대학 정도는 나와야 한다. 일류대학일수록 취직이 쉽다. 교육기관은 거대한 산업문화라는 기계의 부속품을 생산하는 기관이기 때문이다. 그러나 요즘은 모든 것이 채워져서 대학을 졸업해도 취직하기 힘들다. 하물며 초등학교도 제대로 졸업하지 못한 여성들이 어디 가서 착실한 일자리를 구할 수 있겠는가? 결국 밀리고 밀려서 기지촌으로 떨어진다. 이런 여성들은 남성 폭력의 희생물이 된다.

두레방을 찾은 여인들의 예를 살펴보자. 가난을 조금이라도 면하려고 미군과 결혼하지만 다 마찬가지라는 것이다. '갓길 없는 일상의 외발 걷기'에서 효정은 기지촌 여성과 결혼한 남자는 미국 신랑이나 한국 신랑이나 술 마시고 때리고 폭언하고 배신하는 것은 다 마찬가지라고 고발한다. 호텔 레스토랑에서 만난 웨이터와 결혼한 그녀는 술을 마시고 거들먹거리면서 아내를 개 패듯 하는 남편에게서 도망쳐 나와 의정부에서 클럽 생활을 한다. 그러다가 미군을 만나 동거를 하지만 그 남자도 똑같이 술을 마시고는 그녀를 개 패듯이 때렸다. 미군과 동거하는 여인들은 대부분 결혼하겠다고 하면서도 동거하는 미군을 믿지 못한다. "미군을 어떻게 믿어"가 그녀들의 말이다. '상처보다 선명한 삶의 힘'을 이야기하는 순녀는 아홉 살 때부터 다른 고아들과 같이 고아원 원장의 성욕의 희생양이 되었다. 그 후 그녀는 미군과 결혼하여 미국에 갔으나 마약을 하는 남편에게 개처럼 얻어맞고, 돈 때문에 자기의 친구까지 끌어들였다고 한다. 결국 그녀는 남편과 이혼하고 마사지 팔러에서 돈을 벌어 한국에 돌아와 두레방에서 빵 장사를 하면서 재기했다.

가난이 만든 기지촌 클럽의 문화에 사람은 없다. 여섯 살 때 뻘벌에 수양딸로 온 김지순 역시 그와 성관계를 가지려는 미군의 요구를 거절하자 포주에게 흠씬 두들겨 맞았다. 김지순은 클럽 뒤에 방이 있었는데 그곳에서 손님으로 온 미군들에게 성폭행을 당했다. 클럽 안은 음악소리가 너무 커서 비명소리도 들리지 않았고 같이 있던 미군들은 도와주지 않았다. 이런 사실을 업주에게 이야기했지만 업주는 그들이 자기 손님들이라서 신고하지 않았다.

가난이 낳은 이러한 폭력성은 외국인 기지촌 여성에게도 마찬가지로 일어난다. 한국에서 연예인으로 활동하면 돈 많이 번다고 속여 가짜 계약서에 사인하게 하고 클럽에 팔아넘긴 후 돈을 갈취하고 폭력에 시달려도 필리핀에서 돈을 기다리는 식구들을 생각하여 참고 또다시 일을 나간다는 필리핀 여인들의 일상은 우리를 부끄럽게 만든다. 이들 말대로 가난이 죄다.

셋째, 이렇게 보호 장치가 없는 기지촌에서 일하는 여성들은 산업 문화라는 제도적인 폭력에 늘 시달린다. 이와 같은 폭력은 우발적이 아니다. 탐욕에 사로잡혀서 폭력을 행사하는 남성문화는 제도적인 것이다. 그들을 기지촌으로 이끄는 직업소개소도 허용되고 있다. 폭력으

두레방
여인들의
한

로 그들을 억압하고 수탈하는 포주들도 그대로 방치된다. 아니 파출소 등도 그들을 옹호한다. 그리고 한국 정부는 그들에게 달러를 벌어들이는 공로가 있다고 하면서 이 수탈 제도를 유지한다. 물론 미국 정부도 그 뒷받침을 한다.

21세기에 와서 그 악랄한 힘의 철학은 산업문화의 모습으로 전개된다. 산업문화는 18세기 후반 제임스 와트가 증기기관을 발명하여 그 진면목을 드러냈다. 대량 생산한 상품을 수송하는 교통수단을 만들어 이룩한 식민지 운동에서 우리는 그것을 본다. 그들은 아프리카, 아시아, 그리고 아메리카 대륙에 식민지를 정복하여 본토인을 수탈할 뿐만 아니라 자신들 사이에서도 무자비한 무력 투쟁을 일삼았다. 그러다가 두 번의 엄청난 세계대전을 겪는다. 이 두 번에 걸친 전쟁에서 엄청난 부를 축적한 미국은 자신의 부를 유지하기 위하여 세계 여러 곳에 미군 기지를 유지하고 갖가지 분쟁 위기를 조성하여 무기 판매를 지속했다. 한국도 그런 중요한 기지 중 하나다.

그 후 1980년대에 들어와서 미국과 영국이 신자유주의라는 시장경제제도를 앞세워 기업가들이 전 세계를 마음대로 들락날락하면서 무제한 생존경쟁을 조장하자 이웃사촌의 공동체문화는 자취를 감추고만다. 도시 주변에는 직장을 찾아 허덕이는 자들이 만든 판자촌이 늘어간다. 산업이 날로 기계화하자 대학 졸업생도 직장을 구하기가 힘들다. 더구나 학교 교육을 제대로 받지 못한 여성들이 설 자리는 어디서도 찾을 수가 없다. 그들은 결국 유흥가에 떨어지고 기지촌으로 모여든다. 물론 생태계도 속절없이 파괴된다. 이 악랄한 문화를 뒷받침하는 것이 무력이다.

미국은 세계 800여 곳에 군사기지를 조성했다. 압도적인 미국의 이권을 옹호하기 위함이다. 인류 역사는 어떻게 되고 철통같은 산업문화의 암석으로 둘러싸여 있는 민중들, 특히 여성들은 어떻게 될 것인가? 그리고 지금 미군 기지에 주둔한 병사들도 비참한 희생양이다. 1980년대까지 미군은 징병제에 따라서 군인을 모집했다. 그러나 1960~70년대에 강력한 반전운동에 부닥치면서 미국은 징병제를 모병제로 바꾼다. 따라서 군에 지원하는 인력은 대체로 극빈자들이다. 그들에게 유린을 당하는 여인들의 수난은 날로 더 심해진다. 이런 거친 암석에 둘러싸인 인류 역사의 앞날은 어떻게 될 것이며 그 밑에서 비참하게 유린을 당하는 여성들의 앞날은 또 캄캄하기만 하다.

그들의 비참한 아우성 소리를 우리는 허재현이 들려준 토요판『한겨레신문』커버스토리(2014년 7월 4일)「인신매매 당한 뒤 매일 밤 울면서 미군을 받았다」에서 듣는다.

수탈과 착취의
사례

저는 김정자(가명)입니다. 올해 예순넷입니다. 큰 지병은 없지만 요즘 무릎관절이 좀 아픕니다. 적지 않은 나이지만 오늘 꼭 하고 싶은 얘기가 있어 이렇게 인터뷰에 나섰습니다. 저는 미군 위안부였습니다. 기지촌으로 인신매매되어 평생을 미군한테 당하면서 억울하게 살아왔지만 아무도 저와 제 동료들의 이야기를 들어주지 않았습니다. 모두 자발적으로 일한 거 아니냐는 색안경만 끼고 보았어요.

우리가 미군한테서 벌어들인 달러로 나라를 이렇게 일으켜 세웠는데, 그때는 우리더러 '애국자'라 그러더니 국가는 우리의 존재를 모른 척하고 있어요. 우리는 늙고 병들어가고 있습니다. 저의 언니들(기지촌 동료)이 죽어가고 있는 것을 더는 못 보겠습니다. 그래서 용기를 냈습니다. 우리는 국가를 상대로 손해배상 소송을 시작했습니다. 우리가 왜 국가에 이런 싸움을 시작하는지 저의 인생을 통해 설명하도록 하겠습니다.

1950년대 전쟁 통에 아버지를 잃고 의붓아버지에게 성폭행당하다 돈을 벌 수 있다는 친구 꾐에 열여섯에 집을 나와 찾아간 그곳에서 지옥은 시작되었어요.

저는 1950년 1월에 태어났습니다. 어디서 태어났는지는 모르지만 어렸을 때 천안에서 살았어요. 친아버지는 군인이었는데 전쟁 통에 저를 보러 왔다가 탈영병이 되어서 헌병한테 잡혀갔어요. 그냥 맞아서 죽었다는 얘기만 들었습니다. 어머니는 나중에 재혼했어요.

제가 열두 살 때쯤부터인가 제 의붓아버지는 어머니만 없으면 저를 겁탈했어요. 의붓오빠들도 저를 건드렸어요. 그걸 어머니께 말도 못 하고 꾹 참다가 열여섯 살 때(1965년께) 집을 나와 버렸어요. 제 초등학교 친구가 있었어요. 돈을 벌 수 있는 곳이 있다는 거예요. 방직공장이라고 했어요. 그리고 영등포에 있는 어떤 방직공장에 취직을 했어요. 일이 너무 힘들었어요. 하루에 12시간씩 찍소리 못하고 일했으니까요. 일 좀 바꾸어 보려고 직업소개소에 가 물어보았더니 미국인 집에 가정부로 식모를 돕기도 하고 가정 청소도 하면 수입도 좋고 영어도 좀 배운다는 거예요. 그래서 찾아갔더니 뭔가 이상한 거예요. 미군들만 길에서 '쌀라쌀라' 거리면서 돌아다니더라고요. 어떤 집으로 들어갔는데 집에 '넘버'가 붙어 있었어요. 1호실, 2호실, 3호실 이렇게. 저는 여관인 줄 알고 그날 밤은 잤어요.

이튿날 아침 50대로 보이는 어떤 아줌마가 나타났어요. 나보고 따라오래요. 미국인 집에 데려다주려나 보다 싶어 따라갔어요. 그런데 저더러 하는 얘기가 '직업소개소에 내야 할 돈을 내가 벌어야 한다고 하면서 공갈을 했어요. 얼마인지는 얘기도 해주지 않았어요. 어떻게 돈을 버냐고 물었어요. 밤에 언니들 따라가 보면 안다고 했어요. 나중에 알고 봤더니 제가 간 곳은 파주 용주골(연풍리)이라는 곳이었어요. 미군기지 주변에서 여자들이 몸 파는 곳이었어요. 직업소개소가 저를 그곳에 팔아넘긴 거예요.

아줌마(포주)는 저더러 클럽 나가서 손님(미군) 데려오라고 했어요. 저는 사흘인가 있다가 그 포주 집에서 도망갔어요. 근데 골목에서 잡혀버렸어요. '뒤지게' 맞았어요. 한번만 더 도망가면 섬으로 끌고 가서 죽여버린다고 했어요. 포주가 파스 갖다 붙여주고 세코날(진정제)을 줬어요. 기분 좋게 해주는 거라면서 줬어요. 하나 먹으면 중독되어서 두 개 먹어야 하고, 세 개 먹으면 네 개 먹게 돼요. 손님 데리고 오라고 내보내면 제가 무서워서 말을 못 붙였어요. 맨 정신으로는 창피해서 손님 못 끌어요. 저는 그 약이 뭔지도 모르고 계속 먹었어요. 나중에 이것이 마약인 것을 알게 됐지만 이미 때는 늦었어요. 약을 먹어야만 히빠리를 하러 나갈 수 있었어요. 미군을 데리고 올 때까지 집(숙소)에는 들어갈 수 없었어요. 결국 나는 그냥 눈을 질끈 감고 기지촌에서 일하게 되었어요. 빨리 직업소개소에 진 빚을 갚으려고요. 그러나 거기서 헤어 나올 수가 없는 거예요. 빚은 계속 늘었어요. 방값이랑 화장품, 미장원비랑 세코날비랑 내야 하는데 아무리 일해도 못 갚는 거예요. 이자는 계속 붙었어요.

보통 기지촌에는 위안부 여성들의 자치조직이 있어요. 자매회 등의 이름으로 불렸지요. 기지촌에서 일을 하려면 이곳의 회원으로 등록해야 해요. 자매회에서는 뻔히 미성년자인 것을 알면서 회원증을 주고 검진증을 발급해주었어요. 그곳 삶은 지옥과도 같았어요. 보통 기지촌 여성들은 하룻밤에 미군을 서너 명씩 받아야 하는 경우가 예사였어요.

그러면 거기(음부)가 얼마나 아픈지 몰라요. 긴 밤, 짧은 밤이라고 매매시간을 말하죠. 아무리 해도 끝이 없었어요. 긴 밤은 제 방에서 밤새 자고 아침에 일찍 가는 거고 10달러 받아요. 짧은 밤은 제 방에서 30분에서 1시간 있다 가는 거예요. 돈은 모두 아줌마가 가져가버려요. 제가 직접 못 받아요. 아줌마는 한 달 계산해준다면서 다 뺏었어요. 한두 달이면 빚 다 갚을 줄 알았는데 그게 안 돼요.

기지촌의 10대 아이들은 셈법에 밝지 못했어요. 초등학교도 제대로 졸업하지 못한 이들이 태반이니까. 포주는 공포의 대상이라, 장부에 무엇이 어떻게 기록되는지 물어볼 엄두도 내지 못해요. 그렇게 여성들은, 아니 10대의 아이들은 밤새 울고 밤새 미군의 노리개가 되어 고통에 몸부림을 쳤어요.

도망도 갈 수가 없었어요. 일하러 갈 때 늘 남자(포주집에서 일하는 건달)들을 붙여 감시해요. 목욕을 가면 자기네(포주집)에서 제일 오래 있은 년, 주인한테 아부하는 년이랑 같이 목욕을 보내요. 경찰한테 신고할 수도 없어요. 주인집에 경찰이 낮에 놀러 와요. 주인아줌마한테 누나라 그러면서 들어와요. 그러면 아줌마는 담배도 싸서 주고 그래요. 처음에 저는 아줌마 남동생인 줄 알았는데 옆의 언니들이 형사라고 귓속말을 해주는 거예요. 주인이 다 돈 먹이는 거라고. '경찰에 신고해도 내가 못 나가는구나' 그걸 알게 되는 거죠. 내가 죽어서야 이곳을 나갈 수 있다는 걸 알게 되는 거죠. 한번은 그래도 용기를 내어서 도망갔어요. 용주골에 인신매매되고 몇 개월 뒤였어요. 파출소로 들어갔어요. 40대쯤 되어 보이는 경찰이 "왜 남의 빚 져놓고 도망가냐. 안 갚으면 영창 간다."고 하는 거예요. 포주들이 경찰서에 다 돈을 집어주던 시대였어요. 하는 수 없이 다시 포주집으로 돌아갔지요. 골방에 갇혀 또 뒤지게 맞았어요.

저는 죽어서 산에 묻히고 싶지 않아요. 제가 산에서 겪은 고통스러운 경험 때문이에요. 산에 가서 미군을 받아야 할 때가 제일 무서웠어요. 부대에서 훈련을 나가면 저희도 따라가야 했어요. 밤에 컴컴해지면 담요 하나 들고 아줌마 따라서 가요. 아줌마가 보초서는 미군이랑 쏼라쏼라 말해요. 그럼 훈련 장소로 들어갈 수 있었어요.

총 들고 서 있던 놈들이 막사에 가서 여자들하고 잘 사람 나오라고 말해요. 이식스, 세븐(E-6는 하사, E-7은 중사)들도 다 했어요. 장교들은 특별히 막사 안에서 해요. 일반 병사들은 훈련장 안에 나무 있는 데에 담요 깔아놓고 하거나 구덩이를 파놓고 해요. 미군들이 파놓은 구덩이지요.

안전한 성관계는 기지촌 여성들에게 보장되기 어려워요.

어떤 미군은 콘돔을 안 끼고 해요. 우리는 거절을 못 해요. 그래서 낙태도 참 많이 했어요. 뗀 애만 열일곱이에요. 창자까지 다 빠져나오는 고통을 견디며 낙태 수술을 했어요. 낙태 이후에는 몸이 두들겨 맞은 것처럼 아파도 또 일하러 가야 했어요. 포주들은 낙태 수술로 상한 몸을 보살필 시간도 주지 않았어요. 약과 찬물 한 컵 정도 들이켜고 다시 일하는 경우가 태반이었어요. 하루 그냥 쉬면 빚이 얼마나 늘어날지 알 수 없었어요.

이러고 살아야 하니 죽고 싶은 생각만 들지요. 기지촌에서는 한 달이면 두세 번은 장례를 치렀어요. 철길로도 뛰어들고 연탄불 피워놓고 그 가스도 먹고. 저도 세 번 죽으려고 시도했어요. 그런데 무

109

슨 놈의 팔자인지 다시 깨어났어요. 여러 차례 죽으려 해도 죽지 못했어요. 공동묘지에서 자살을 기도하면 묘지 관리인이 발견하고, 집에서 동맥을 끊으면 자신을 보러 온 미군이 발견하곤 했어요. 속 모르는 사람들은 '젊은 사람이 왜 죽으려 하느냐'고 묻곤 했지요.

왜 우리가 미군하고 그렇게 기를 쓰고 결혼하려 하는지 알아요? 그게 아니면 여기를 탈출할 방법이 없어요. 빚을 갚을 방법이 없어요. 도망가려 해도 경찰 누구도 안 도와주고. 우리에겐 국가가 없어요.

아니, 물론 국가는 있었어요. 국가는 미군한테 성 접대 잘하라고 교육을 했어요. 자매회 회의가 한 달에 한 번씩 열리면 여성들은 참석해서 교육받아야 했어요. 안 그러면 영업을 못 했으니까요. 회의에 가면 헌병, 시아이디C.I.D.(미군부대 범죄수사과), 보건소 직원, 경찰서장, 군청 공무원이 모두 와 있었어요. 미군은 슬라이드(필름)를 이용해 성병을 설명했지요. 한국 공무원들은 이렇게 말해요.

"아가씨들이 서비스 좀 많이 해주십시오. 미군한테 절대 욕하지 마십시오. 바이 미 드링크Buy me drink. 하세요. 그래야 동두천에 미군들이 많이 옵니다. 우리나라도 부자로 한번 살아야 하지 않겠습니까."

군수는 저희더러 달러 벌어들이는 애국자라고 치켜세웠어요.

턱걸이(동두천시 광암동 일대)에다가 공장을 짓고 아래층에는 가발공장, 위에는 기숙사로 만든다고 공무원들이 설명했어요. 나이 먹으면 여기에 우리가 살 수 있다고 군수가 그랬어요. 땅을 다 사뒀다고. 그러니 열심히 달러 벌라고. 우리는 늙어도 갈 데가 있구나 하고 그렇게 믿었어요. 하지만 그 약속이 지켜진 건 하나도 없지요. 포주들은 저희가 벌어온 돈으로 집도 사고 땅도 샀는데. 어떤 악명 높은 포주는 나중에 경기도 의원이 되더군요.

둘째 마당

경찰은 인신매매되어 팔려온 아이들을 구출하는 데는 관심이 없었어요. 성병에 걸린 것으로 의심되는 사람들을 잡아가는 것에만 관심을 두었어요. 잡아가는 것도 비인간적이었어요.

성병 걸린 미군이 찾아와 관계를 했다고 의심되는 여성은 그냥 끌려가요. 찍히면 가는 거예요. 그 미군이 어디서 성병 옮아갖고 왔는지는 중요하지 않아요. 우리는 그걸 토벌당한다고 불렀어요.

'토벌당해' 파출소에 끌려가면 유치장에서 머문 뒤 곧바로 낙검자 수용소로 옮겨 갔지요. 동두천시 소요산 아래 낙검자 수용소가 있는데 기지촌 여성들은 '언덕 위의 하얀 집'이라고 불렀어요. 가면 운동장이 크게 있는데 토벌당한 여자들이 실려 오면 건물 문을 철커덕 잠그고 꼭 교도소 같았어요. 나갈 수 없어요. 화장실만 갈 수 있게 했어요. 유치장 같은 데서 다섯 명씩 자야 해요. 바깥 창문은 쇠창살이 설치돼 있고 면회 와도 쇠창살 사이로 얼굴 보면서 얘기해야 했어요. 아니, 우리가 죄인이에요? 환자를 왜 죄인 취급했는지 이해가 안 돼요.

우리는 페니실린을 맞았어요. 그거 맞고 쇼크 때문에 죽은 사람도 있어요. 맞으면 걸음을 못 걸어요. 엉덩이 근육이 뭉치고 다리가 끊어져 나가는 거 같아요. 그걸 이틀에 한 번 맞아요. 괴로운 언니들은 옥상에 올라가 떨어져 죽거나 반병신 되고 그랬어요. 저는 하얀 집에(1982년께) 2주 동안 붙잡혀 있다 나왔어요.

저는 40대 중반에야 기지촌을 빠져나올 수 있었어요.

니네들이 좋아서 기지촌 생활을 했는데 뭐가 불만이냐는 그런 질문을 참 많이 들어요. 한국 정부가 미국 안 끌어들였으면 우리가 이렇게 되었겠어요? 알고 봤더니 그 시절에도 성매매 행위는 법으로 금지돼 있었더라고요. 미군 기지촌만 성매매가 합법이었

111

어요. 박정희 정부가 왜 그런 법을 만든 걸까요. 저는 잘 모르지만 미군 붙잡아 두려고 그렇게 한 거 아니겠어요? 우리더러 달러 벌게 하려고.

억울해 죽겠어요. 저같이 거기 인신매매되어 간 사람이 너무 많아요. 직업소개소에서 식모 자리 알아봐준다고 해 따라가고, 밥 준다고 따라가고 해서 가보니 기지촌인 경우가 너무 많았어요. 미군 위안부로 살 줄 알았다면 누가 거기 따라갔겠어요. 일본군 위안부도 인신매매되어 간 사람이 많다고 들었어요. 일본군 위안부는 피해자로 인정하는데 왜 미군 위안부 피해자들은 국가가 눈감고 있는 건가요. 당한 사람은 있는데 왜 책임지는 사람이 없냐고요. 당신 딸들이 붙잡혀 간 거라면 가만히 있겠어요? 언니들이 늙고 병들어 죽어가고 있어요. 국가를 상대로 소송을 준비하다가 벌써 세 분이나 돌아가셨어요. 저는 사과를 원해요. 늙고 병든 우리 몸뚱어리를 국가에서 책임져주기를 바라요. 그게 국가가 해야 할 일이라고 믿어요. 하늘에 있는 우리 기지촌 언니들을 위해서 제가 이렇게 나섰어요. 누군가는 증언을 해야 할 것 같아서 이렇게 용기를 냈어요. 사람들이 우리의 이야기에 귀 기울여 주었으면 좋겠어요. 제발 잘 좀 보도해주세요.

김정자 씨는 《한겨레》와 인터뷰를 하기까지 고심에 고심을 거듭했다. 그에게는 어린 시절 기억을 떠올리는 것 자체가 너무나 고통스러운 일이기 때문이다. 지난 달 20일 약 4시간 동안 인터뷰를 진행할 때 그는 계속 눈물을 흘렸다. 30분 증언하다 10분 울고, 30분 증언하다 다시 10분 우는 것을 반복했다. 낙검자 수용소에서 겪은 이야기를 할 때는 구토를 하기도 했다. 인생 전체가 국가가 간섭한 성폭력으로 얼룩져 있던 그에게 이번 인터뷰는 그렇게 힘든 과정이었다. 따라서 인터뷰 때 자세한 내용을 묻지 않고 최소한의 질문만 하려고 노력했다. 대신 김씨와 진행한 인터뷰와 그의 증언록 『미군 위안부 기지촌의 숨겨진 진실』(2013)의 내용을 종합해 이 글을 썼다.

김정자 씨는 인터뷰 뒤 바닷가로 가 새움터(기지촌 여성 지원운동을 벌이는 시민단체)의 활동가들과 다음 날까지 통곡했다고 한다. 힘든 인터뷰를 결심해 준 김씨에게 진심으로 고마운 마음을 전한다. 김정자 씨는 현재 식당에서 아르바이트를 하며 최소한의 생활비를 번다. 그를 부양하는 가족은 없다. 대신 새움터의 도움을 받고 있다.

김정자 씨는 그를 둘러싼 정치-경제-사회의 편견이라고 하는 엄청난 암석과 투쟁하고 있다. 일견 불가능해 보인다. 그러나 그녀는 싸우지 않을 수가 없다. 이렇게 싸우는 여인들이 이 땅 위에 수천수만이 된다. 역사는 누구 편인가? 역사의 주가 되시는 하느님은 그들과 같이 아파하신다고 성서는 말한다. 야훼 하느님은 그들을 통하여 무엇을 하시려는 것일까?

두레방은
옹달샘

그런데 그들의 글을 읽어보면 실로 놀라운 사실을 발견한다. 그렇게 억눌리고 수탈당하여 갈 길을 찾지 못하는 그녀들의 마음에서 생명을 조성하는 샘물이 솟아오르고 있다는 것이다.

"한국 신랑이나 미국 신랑이나 마찬가지"라는 이야기의 주인공은 다방에서 일하다가 웨이터와 결혼한 후 그에게 흠씬 구타를 당한다.

그런 가운데 그 남자가 군에 갔다가 탈영병이 되어 구속되자 그렇게 이혼하고 싶어 했는데도 남자가 감옥에 있는 동안 이혼하는 것이 인정 없는 일이라고 생각해 참는다. 하지만 그 남자는 석방되자 그녀를 다시 구타한다. 결국 그녀는 이혼하고 기지촌에 와 여전히 고생한다. 그렇게 고생하면서도 그녀는 농촌에서 중병을 앓고 있는 어머니를 위해 계속 송금한다. 어머니를 향한 사랑이 그녀의 삶을 지탱해주기 때문이다.

영어를 배우려고 두레방을 찾은 명자는 집 주변에서 가방 장사를 하는 남자에게 강간을 당하고 부모의 강권으로 그와 결혼을 했는데 선천적인 장애를 앓고 있는 아들을 버리자고 하는 남자를 뒤에 두고 그 아들의 내일을 위해 희생을 각오하고 동두천으로 왔다. 국내에서 아들의 병을 고칠 수 없는 사실을 안 그녀는 미군과 결혼하여 미국으로 가서 아들의 새 내일을 열어보려고 했다. 결국 그녀는 미군과 결혼을 하고 아들을 미국에 있는 장애인 학교에 보내게 되었다.

친정도, 미국 시집도 살린 '다시 살린 우리 가정'의 주인공도 군에서 탈주를 하여 사형 언도를 받게 된 오빠를 위하여 뺏벌 클럽에서 목돈을 돌려서 그를 살리고 그 뒤 병든 어머니를 위해 집으로 송금한다. 미군과 결혼하여 미국에 간 뒤에도 가정과 대학에 입학하여 학자금을 구하는 동생을 위해 계속 송금한다. 가정이 그녀가 미군에게 몸을 파는 것을 못마땅하게 생각하고 그녀를 냉대했는데도 말이다. 결국 그들과도 화해를 한다.

여섯 살 때 뺏벌 포주에게 입양된 김지순은 수없는 수모와 수탈을 당하면서도 그의 젖을 먹고 자란 두 어린 아기를 입양시킨 것이 그렇게 마음 아파 눈물을 흘린다. 말년에 같이 살면서 술을 같이 마신 남자가 실족해 사망한 뒤 눈이 퉁퉁 부은 상태로 일터에 나왔다고 한다. 술

114

을 같이 마시면서 가진 정도 그렇게 소중했던 양 양은 살길을 찾아 헤매다가 뻿벌로 온 뒤 포주에게 갖가지 수탈을 당하면서도 계속 부모님과 식구들에게 송금한다.

두 번 이혼당하고도 재기한 김인실은 미군하고도 살아도 보고 옷장사, 신발장사, 식당일 들을 하면서 자녀를 기르고 언니도 경제적으로 돕는다.

끊임없는 폭력과 수탈을 당하면서도 그녀들의 마음에서는 생명을 사랑하고 기르는 샘물이 치솟아 흐른다. 어떠한 폭력도 수탈도 이 샘 줄기를 막을 수가 없다. 인류의 소망은 이 샘 줄기에 있다.

두레방은 남성의 폭력문화에 짓밟히고 수탈당하는 여인들에게서 나오는 샘 줄기가 모여서 이룬 옹달샘이다. 그녀들의 삶은 철저히 짓밟히고 인권은 완전히 무시를 당했다. 사회는 그들을 양갈보라고 하여 철저히 천대하여 사회에서 그녀들이 발붙일 곳은 없다. 무엇보다도 인간 대우를 받지 못하는 것이 그들은 그렇게 서러울 수가 없다. 아무도 그들을 당당한 인간으로 대해 주지 않는다. 갈 데가 없는 거친 광야에 홀로 서 있는 것만 같다. 그러나 그들 마음속에서는 계속 생명을 사랑하고 아끼는 샘물이 솟아올랐다. 그 샘 줄기가 두레방으로 와서 하나로 엉켰다. 아무도 그들의 심정을 알아주지 않는 이 세상에서 그들을 소중한 인간으로 껴안아주는 샘터에 모여들었다. 그들을 인간으로 대우하고 그들의 손을 잡고 같이 웃고 같이 우는 자그마한 공동체를 만났다. 그리고 삶이란 이럴 수도 있는 것이구나 하고 놀란다. 그것이 두레방이다.

두레방은 그들을 소중한 한 인간으로 대한다. 그들의 이야기를 들어줄 뿐 아니라 그들 편에 서서 그들을 수탈하는 자들을 비판한다. 그리고 깊이 이해하며 한 이웃으로 같이 울고 웃으면서 식탁을 나눈다.

115

같이 노래하고 춤을 춘다. 이따금씩 들로 나가서 삶의 희로애락을 즐긴다. 그리고 그들에게 필요한 지식을 전한다. 거친 사회와 싸울 때 그들 편에 선다. 그녀들은 이 두레방에서 또 다른 새로운 삶을 맛본다. 그리고 새로운 한 인간으로 재생한다. 그들 가운데 뻿벌에서 양귀비라고 불린 여인이 한국기독교장로회 여신도회 전국연합회에서 증언한 감동의 내용을 들어보자.

저는 20년 넘게 기지촌에서 살았습니다. 맏이로 태어난 죄로 병든 부모와 어린 동생들을 먹여 살리기 위하여 기지촌에 발을 들여놓았습니다. 미군 상대로 몸을 팔면서 항상 가족을 생각했고 악착같이 돈을 벌었습니다. 집세와 먹을 것을 빼고는 다 집으로 보냈습니다. 세월이 지나 부모님이 세상을 떠나시고 동생들도 다 자라 저의 도움이 필요하지 않게 되었습니다. 그러나 그 사이에 저는 50을 바라보는 나이가 되었고 더 이상 몸을 파는 생활을 할 수 없어 6년 전부터 남은 돈을 그러모아 두레방 옆에 작은 식당을 차렸습니다. 그때 처음 두레방을 알게 되었습니다.

두레방 선생님들이 자주 점심을 먹으러 오라고 해서 가만히 살펴보았습니다. 두레방에 모이는 사람들 중에는 술주정이 심하거나 정신이 이상해서 동네 사람들이 피하는 사람들도 많았습니다. 그리고 남의 말을 하기 좋아해서 하지도 않은 말을 한다거나 누명을 씌워 괴롭힌다는 얘기를 전해 들었습니다. 그래서 저는 두레방에 잘못 나갔다가는 봉변을 당하겠다는 생각이 들어서 이 핑계 저 핑계 대면서 나가지 않았습니다.

그러다가 덜컥 병이 들어 가진 돈을 치료비로 다 날려 술로 연명하고 있었습니다. 그때 두레방 선생이 자꾸만 오라던 모습이 떠올

116

라 찾아갔습니다. 처음 한 달 동안은 두레방에 모이는 여자들이 날 보고 욕하고 누명을 씌울까 해서 밥만 먹으면 금방 일어났습니다. 그런데 가만히 관찰해 보니까 세상에 이런 사람들이 또 없습니다. 많은 사람이 모여 있는데 서로 싸우지 않고 웃으면서 잘 지내고 있었습니다. 매일 식사 시간에 맞춰 밥을 먹으니 아프던 것도 많이 나았습니다. 조금만 걸어도 숨이 차서 먼 길 가는 것은 엄두도 내지 못했고 블라우스 세탁도 힘들어 하던 나였는데 두레방에서 웃고 떠들고 즐겁게 지내면서 건강이 차츰 좋아지는 것입니다.

저는 병이 많습니다. 저에게 소망이 하나 있다면 빨리 몸이 건강해져서 돈을 벌어 두레방의 어려운 회원에게 도움을 주는 것입니다. 하느님은 지금도 저에게 두레방에 가서 체험하고 인내심을 기르고 이웃 사랑을 배우라고 하십니다. 이런 두레방을 알게 해주신 하느님의 크신 은혜에 감사합니다.

두레방에 들려오는 소식은 실로 이토록 놀랍고 아름답다. 힘의 경쟁이 판을 치는 현실 사회에서 볼 수 없는 이야기다. 그러나 음흉하고 폭력적인 남성문화를 어떻게 할 것인가? 수천 년간 여성을 둘러싸고 억누른 무자비한 높은 암석을 어찌할 것인가? 탐욕과 폭력으로 뒤범벅이 된 산업문화는 잔인하게 그들을 짓밟고 지나간다. 이 문화의 주인격인 남성은 두레방에 관심을 가지지 않는다. 그들을 양색시로 천대한다. 사랑의 구호를 외치는 교회도 그들을 무시한다. 성性을 팔아 살아가는 용서할 수 없는 죄인 취급을 한다. 그들을 둘러싼 암석은 너무 높고 강하다. 그래서 모두 단념한다.

그러나 샘물은 계속 치솟는다. 둘러싼 암석이 아무리 높고 강해도 계속 솟는다. 이것이 생명의 원칙이다. 이를 막을 수가 없다. 결국 백두산 산정에 있는 호수처럼 솟고 흘러서 시내가 되고 강이 되어 대해로 들어간다. 이를 막을 길이 없다. 인류 역사도 그렇다. 두레방을 통하여 옹달샘이 된 샘물도 넘쳐흐른다. 그리고 인류사와 합류한다. 이것을 우리는 뉴욕 플러싱에 이룩된 '무지개의 집'에서 본다. 무지개의 집을 시작한 여금현 목사는 의정부 두레방 식탁에 둘러앉아 희희낙락하면서 환희에 찬 잔치를 하는 것을 보고, 뉴욕 거리에서 쓰레기처럼 굴러다니는 외롭고 지친 한국 여성을 모아 기쁨과 슬픔을 함께 나누는 새로운 삶의 찬연을 벌이면서 이를 무지개센터라고 불렀다. 그때가 1991년이다. 무지개는 새 내일의 희망을 상징한다. 아내 혜림도 이에 참여했다. 이것이 하나둘 미국에 알려지면서 미군과 결혼한 여성들이 모여서 생명이 차고 넘치는 새 내일의 꿈을 함께 조성했다. 지금은 요보호여성센터(Women in Need Center)라는 이름으로 남아 있지만 사실상 활동은 정지 상태다. 더 이상 존속하지 않는 것이 다행으로 비치긴 하지만 한국 기지촌 여성 출신들이 미국에서 힘들게 살아가면서도 보여준 무지개센터에서 타오른 희망의 불꽃은 찬연하다.

118

요즈음엔 여성을 매매하는 악덕업자들이 러시아와 필리핀 여성들을 속여서 한국 기지촌으로 유입시키면서 문제는 더욱 복잡해졌다. 입국 비자 문제에서 시작하여 발붙일 곳이 없는 외국 여성의 비명 소리가 기지촌 주변에서 들려온다. 이것을 본 두레방은 그들과 상담하면서 그들의 문제를 풀어 주려고 전력을 다했다. 인신매매금지법 등을 제정하도록 노력하고 각종 악법 폐지운동도 벌였다. 그러나 악덕업주들은 갖가지 방법으로 이를 피하여 수탈행위를 계속했고 정부도 이에 미온적인 태도를 취했다. 이렇게 되자 두레방 운동이 필리핀 등 동남아로 확산되었다. 그들이 사는 나라에서부터 문제해결방법을 찾아야 한다고 본 것이다. 이렇게 두레방 운동은 동남아로 확산되었다.

그러나 이것은 한국이나 동남아에서만 다룰 문제가 아니다. 오늘날 전 세계를 마음대로 요리하는 미국 제국주의 군인들이 주둔하는 곳마다 같은 문제가 발생하고 있다. 따라서 세계 방방곡곡에서 무력으로 뒷받침하는 산업문화에 항거하는 샘물이 솟아 흐른다. 이 세계 방방곡곡에서 솟는 샘물이 하나로 엉켜서 생명의 대해로 흘러들어가야 한다. 이것이 인류의 소망이다.

이것이 가능할까? 약자의 소망일 뿐일까?

이 물음에 대한 대답은 이 생명문화가 미국을 중심으로 한 산업문화를 극복하고 넘쳐흘러서 생명의 대해로 들어갈 수 있느냐 하는 질문에서 찾아야 한다. 따라서 우리는 스스로 민주주의의 창시자로 자처하는 미 제국주의의 정체를 파악하고 드러내야 한다. 그리고 미국에서도 샘이 솟는지, 그 샘들이 솟고 흘러서 시내가 되고 강이 되어 대해를 향해서 흐르는지를 살펴보아야 한다. 미국과 같은 악랄한 남성문화 속에서 그런 흐름이 있다면 연약하다는 여성을 통하여 솟고 흐르는 샘 줄기도 시내가 되고 강이 되어 세계 방방곡곡에서 흐르는 샘물과 더불어 대해를 이룰 것이다.

셋째 마당

미제국주의
수탈의 역사

미국의
현실적 삶

　　　　　　　'미국' 하면 우리는 민주주의의 종주국이라고 생각한다. 1776년 대영제국에서 스스로 분리한 몇몇 부자 엘리트는 민民이 주체가 되는 연합국을 세우고 이것을 기점으로 모든 정책이 민의民意에 따라서 이룩된다고 한다. 국민은 누구나 다 자유와 정의를 누리고 행복을 추구할 권리가 있기 때문이라는 것이다.

　그런데 미국 내의 현실적인 삶은 그렇지 않다. 빈부격차는 날로 심각해지고 정치, 경제, 문화는 모두 소수 거대 자본의 뜻대로 운영된다. 그리고 압도적인 다수가 수탈당하고 있다. 특히 미국 대륙 선주민의 한이 하늘을 찌를 듯하다. 사실 1776년 미합중국이 성립되기 전에 그 땅에는 2만 년 동안 아름다운 생명문화 공동체가 이룩되어 있었다. 그 문화는 탐욕과 폭력을 앞세운 유럽 제국주의 국가의 무자비한 학살과 수탈로 패망했다. 스스로 하느님의 선민이라고 자처하는 오만한 자들에게 말이다. 그리고 그들이 세운 정부를 북미주 정치의 시초라고 주장하면서 아메리카 대륙 선주민인 그들에게는 시민권도 주지 않았다. 그리고 그 광대한 땅을 경작하기 위하여 아프리카에서 수만의 흑인을 노예로 삼아 혹사하면서 엄청난 부를 창출했다. 그리고 그들에게도 역시 시민권을 주지 않았다. 그뿐만이 아니다. 이 신대륙에서 한 조각의 땅이라도 소유하려고 몰려든 유럽 유민들을 그들이 세운 갖가지 공장의 임금노동자로 혹사하여 부를 축적했다.

하마같이 먹고 먹어도 배부를 줄 모르는 그들은 주변의 멕시코와 쿠바는 더 말할 것이 없고 전 세계를 향하여 수탈을 자행하는 제국으로 변신했다. 지금 전 세계 800여 곳에 군사기지를 설치하고 한없는 야욕을 채우고 있다. 이에 대항하는 현지 국가의 항거도 만만치 않다. 그러나 이 모든 항거를 무자비하게 억누르고 끝없는 탐욕이 이끄는 대로 질주하고 있다. 마치 거친 암석과도 같이 새 내일을 갈구하여 몸부림치는 무리를 둘러싸고 있다. 일견 인류에게는 소망이 없어 보인다. 이런 마당에서 다음과 같은 물음에 대한 대답을 추구해 본다.

이 물음은 2만여 년 전에 알류샨 열도를 넘어와서 아메리카 대륙에 정착한 선주민의 이야기에서 시작한다. 미국 역사는 1776년 영국 식민지에서 분리하여 자신을 위하여 세운 정부에서 시작하지 않는다. 그 이유는 아메리카 선주민에게는 그들이 침략하기 오래전부터 인류를 새롭게 할 생명문화를 일궈 온 흔적을 찾아볼 수 있기 때문이다. 따라서 우리는 먼저 아메리카 선주민의 이러한 생명문화부터 살펴볼 것이다. 이 문화에 내일의 비전이 있다. 그런 뒤 우리는 유럽에서 건너온 식민주의자들이 어떻게 선주민을 학살하고 자신들의 합중국을 창설했는지 알아볼 것이다. 그리고 그들이 선주민을 대량 학살하면서 북미 대륙을 독점하는 과정을 살펴본다. 이어 미국 정부가 제3세계에 문어발처럼 수탈의 마수를 뻗어 인류의 앞날에 어두운 그림자를 던지는 현재를 살펴볼 것이다.

한편 이러한 수탈의 역사에 대해 미국 내에서 일어나는 저항의 흐름을 살펴볼 것이다. 억압과 수탈을 당하는 자는 이에 항거하게 마련이기 때문이다. 수탈을 당하는 농민들의 항거에서 시작하여 노동자운동, 흑인운동, 여성운동, 그리고 선주민운동을 살펴볼 것이다. 특히 이 선주민 운동에서 우리는 특별한 의미를 발견한다. 미국의 기득권자는 오랫동안 선주민을 완전히 말살했다고 생각했는데 그 선주민이 아직도 잔존하여 아메리카 역사에서 그들의 당연한 권리를 외친다는 것은 생명을 갈구하는 약자의 부활을 상징하기 때문이다. 주변의 거친 암석이 아무리 단단하고 높더라도 생명을 갈구하는 샘 줄기는 계속 솟아오른다는 것을 실증하기 때문이다. 그리고 이런 샘 줄기가 솟고 모아 백두산 천지처럼 넘쳐흐를 것이라는 것을 상징하기 때문이다.   124

그러나 여기에서 한 가지 밝혀둘 것이 있다. 미국 역사 중에서 특히 이 책의 주제인 약자의 삶 속에서 끊임없이 솟아오르는 샘 줄기에 인류의 소망이 있다는 것을 밝히기 위한 사건만 논한다는 것이다.

아메리카 선주민의
역사와 문화

인류학자들의 증언에 따르면 아메리카 대륙에 처음 발을 들인 선주민은 기원전 2만 년을 전후해서 알류샨 열도를 건너간 동북부 시베리아인이다. 당시 해양이 아직 높지 않아서 섬들은 서로 연결되어 있었다. 그들의 DNA나 혈액형 그리고 언어 형태를 보아 동북아시아인이라는 것이 인류학자들의 결론이다. 이 알류

산 열도를 건너서 아메리카 대륙 서부산맥을 따라서 남미까지 남하했다는 것이다. 그리고 그들은 북미 남방에 정착해 새로운 문화를 창출하다가 북미대륙의 얼음이 녹자 북미대륙의 여러 곳으로 이주하여 생명을 소중히 여기는 아름답고 평화로운 문화를 꽃피웠다. 기후가 온화한 북미 서남방에 정착한 저들은 사냥과 채집으로 사는 문화에서 점차 농경문화가 발달하면서 정주하여 함께 사는 촌락지로 발달했다. 콜럼버스가 도착했을 때 토착민 인구는 1억 명쯤 되었으리라고 본다. 그러나 콜럼버스 이후 식민지 확산 운동이 전개되면서 엄청난 종족 학살이 벌어져 200만 명으로 줄어들었다고 한다.

그들은 따뜻한 남부에서 동남쪽으로 확산하면서 수백의 종족과 언어 집단으로 분화하였다. 그들은 사냥과 채집뿐만 아니라 식물을 토종화하는 법을 개발하여 농업문화를 창출했다. 가장 먼저 재배한 곡물이 옥수수다. 옥수수는 자연스럽게 나서 자라 채취하는 식물이 아니다. 씨를 뿌리고 제초를 하고 이삭을 따서 삶아 먹는다. 그리고 다시 씨알을 채취했다가 봄에 다시 심는다. 그리고 토마토, 땅콩, 감자와 고구마, 면화, 카카오, 담배, 그리고 농민에게 필요한 달력을 제정하기도 하고, 그들의 삶을 기록하는 문자도 만들어냈다. 북미대륙을 뒤엎은 눈이 사라지자 이 문화가 중부와 서부로 확산되어 수백의 공동체를 이룩했다. 그들의 문화는 모든 생명을 사랑하고 소중히 여기는 평등과 평화의 문화였다. 그들은 사냥하고 농사를 지어 추수하면 골고루 나누어주었다. 그들에게 사유재산이라는 관념은 없었다. 따라서 가난하여 굶주리는 자도 찾아볼 수 없었다.

이 사회의 문화는 여성이 중심이다. 특히 동북쪽이 그러하다. 결혼하면 남자가 여자의 집으로 이주한다. 가족계통도 여성 중심이다. 결혼도 극히 자연스럽다. 서로 마음이 맞는 남녀가 결혼하여 한 가정을

125

이룬다. 그러다가 서로 조화를 유지할 수 없으면 여성이 남편의 물건을 천막 밖에 내어놓는다. 이렇게 갈라져도 그들 사이에 아무런 긴장도 문제도 없다. 아이 양육도 그들을 낳은 여성의 몫이다. 어머니는 생명을 사랑하면서 화목하게 사는 방법을 가르친다. 매와 징벌이 아니라 삶과 말로 가르친다. 남자 아이들이 배워야 할 갖가지 기술은 물론 남자가 맡는다. 이렇게 사는 마을들 사이에는 아름다운 화합이 이루어진다. 북미 동북쪽에 사는 이로쿼이 연맹의 예를 들어보자. 이것은 모호크족, 오네이다족, 카유가족, 세네카족 등이 하나로 묶인 자연 부족연맹이다. 그들은 같은 언어를 사용했다. 모호크의 추장 히어와서 Hiawatha는 그들의 연맹에 대하여 이렇게 말했다.

우리는 이렇게 튼튼히 손을 잡았고 둘러섰기에 여기에 큰 나무가 넘어진다고 해도 우리의 연맹을 깨거나 흔들 수가 없다. 우리와 우리 후손들이 손에 손을 잡고 둘러서서 안전하게 평화와 기쁨을 누릴 것이다.

126

그들이 모여서 회합하는 모습도 특이하다. 그들은 어떤 문제든 제기가 되면 모두 돌아가면서 그들의 생각을 전개한다. 이렇게 서로의 생각을 들은 다음 대화를 시작하여 어떤 결론에 도달한다. 이렇게 내린 결론에 다소 불만이 있는 자들도 전체의 뜻을 받아들인다. 와칸 탕카 Wakan Tanka(북미 인디언의 최고 신)의 뜻이라고 생각하기 때문이다. 그러나 도저히 이것을 받아들일 수 없는 부족은 그 연맹에서 떠나 다른 연맹에 들어갈 수 있다. 그렇다고 해서 그들 사이에 마찰이 생기는 것이 아니다. 생각이 달라서 갈라지는 것뿐이다.

지금으로부터 2천여 년 전 오하이오강 주변에 이른바 '마운드 빌더스^{Mound Bulders'}라는 문화가 있었다. 그들은 진흙으로 수천 개의 크고 작은 조각물을 만들었다. 때로는 거대한 인간이나 나는 새, 뱀을 만들었다. 혹은 분묘나 성곽을 만들기도 했다. 지금의 세인트루이스에 약 3만 명 정도가 모여 살던 고장이 있는데 그 근방에 흙으로 된 거대한 묘들이 축조되어 있다. 그중에는 밑바닥이 네모이고 높이가 30미터에 이르는 거대한 것도 있다. 이것은 이집트의 피라미드보다도 더 크다.

이와 같은 놀라운 선주민 문화의 얼은 생명 사랑이다. 이 생명문화에는 물론 대자연도 포함한다. 모두 해님의 따뜻한 은혜로 생명을 유지하기 때문이다. 숲도, 삼림도, 그 사이로 뛰노는 온갖 짐승과 새도 다 와칸 탕카의 혜택을 받아 나고 자란다. 그리고 강가 언덕에는 잔디를 무성하게 키워 버펄로와 갖가지 동물이 모여들게 한다. 저들은 또 북미 전 국토를 서로 얽는 도로를 조성한다. 산림의 나무도 적절히 정리하여 말을 탄 채 마음대로 하염없이 달릴 수 있다. 그리고 사람은 이것을 잘 가꿀 책임이 있다. 현재 로드아일랜드 근교의 숲을 그렇게 잘 정리하여 군부대도 마음대로 통과할 수 있게 했다고 한다. 영국 상인 존 톰슨은 그들이 가꿔 놓은 숲 사이로 말을 타고 치달렸다고 고백했다. 18세기 중반 오하이오주에 정착한 영국 토착민은 이런 숲을 보고 영국의 정원 같다고 했다. 또 다음과 같이 대자연과 하나가 되는 그들의 생명문화를 느낄 수 있다고 감탄했다.

나는 넓은 대자연의 품속에서 태어났다.
푸른 수목은 젖 먹는 내 팔다리를 감싸주었다.
나는 자연의 품속에서 자랐다.
나는 언제나 그녀를 존경하고 찬양한다.
그녀를 향한 나의 존경은 한이 없다.

그녀야말로 나의 영광

그녀의 몸매와 화려한 의상

넓디넓은 그녀의 이마

늠름하게 자란 종려나무와 상록수

대지를 덮는 듯한 그녀 머리의 장식품

이 모두가 한없는 그녀를 향한 나의 사랑을 자아낸다.

그녀를 바라볼 때마다 나의 마음은

대양의 파도가 모래밭에 몰려오듯이

기쁨의 파도가 밀려온다.

나는 기원하고 찬양한다.

나를 그녀의 품속에 태어나게 해주신 분을.

화려한 궁전에 태어났다는 느낌이란

광대한 자연 속에 태어나는 것에 비할 수 없다.

보석으로 장식된 기둥들에 떠받혀진 대리석 궁전보다

위로 하늘을 천장으로 하고

푸른 숲의 거대한 팔에 안기는 것이 얼마나 더 좋은가!

궁전이란 퇴화되고 폐허가 될 것이나

나이아가라는 천년이 지나도 나이아가라가 아니겠는가?

그 위를 휘감는 무지개는

태양이 빛나는 동안

그리고 강물이 흐르는 동안

사라지지 않을 것이다.

대자연 속에서 그 모든 것을 있게 하시는 영을 와칸 탕카라고 불렀
다. 모든 삶을 하나로 묶는 놀라운 생명의 힘이 온 세상을 관통해서 흐

셋째 마당

른다고 보았다. 온갖 식물, 들에 피는 모든 꽃과 열매, 불어오는 바람, 바위와 나무, 새와 짐승에게 그의 영을 불어넣는다. 그 창조의 힘이 첫 번째로 사람에게 불어왔고 그 이후 모든 만물에도 불어왔다. 따라서 모든 생물은 일가친척이다. 만물은 이 위대한 신비를 통하여 하나가 되었다. 다코타의 추장 말대로 자연에서 이탈한 마음은 굳어지고 만다. 자연 속에서 자라는 생물을 존경하지 않는 자의 마음은 인간에 대한 존경심도 사라진다는 말도 맞다. 따라서 그들은 자녀들의 마음을 부드럽게 하기 위해 자연과 친밀하게 살도록 교육하며 살았다.

테컴세 추장이 윌리엄 해리슨 대통령을 만났을 때 통역관이 추장에게 말했다.

"미합중국의 대통령인 당신의 아버지께서 당신에게 의자에 앉으라고 말했습니다."

그러자 테컴세 추장이 대답했다.

"내 아버지? 태양이 내 아버지요 땅이 내 어머니오. 나는 다시 어머니 품에 안길 것이오!"

대통령을 아버지라고 부르는 것은 말도 되지 않는다는 것이다. 하느님을 아버지라고 부르고 예수님을 구주라고 부른 유럽인들이 오랫동안 이런 아름다운 문화와 제도를 향유한 미국 선주민을 어떻게 대했는지 알아보자.

콜럼버스를 뒤따른
유럽인의 삶의 형태

자신의 야망을 채우려고 스페인의 왕과 왕후의 후원을 얻은 콜럼버스는 1492년 대서양 서쪽을 향해서 닻을 올렸다. 지구가 둥글다는 소식을 들은 그는 대서양을 가로질러 서쪽으로 가면 황금이 많다는 인도에 도달할 것이라고 믿었다. 그러면서 그는 이렇게 기도했다.

영원하신 하느님 우리 주여, 불가능을 극복하면서 가는 우리에게 승리를 주소서.

두 달 뒤 그가 발견하고 환호성을 올린 섬은 인도가 아니라 카리브 해의 아라왁 원주민의 섬이었다. 콜럼버스는 자신들을 멀리서 온 친척이라고 환영하는 아라왁 주민들을 칼로 위협하며 금을 찾았다. 그러나 금을 발견하지 못한 콜럼버스는 섬의 건장한 남자 500명을 배에 싣고 스페인으로 돌아왔으나 200명은 배에서 죽고 남은 300명을 노예로 팔아 모자란 비용을 충당했다. 하느님이 주신 승리로는 실로 비참했다.

130

그때 그는 왕과 왕후에게 이렇게 말했다.

"그들은 더없이 순진하고 가진 것을 누구에게나 아낌없이 나누어줍니다. 세계에서 그렇게 훌륭한 나라는 없습니다. 그들은 이웃을 자기 몸처럼 사랑합니다. 그들의 말들이란 그렇게 부드럽고 평화로울 수가 없습니다. 그들의 미소는 그렇게 아름답습니다. 비록 그들이 나체이기는 하나 그들의 행동은 찬사를 받아 마땅합니다."

이렇게 말한 그는 다음에 올 때에는 많은 금과 모두에게 필요한 만큼의 노예를 끌고 오겠다고 확언했다. 게다가 "전능하신 하느님은 그를 믿고 불가능을 극복하고 전진하는 자에게 축복을 하실 것입니다."라고 말했다. 그렇게 함으로써 그는 왕에게서 더 많은 후원을 얻어냈다. 어찌 그럴 수 있단 말인가? 그의 양심이야말로 탐욕으로 똘똘 뭉쳐 돌처럼 굳어져 있었다.

다시 서인도제도로 돌아온 그는 잔악한 방법으로 금을 찾았으나 이번에도 실패하고 만다. 그러자 그는 저택을 짓고 농장을 개간하여 그들을 노예로 혹사시켰다. 그 결과 1515년에는 약 5000명의 주민만 남고 1650년에 이르러서는 섬 주민이 한 사람도 살아남지 못했다. 이것은 1607년 제임스타운(북아메리카 최초의 영국 식민지)에 도착한 영국인의 태도에서도 명확히 알 수 있다. 그들은 포화탄 추장이 지배하는 지역에 정착을 했다. 포화탄 추장은 그들의 정착을 막지 않았다. 그러나 그의 땅에 정착한 영국인이 식량이 부족해서 선주민 마을을 침략하자 포화탄 추장은 그들을 찾아가서 말했다.

"너희가 평화롭게 사랑으로 이곳에 정착하면 우리가 얼마든지 도와줄 텐데 왜 싸우려고 하는가? 너희가 계속 싸우려고 하면 너희는 죽음을 면치 못할 것이다."

그런데 영국인은 그 땅을 탐내어 이를 듣지 않고 계속 갈등을 일으켜 용감한 선주민에게 수난을 당했다. 선주민의 공격을 감당할 수 없는 영국 정착민들은 새로운 작전을 구상했다. 선주민에게 화친을 제안하여 공격을 중단한 것처럼 행동한 후 선주민이 안심하고 옥수수를 심고 추수하려고 할 때 급습하여 그들을 멸절시켰다. 이렇게 해서 유럽 여러 나라에서 수백만의 무리가 모여들어 아메리카를 식민지로 만들려고 했다.

본래 유럽에서는 좁은 지역에서 많은 민족과 나라가 끊임없이 무력 투쟁을 벌이는 참극이 벌어졌다. 그리고 소수의 권력자가 토지를 독점하여 부를 누렸고 압도적인 다수가 그들에게 혹사를 당했다. 그러다가 아메리카 대륙이 발견되자 발붙일 곳이 없는 그들은 새로운 희망을 가지고 식민주의자의 뒤를 따라 아메리카 대륙으로 몰려든 것이다. 이들 영국 청교도들은 캘빈주의자들로 영국 국교회(Church of England)의 박해를 받고 있었다. 따라서 종교의 자유를 찾아 메이플라워호를 타고 아메리카 대륙으로 온 것이다. 그때가 1620년이다. 많은 희생자를 내면서 오늘날 매사추세츠의 플리머스에 도착한 그들은 선주민의 도움으로 농사짓는 법도 배워서 정착한다. 이후 그들은 그들 앞에 전개된 넓은 땅을 보면서 시편 2편을 인용한다. 시편 2편은 다윗 왕조에서 왕이 즉위할 때 부르는 시다.

> 나의 거룩한 시온 산 위에
> 나의 왕을 내 손으로 세웠노라.
> 나를 왕으로 세우시며 선포하신 야훼의 칙령을 들어라.
> 너는 내 아들,
> 나 오늘 너를 낳았노라.
> 나에게 청하여라.
> 만방을 너에게 유산으로 주리라.
> 땅 끝에서 땅 끝까지 너의 것이 되리라.
> 저들을 질그릇 부수듯이
> 철퇴로 짓부수어라.(시 2:6-9).

132

이같이 청교도들은 자기들을 하느님의 선민이라고 자처했다. 따라서 그들 앞의 땅은 다 야훼 하느님이 그들에게 주신 땅이라고 선포했다. 그들은 시편 2편을 들어 자기들의 행동이 옳다고 주장했다. 그리하여 일고의 양심의 가책도 없이 그들을 환대한 선주민을 학살하기 시작한다. 사실 이보다 먼저 그들이 가지고 온 천연두로 말미암아 수많은 선주민이 사망했다. 그들은 이것을 하느님의 축복이라고 생각했다. 그 뒤 청교도들과 선주민들 사이에 치열한 전쟁이 일어났다. 1637년에 전개된 이 전쟁을 피쿼트 전쟁(Pequot war)이라고 부른다. 영국에서 계속 이주하는 이민자를 위하여 청교도들은 그곳 피쿼트 주민을 공격한 것이다. 이 전쟁에서 선주민들이 모인 건물에 불을 지르고 도망해 나오는 자들을 몰살했다는 것이다. 그 사람들은 전사가 아니라 여성과 아이들 그리고 노인들이었다. 이 전투에 대해서도 그들은 하느님의 가호라고 하면서 찬양을 올렸다.

그 뒤로 눈에 띄는 인디언을 살해하여 목을 가져오면 보상하는 전통도 만들었다. 이 학살은 식민주의자들 사이에 투쟁이 극심한 시절에도 계속되었다. 이로쿼이의 다섯 부족이 협동하여 항거하자 조지 워싱턴 장군은 그들을 땅 끝까지 쫓아가 말살하라고 지시한다. 그들이 평화조약을 맺자고 해도 듣지 말라고 한다. 여자들과 어린이까지 멸절해야 우리의 안전이 보장이 되기 때문이란다. 혹독한 패배를 통해서야 그들은 딴 생각을 못 할 것이라고 독려했다.

이렇게 유럽 식민주의자들 간의 각축장이 된 북아메리카는 카리브 해안을 중심으로 한 지금의 멕시코, 텍사스, 플로리다를 잇는 남부 지역에 스페인 사람들이 정착했고, 프랑스는 미시시피강 유역과 큰 호수들이 있는 서부와 북방 지역을, 그리고 영국은 뉴잉글랜드에서 제임스타운이 있는 동부 지역을 점령했다. 그리고 선주민을 학살해 나가면서 영토 확장에 전념했다. 특히 프랑스와 영국 사이에는 7년 동안 밀고 당기는 치열한 식민지 쟁탈 전쟁이 이어졌다. 이 전쟁에서 북미대륙 선주민은 프랑스를 지원했다. 하지만 이 투쟁은 프랑스의 패배로 끝난다. 프랑스는 카리브 해안 지역을 제외한 모든 지역에서 물러났다. 이렇게 되자 그들에게 의존하던 북미대륙 선주민은 후원자를 잃게 되었다.

133

이제 영주제국으로부터 북아메리카 독립을 기획하는 분리주의자들에게는 이 선주민을 퇴출하고 완전한 자주독립 국가를 세우는 것만이 남은 과제였다. 그래서 프랑스 식민주의자의 협조를 받은 아메리카 선주민은 정복에 목말라 하는 분리주의자와 힘겨운 투쟁을 벌여야 했다.

미합중국
독립

영국 식민주의자들이 프랑스 식민주의자들을 물리치는 것을 본 북아메리카의 엘리트들은 놀라운 꿈을 전개했다. 영국 식민주의자들을 물리치면 광대하고 기름진 북아메리카를 자신의 손에 넣을 수 있다고 본 것이다. 그러기 위해선 물론 오랫동안 땅을 소유한 선주민을 제거해야 했다. 영국 식민지에 살고 있는 선주민들은 대부분 영국 정부에 반발하고 있었다. 영국 정부가 걷어가는 세금이 막대했기 때문이다. 특히 밑바닥에 사는 흑인, 인디언, 영세 농민, 그리고 유럽에서 몰려온 수없이 많은 이주민의 불평은 하늘을 찌를 듯했다. 뉴욕이나 보스턴 같은 큰 도시 거리는 그런 사람들로 북적거렸다. 따라서 수많은 영세민의 반란이 일어났다. 이것을 본 엘리트들은 거짓 선동자를 내세워서 영국 정부의 수탈을 지적한 후 미국이 독립하면 그들도 잘살 수 있다고 충동질을 했다.

당시 문제의 원인은 영국 정부가 북아메리카 식민지에 사는 사람들에게 막대한 세금을 부과했기 때문이다. 특히 프랑스를 물리치는 7년 전쟁이 끝나고 그동안 사용한 전쟁 비용을 충당하기 위하여 막대한 세금을 부과했다. 아메리카에서 발행하는 잡지나 신문에 사용되는 종이는 다 도장이 찍힌 영국산 종이를 사용해야 했다. 그때 결정적인 사건이 1773년 보스턴에서 일어났다. 영국 정부가 장삿속으로 많은 차를 미국 식민지에 강매하려고 한 것이다. 인도에서 들여온 엄청난 양의 차를 실은 배가 보스턴에 도착하자 이에 분노한 보스턴 시민은 그 차를 다 바다에 처넣고 말았다. 이렇게 되자 영국 정부는 군대를 파견하여 이를 징벌하려고 했다. 결국 1775년 분리주의자 군인과 영국군은 렉싱턴과 콩코드에서 대결했고 이 전투에서 분리주의자가 승리했다. 이 전쟁의 총지휘관은 조지 워싱턴이다. 이렇게 되자 필라델피아에 모인 55인으로 구성된 대륙의회(Continental Congress)는 북미합중국의 독립을 선언하기로 결정했다. 여기서 토머스 제퍼슨에게 독립선언문 초안을 작성하게 하였다. 독립선언문의 정신은 다음과 같다.

우리는 다음의 진리를 자명한 것으로 본다. 모든 사람(men)은 다 평등하게 창조되었다. 그들은 창조주로부터 빼앗을 수 없는 권리를 부여받았다. 특히 생명, 자유, 행복 추구의 권리다. 이를 위하여 국민의 정당한 권한에 의한 정부를 세운다. 그리고 어떤 정부든지 이 목표를 파괴할 때에는 국민은 그 정부를 바꾸거나 폐쇄하고 새 정부를 세울 권리가 있다.

이 선언문의 의미는 정부는 국민의 승인에 따라 다스리는 제도여야 한다는 말이다. 여기에서 문제는 모든 사람(all men)이라는 용어다. 첫째로 여성이 포함되지 않았다. 뿐만 아니라 흑인, 노에, 북미 본토인, 그리고 글을 읽을 수 없고 쓸 수 없는 밑바닥 사람은 포함되지 않았다. 말하자면 이 헌법은 유식하고 가진 자를 위한 헌법이다. 따라서 이 법을 만들고 합법화한 자들 역시 다 가진 자들이다. 그리고 이 법의 집행도 돈을 가진 거부들이 마음대로 하는 법이다. 민주주의가 아니다.

미국에서 가장 양심적인 지성인으로 알려진 놈 촘스키는 다음과 같은 말로 미국 정부를 비꼬았다.

신빙할 수 있는 민주정부란 다스리는 자들의 승인을 받은 정부다. 이것은 누구나 다 인정한다. 그러나 이것은 너무 강하기도 하고 약하기도 하다. 너무 강한 까닭이란 국민이 그 정부에 복종해야 하기 때문이다. 그러나 너무 약하기도 하다. 아무리 강한 정부라도 어느 정도 국민의 뜻을 존경하지 않을 수가 없기 때문이다.

정부가 국민에게 국법을 지키라고 강요하는 까닭은 그 법이 국민을 위하기 때문이라고 주장한다. 부모가 자식에게 거리를 함부로 가로지르지 말라고 타이르는 것과도 같다는 것이다. 그러나 그것은 어처구니 없는 역설이다. 땅과 부를 독점하여 압도적인 다수를 질병과 기아의 골짜기로 몰아넣은 극악한 제도를 창출하는 정부가 모든 국민에게 법을 따르라고 하기 때문이다.

그 법이란 누가 누구를 위하여 만들었는가? 이 법의 기본 원칙을 제정한 사람은 대륙의회 의장이자 초대 대법원장인 존 제이다. 그는 "이 나라를 소유한 자가 다스려야 한다."고 선언했다. 이 나라를 소유한 자란 누구인가? 그것은 막대한 토지와 금권을 소유한 거부巨富들이다. 그들이 나라를 다스려야 한다고 주장한다. 그렇게 미국 민주주의 정부가 탄생했다. 제임스 메디슨 대통령은 이렇게 언급한다.

"정부는 더 유능한 부자들의 손에 맡겨야 한다. 모두에게 투표권을 준다면 가난한 자들이 땅을 골고루 다 나누어 달라고 할 것이다. 그리면 정의는 무너질 것이다."

윌슨 대통령도 같은 생각이었다. 강자가 부를 독점하는 것이 정의

라고 보았다. 어처구니가 없다. 말하자면 그들은 흐르는 샘물을 가로
막는 암석과 같다.

그러나 압도적으로 다수인 밑바닥 민중이 강력하게 항거하기 시작
하면서 정부는 당황한다. 자기들만이 다스릴 권리와 능력이 있다고
자처한 무리가 당황하기 시작했다. 앞으로 더 설명하지만 결국 그들
은 '중산층'이라는 꾀를 만들어냈다. 도시의 소기업가, 기술인, 고등교
육을 받은 지성인층에게는 투표권을 주었다. 이들을 중산층이라고 회
유하면서 자기들 편으로 만들었다. 결국 정부가 안정이 되어 사회에
질서가 유지되어야 그들도 혜택을 볼 수 있기에 그들도 이 제도를 적
극적으로 지원하게 되었다. 놈 촘스키가 말한 대로 아무리 강한 정부
라도 모든 것을 마음대로 할 수 없게 된 것이다.

137

선주민
청소 작전

이른바 독립전쟁이 끝난 뒤 미국 정부의
과제는 선주민을 제거하고 땅을 빼앗는 일이었다. 그래야 유럽에서
몰려온 무리가 발을 붙일 수 있기 때문이다. 이를 위하여 그들이 채택
한 이념은 개척정신으로 무장한 무자비한 인디언 학살이었다. 비전투
원인 노인, 여자, 어린이까지 다 학살하는 개척정신의 광적 행위다. 이
것은 전쟁이 아니다. 무방비의 선주민을 참혹하게 학살하고 그 위에
미합중국이라는 민주국가를 세우면서 그들은 다윗 왕의 전통을 따르
는 것이라고 믿었다. 신명기 20장 16-18절에 다음과 같은 야훼의 명
령이 기록되어 있다.

네가 너희에게 준 이 땅에서 이방인들의 도성을 칠 때 그 도성 안에 있는 모든 종족은 멸절해야 한다. 여자와 어린이, 그리고 동물까지 다 멸절해야 한다. 그들을 살려두었다가는 그들의 발칙한 일을 너희에게 가르쳐 너희 야훼께 죄를 짓게 한다.

그들은 선주민을 악령을 섬기는 이방인으로 취급하여 그들을 멸절해야 한다는 성경 말씀을 따랐다고 한다. 땅을 탐낸 다윗 왕조가 조작한 이런 어처구니없는 이념을 미국 정부도 문자 그대로 인용하여 선주민을 부정한 이방인으로 치부하고 그들을 향하여 인종말살이라는 반인륜적 폭거를 자행한 것이다. 그뿐만 아니라 유럽에서 몰려드는 무리를 정착시키고 대륙을 연결하는 철도와 도시를 건설하기 위해서는 선주민을 제거해야 했다.

그러나 선주민의 저항도 만만치 않았다. 생명문화를 지키려는 이들의 절규와 저항은 마침내 워싱턴 정부의 국방장관 헨리 녹스도 이 땅은 본래 그들의 것이었다는 사실을 인정해야 한다고 말했을 정도다. 유럽 이주민과 선주민 사이에서 잦은 분쟁이 일자 국무장관 제퍼슨도 대륙에서 온 이주민을 선주민이 사는 곳에 접근하지 못하게 해야 한다고 말했다. 그러나 국회는 "선주민이 미시시피강 서쪽으로 이주해야 한다. 그렇지 않으면 주의 보호나 도움을 받을 수 없다."고 강압적인 결정을 내렸다. 당시 이 일을 총지휘한 사람은 잭슨 장군이다. 잭슨은 본래 노예상에다 토지를 매매했던 사람으로 갖가지 속임수를 써서 넓은 땅을 소유했다. 후에 그가 군에 입대하여 장군이 되자 이런 조종자 역할을 총지휘하는 직책을 맡았다.

그는 첫째로 거짓 서약행위를 자행했다. 인디언 추장에게 가서 무력으로 공갈을 하면서 미시시피강 서쪽으로 이동하면 그 비용과 1년 동안의 식량을 제공하겠다고 했다. 그리고 다시는 그들을 다른 곳으로 옮기라고 하지 않을 것이라는 계약서에 서명을 하겠다고 했다. 이 말에 순순히 응할 추장은 없다. 조상이 묻힌 이 땅에서 떠날 수 없다고 거절했다. 그러면 잭슨 장군은 무력을 동원한다. 본래 정의감과 명예를 소중하게 생각하는 선주민은 강력하게 대항했다. 그러나 기관총과 대포를 앞세워 공격해 오는 저들을 막을 길은 없었다. 결국 그들은 여자, 어린이, 노인을 보호하면서 미시시피강을 건넜다. 첫 번째 대이동을 한 때가 겨울이어서 엄청난 피해가 있었다. 그리고 건너간 뒤 약속한 식량을 대어주지도 않아 많은 사람이 굶주림과 병으로 사망했다.

몇 해가 지난 뒤 미국 정부는 다시 이들에게 그곳을 떠나 로키산맥 근처로 옮겨가라고 명령했다. 대륙에서 밀려드는 이주민을 위한 땅이 필요하다는 이유였다. 이에 대한 선주민의 저항은 더 격렬할 수밖에 없었다.

"우리 부모님과 친구들이 묻힌 땅을 돈을 받고 판다는 것은 생각할수가 없다. 우리는 이곳 초목과 더불어 자랐다. 우리는 이곳을 떠날 수가 없다."

그들은 이렇게 미국 정부의 요청을 거부했다. 그러자 잭슨은 그들중 비겁한 추장들을 뇌물로 설득하여 각기 옮겨갈 땅을 주고 각자 지주가 되게 했다. 그렇게 하여 그들 사이에 분열을 획책했다. 결국 그들은 그 약속을 믿고 로키산맥 근방으로 이주했다.

그런데 거기에서 금을 발견했다. 이렇게 되자 금에 미친 백인들이 그곳으로 몰려들었다. 결국 채굴하러 금광으로 몰려든 사람들 때문에 그들의 생존에 필요한 버펄로 등이 다 도망가고 선주민은 곤경에 빠졌다.

그들 중 유명한 연설가인 쇼니족 추장 테컴세는 백인의 침략에 대하여 이렇게 선언한다.

이와 같은 악이 우리 사이에 침입하는 것을 금해야 한다. 이 땅은 언제나 우리가 모두 더불어 사용한 땅이요, 우리 사이에서는 이 땅을 사고팔고 하는 일이 없어야 한다. 알지 못하는 자에게 파는 일은 결코 있을 수 없다.

이에 대하여 제퍼슨 대통령은 선주민에게 농업을 장려하는 정책을 강조했다. 국법으로 이곳저곳에 선주민의 집단정착지(Indian reservation, 이른바 인디언 보호구역)를 만들고 이들을 그곳에 정착시켜서 농업과 수공업 종사를 장려했다. 그리하여 적지 않은 선주민이 침입자의 문화에 조종되어 휩싸였다. 일부는 기독교를 받아들이기도 한다. 다른 한편 술장사들이 순진한 그들에게 밀주를 팔아 알코올중독에 걸리게도 했다.

이렇게 정부가 마련한 선주민 집단정착지에서 이들의 삶은 백인 눈에는 문화적 이탈자의 문화실조로 비쳤다. 그렇게 해서 살아남은 자들의 집단정착지는 500개 이상, 그곳에 사는 인구는 약 300만 명이었다. 본래 이 땅에 살던 선주민의 수는 1억 5000만 명이 넘었고, 콜럼버스 이후 식민지 침략이 시작되었을 때 아메리카 대륙에 살던 선주민도 1억 명이 넘었는데 그 많은 생명의 90퍼센트가 줄어들어 겨우 천만 명도 못 되는 수가 남았다. 이것이야말로 용서 못할 인종 학살이다. 이 학살과 파괴의 과정에서 미국 정부는 400회가 넘는 계약을 했으나 빈번히 이를 이행하지 않았다.

그중에서도 가장 잔혹한 학살은 1890년 '운디드 니^{Wonded knee}(상한 무릎)란 곳에서 자행된 학살이다. 당시 한 흑인이 재림한 메시아라고 자칭하면서 모두 그가 가르친 '환상 춤(Ghost Dance)'을 추면 내년 봄 죽은 선조들이 다 부활하고 땅은 새로운 잔디와 나무로 장식이 되고 이 땅에 침입한 자들은 다 땅 속에 묻힐 것이라고 주장했다. 그는 일찍이 창조주께서 보내 땅 위에 왔으나 백인이 그를 잘못 취급해서 다시 창조주에게 돌아갔다가 이제 인디언으로 임했다고 주장했다. 이 춤이 선주민들 사이에 급속도로 확산되었다.

그래서 이 사건의 주동자로 '앉은 황소(Sitting Bull)'라고 불리는 추장과 그를 따르는 자들을 체포하여 경찰이 수용소로 데리고 가던 도중에 큰 사건이 생겼다. 당시는 크리스마스가 막 지난 추운 겨울이었는데 백인 병사들이 '운디드 니'에서 그들을 무장 해제시키고 그곳에 모인 수백 명의 선주민을 몰살시켰다. 여성, 어린이, 노인까지 모두 살해했다. 이렇게 선주민의 간절한 꿈은 완전히 짓밟히고 말았다. '운디드 니'에서 자행된 참혹한 사건에 대해 전투에 패배하여 사로 잡힌 블랙엘크 추장은 이렇게 말한다.

141

그때 나는 죽은 사람이 몇인지 몰랐다. 지금은 늙은이가 되어 높은 언덕에서 그때 일을 회상하면 내가 젊었을 때 못 보던 일이 생생하게 보인다. 도살을 당한 여인들과 어린이들이 그 거친 언덕 이곳저곳에 두루 쌓여 있었던 것을 말이다. 그들이 죽어 피범벅이 된 땅 위를 불어제친 광풍과 더불어 또 한 가지가 사장된 것이 있다. 한 종족의 꿈 말이다. 그것은 실로 아름다운 꿈이었다. 한 종족의 족적은 부서져 바람에 날리고 말았다. 이제 그들의 꿈을 실을 중심은 사라지고 거룩한 나무는 죽고 말았다.

이와 같은 참극은 주로 넓은 농토가 필요한 남쪽에서 자행되었다. 공업을 장려하는 북에서는 정책이 이와 달랐다. 특히 5대 부족이 연맹을 이루어 자주 자립하는 세력은 감히 건드리지 못했다. 따라서 뉴욕

주와 선주민 사이에 상호 협력하는 계약도 이루어졌다. 그 후 오랫동안 북방의 선주민에게는 손을 대지 못했다. 잭슨과 그의 후계자 마틴 밴 뷰런 때까지 미시시피강을 건너 서쪽으로 밀려나간 미국 선주민이 70만 명이 넘는데 북부 뉴욕 중심의 부족 연맹은 그대로 존속했다. 그러나 그동안 건재했던 동북연맹도 1832년에 무너지고 말았다. 그때 포로가 된 블랙호크 추장이 한 연설이야말로 이 두 문화 중 어느 것이 참된 생명문화인지를 명확히 밝혀 준다.

나는 전력을 다해서 싸웠다. 그러나 너희는 정확하게 포화를 조준했다. 너희가 쏜 총알은 나는 새처럼 공중에 날아왔고 겨울 숲 가지 사이로 지나가는 바람처럼 들려왔다. 그리고 나의 투사들은 내 전후좌우에서 쓰러졌다. 다음 날 아침에 돋는 해는 흐리멍덩했고 저녁에 지는 해는 불붙는 거대한 공처럼 구름 사이로 사라졌다. 그것이 블랙호크 종족이 본 마지막 해다. 이제 블랙호크는 백인의 포로가 되었다. 블랙호크는 인디언으로 부끄러운 일을 한 적이 없다. 블랙호크는 그의 백성을 위하여 백인과 싸웠다. 그들은 해를 거듭하여 우리 사이에 침입해 와서 선주민을 속이고 땅을 빼앗았다. 우리가 왜 싸웠는지를 너희는 다 잘 안다. 백인치고 모르는 자가 없다. 저들은 자기들이 한 일을 부끄럽게 생각해야 한다. 인디언은 그렇게 할 줄 모른다. 백인은 인디언을 비난하고 천시한다. 인디언은 속일 줄도 훔칠 줄도 모른다. 다시 말한다. 인디언은 속일 줄도 훔칠 줄도 모른다. 백인처럼 행동하는 자는 우리 사이에 발을 붙일 수가 없다. 그들은 죽임을 당하고 우리의 밥이 된다. 백인은 악랄한 학교 교장과 같다. 그들은 거짓을 담은 책을 들고 그릇된 일만을 행한다. 그들은 가난한 인디언을 보고 미소를 짓고 돌

142

아서서 민다. 그들은 친절한 척 악수하고 술을 제공하면서 우리의 아내를 모욕한다. 우리는 그들에게 가까이 오지 말고 떠나가라고 해도 그들은 따라와서 우리 앞에 뱀처럼 틀고 앉는다. 그리고 우리를 독살하려고 한다. 우리는 안전하지 않다. 우리는 언제나 위험 속에서 산다. 우리는 그들처럼 되어 가고 있다. 위선적이요 거짓말쟁이요 간음과 게으름에 사로잡히고 말만 하고 일은 하지 않는다. 그들은 해골을 수집하지는 않는다. 그러나 그들은 더 잔학한 일을 한다. 그러면서 그들은 우리의 양심을 잔악하게 만든다.

나의 나라여, 안녕!

블랙호크여, 잘 있거라!

이 말은 엄정한 심판관의 말이다. 누가 옳고 누가 그른지를 명확히 밝힌다. 강자가 일단 이긴 것처럼 보인다. 그러나 그들의 마음은 탐욕과 사기로 병들어 있고 그들의 말과 행동은 독사의 혀처럼 남을 속이고 해친다. 그들의 손에는 거룩하다는 책이 들려 있지만 그들과 가까이 하는 자들은 병들고 만다. 승자와 같은 그들은 모든 생명체의 적이요, 그들의 앞에는 끝을 모르는 무한한 저항이 입을 벌리고 있다.

그러나 그들에게 천대와 박해를 받는 미국 선주민은 이름답고 깨끗하다. 모든 생명을 사랑하고 껴안는다. 하늘과 땅, 그리고 거기에 나서 자라는 모든 생명체를 껴안는다. 그들을 박해하는 멀리서 온 친척들도 손을 벌려서 환영한다. 그들은 죽음도 두려워하지 않는다. 다시 다른 생명체로 윤회할 것을 믿기 때문이다. 그들이 씨앗처럼 땅에 떨어져 사라지는 듯하나 다시 살아나 50배, 100배의 열매를 맺을 것이다. 험악한 괴암석벽은 그들을 가로막는 듯하나 생명을 사랑하는 그들의 따뜻한 마음에서 솟는 샘은 새로운 내일을 이룩할 샘 줄기이기도 하다. 이것이 부활 사상의 씨앗이다.

미국이 민주주의의
전령자라고?

미합중국을 건립한 자들은 스스로 민주주의의 창시자라고 선언했다. 식민주의 국가 영국제국을 물리치고 시민의 뜻을 하늘의 뜻으로 모시는 민주주의 국가를 창설했다는 것이다. 따라서 그들은 결코 다른 민족을 수탈하는 식민지 제국이 되지 않고 민주주의 확산을 사명으로 한다고 자처했다. 그리고 오랫동안 모두 미국을 높이 평가했다. 프랑스는 뉴욕 항구 입구에 자유의 여신상을 세웠다. 저명한 작곡가 체코의 안토닌 드보르작은 새로 태어난 미합중국을 칭송해서 「신세계」 교향곡과 「아메리카」 현악 4중주곡을 작곡했다. 일본 수신 교과서에는 조지 워싱턴이 정원의 앵두나무를 자른 것을 고백했다고 하면서 정직한 워싱턴처럼 되라고 서술했다. 흑인 해방에 앞장섰다고 알려진 링컨 대통령도 가장 인도적인 정치가로 추앙된다. 미국 국가로 알려진 성조기 노래도 미국의 성조기가 나부끼는 곳마다 정의가 이룩된다고 찬양한다. 미국은 하느님을 신뢰하기 때문이란다(We trust in God).

그러나 미국 역사를 살펴보면 미국의 진면목은 이와는 완전히 다르다. 1845년 8월 미국 대통령 제임스 포크는 테일러 장군에게 텍사스 주 남단에 있는 리오그란데에 군대를 주둔시키고 지시를 대기하라 명령을 내렸다. 그곳은 멕시코가 관할하던 곳으로 멕시코 주민이 살고 있었다. 테일러 장군은 그곳에 군대를 진주시켰다. 그러자 멕시코 군대가 부대를 공격하여 많은 미군이 희생되었다는 보고를 들은 포크 대통령은 국회에 요청해서 멕시코에 선전포고를 발표했다. 국회는 이 것이 의도한 조작임을 알면서도 선전포고를 허락했다.

이에 대한 반발이 전혀 없던 것은 아니다. 북부 공화당의 몇몇 의원들이 반대했으나 압도적인 다수는 국토가 태평양 연안까지 가야 한다는 심정이었다. 메릴랜드의 가일이라는 국회의원이 국토 확장의 당위성을 다음과 같이 주장했다.

> 우리는 야누스 대사원이 문을 닫기 전에 우리의 영토를 확장해야 합니다. 대양에서 대양으로 전진해야 합니다. 텍사스에서 출발하여 태평양에 이르러야 합니다. 태평양의 거친 파도만이 우리의 전진을 막을 것입니다. 이것은 백인에게 주어진 특권입니다. 이것은 앵글로색슨이 이룩해야 하는 과제입니다.

145

하느님이 백인 앵글로색슨에게 온 세계를 마음대로 요리할 권한을 주었다는 것이다. 이에 대하여 반노예협의회는 목청을 높여 반대했다. 전쟁의 확산은 무자비하고 혹독한 노예제도를 광대한 멕시코 지역으로 확대하려는 것이라고 규탄했다. 본래 노예였으나 저명한 연설가가 된 프레더릭 더글러스는 1848년 1월 24일 로체스터 신문인『북극성(North Star)』에 '우리의 이웃 나라를 향한 잔악하고 단죄받아야 할 전쟁'이라는 글을 실었다. 더글러스는 이 노예 제도를 찬성하는 대통령이 무자비한 전쟁을 추진하는데도 아무도 본격적으로 항거하자고 운동을 벌이는 자가 없다는 사실을 개탄했다. 기득권층은 이 전쟁에 반대함으로써 정치계에서 그들이 향유하는 인기를 회복할 기회로 여겨 침묵하고 있다고 비난했다.

1847년 9월 13일, 수도 멕시코시티의 관문인 차풀테펙 전투에서 멕시코 수비부대는 약 2600명에 달하는 인명피해를 내며 참패, 마지막 방위부대마저 붕괴된 반면, 미국의 공격부대는 불과 200여 명의 피해를 입었고 지체없이 수도 멕시코시티로 침공했다. 결국 9월 15일, 멕시코군과 민병대의 결사적인 저항에도 멕시코시티가 함락되고 멕시코 정부는 피란을 갔으며 멕시코군은 포로 포함 약 7000명의 인명피해를 냈다. 그리고 그 일대는 죽은 군인의 시체와 죽어 넘어진 말과 나귀로 뒤덮였다. 미군도 천 명에 이르는 사상자가 발생했다. 그 장면을 본 목격자는 "일생을 두고 그 장면을 잊을 수 없으며 미국인이 된 것을 부끄럽게 생각한다"고 고백했다. 탐욕과 폭력의 악마성이 잘 드러난 전쟁이다.

스페인의 세력이 남미에서 점차 약화되자 미국의 관심은 쿠바에 집중했다. 특히 북미 대륙의 동남쪽에 있는 섬인 쿠바야말로 그들의 구미를 자극했다. 벌써 미국 자본가들이 투자하여 광대한 땅을 소유했다. 설탕, 과일, 채소, 바나나 등 미국에 필요한 생필품을 대량으로 생산하고 있었다. 1898년 미국 자본가들이 쿠바에 투자한 액수는 3000만 달러에서 5000만 달러나 된다고 한다. 따라서 경제적으로도 정치·군사적으로도 극히 필요한 곳이었다. 그리고 그 과정도 힘들 것이 없었다.

윌리엄 매킨리 대통령 재임 때의 일이다. 쿠바에서는 스페인에 항거하여 독립하려는 운동이 강력하게 일어났다. 미국에 협조를 구하기도 했다. 미국은 스페인에 쿠바의 독립을 허용하라고 요청하기도 했다. 그런데 1898년에 쿠바의 수도 아바나에 정박한 미국 전함이 침몰했다. 아무도 그 이유를 모른다. 그리고 그것이 계기가 되어 스페인과 미국 사이에 전쟁이 일어났고 10주 만에 미국의 승전으로 끝난다. 그리고 미국에 임시 통치권을 허용한다. 그러나 미국은 쿠바를 점령하지 않았다. 이렇게 되자 쿠바 독립을 위하여 투쟁하던 무리는 자신에게 기회가 온 것으로 생각했다. 그러나 미국의 정책은 그들의 생각과 완전히 달랐다. 미국은 스페인 치하에서 일하던 무리를 등용하여 다스리고 독립 투쟁하던 자들은 완전히 무시했다. 결국 미국의 뜻대로 다스리는 쿠바가 탄생했다. 그리고 미국 자본가들이 쿠바의 정치를 좌우했다. 이것이 미국 신식민주의 개입의 시작이다.

그리고 하와이, 알래스카, 푸에르토리코, 버지니아군도, 괌, 사모아, 마셜군도 등을 점령한다. 이제 필리핀을 점령하면 태평양을 완전히 수중에 넣고 중국을 둘러싸게 된다. 따라서 그들의 작전은 필리핀 침략이었다. 이렇게 되면서 우드로 윌슨 대통령은 태프트-가쓰라 밀약을 실행한다. 자기들이 필리핀을 먹을 터이니 일본 너희는 조선을 마음대로 요리하라는 것이다. 당시 일본이 서구의 군사문화를 받아들이고 무력을 증강하여 러시아와 중국을 격파했을 때다. 미국은 아시아의 신흥강국으로 부각한 일본과 손을 잡고 아시아라는 거대한 무대에 나타난 것이다.

제1차
세계대전

시어도어 루스벨트 대통령(1901-1907)은 친구에게 보낸 편지에 "지금이야말로 어떤 전쟁이라도 일어나야 한다."고 적었다. 저명한 철학자이자 20세기에 들어오면서 반제국주의자로 널리 알려진 윌리엄 제임스 박사는 루스벨트 대통령을 힘의 철학에 사로잡힌 전쟁광으로 그렸다. 그는 "전쟁이야말로 인간 사회에서 가장 이상적인 상태라고 생각한다. 왜냐하면 그것이야말로 남자다운 행동이기 때문이다. 평화를 비눗방울과도 같은 허무한 것으로 보는 것은 회색 환상 속에 살아서 고상한 것이 무엇인지를 모르는 자들의 망상이다."라고 주장했다. 이것이야말로 힘의 광증에 걸린 자의 자세다. 그 뒤로 미국은 니카라과, 쿠바, 아이티 등 중남미 나라들을 침략하여 신식민주의 야욕을 드러냈다. 그런데 유럽에서 제1차 세계대전이 발발했다. 그것이 윌슨 대통령 때이다.

전쟁은 1914년 7월에 시작하여 1918년 11월에 끝났다. 이 전쟁에서 죽은 군인의 수가 900만이고 일반인 사망자 수가 500만이나 되는 유럽 전체를 뒤덮은 엄청난 재앙이었다. 이 전쟁이 일어난 원인은 오스트리아와 헝가리의 왕위를 계승하게 된 프란츠 페르디난트의 암살 사건 때문이다. 이 사건으로 오스트리아, 헝가리가 세르비아를 공격하면서 유럽 전체가 완전히 광기에 휩싸였다. 동쪽에서는 러시아가 개입하고 서쪽에서는 독일이 일어나서 프랑스에 도전했다. 이렇게 전선이 동과 서로 갈렸다. 그리고 가장 치열한 전선은 프랑스에서 대결한 독일 대 프랑스와 영국의 연합군이었다. 전투가 어떻게 끝날지 막연한 상태가 되자 영국과 프랑스는 미국의 참전을 갈망했다.

그러나 미국 내에서는 반전운동이 격렬하게 일어났다. 그렇지 않아도 돈밖에 모르는 자본주의에 대한 노동자의 강력한 항거가 진행되던 때였다. 그들은 유럽에서 일어난 전쟁에 강력하게 반대했다. 자본주의 국가의 영토 확장 전쟁으로 보았기 때문이다. 주동세력은 세계노동자협회(IWW)와 사회주의자연합이었다. 그중에서 여성의 활약이 눈부셨다. 특히 시각장애인이자 청각장애인인 헬렌 켈러의 활약은 모든 이에게 용기를 북돋워 주었다. 그리고 그들의 효과적인 선전에 민중이

호응하면서 반전운동이 들불처럼 일어났다. 따라서 윌슨 대통령은 평화주의를 외치면서 참전하지 않았다.

그러나 실제로는 영국과 프랑스에 무기를 판매하여 막대한 이익을 올렸다. 그리고 그 두 나라에 막대한 전쟁 자금을 빌려주어 미국 자본가들은 그 이자만으로도 엄청난 이득을 얻었다. 그러나 영국과 프랑스가 위기에 처하면서 이대로 가면 나라가 망하여 빚을 갚을 수 없을 것이라고 미국에 압력을 넣자 미국도 전쟁에 가담하지 않을 수가 없었다.

이런 상황에서 미국은 군수품을 실은 상선을 유럽 연안에 파송했는데 독일 잠수함이 이를 격침한 사건이 일어났다. 당시 바다는 영국 군함이 주도권을 잡고 있었기에 독일은 잠수함을 개발하여 이에 응전했다. 이 사건이 일어나자 미국은 비무장 상선을 격침하는 독일의 만행을 그대로 방치할 수 없다고 하면서 참전을 결정했다. 그리고 국회에서 징병제를 의결하고 청년을 동원했다. 이에 대하여 세계노동자협회와 사회주의자들은 크게 반발했다. 그러자 국회는 국법에 불응하는 자를 엄벌하는 법을 제정해 젊은이들을 파병했고 결국 연합군의 승리로 전쟁은 끝났다. 이렇게 미국은 1917년에 참전했고 이듬해에 제1차 세계대전은 끝났다. 수천만 명에 이르는 사상자를 낸 이 전쟁에서 최대의 수혜자는 미국 자본가다.

제1차 세계대전이 끝나면서 미국 윌슨 대통령은 민족자결주의를 선포했다. 그러나 이 선포는 가증스러운 허위다. 영국, 프랑스, 미국 등 많은 제국이 수없이 많은 민족을 수탈하지 않았는가? 그런데 자기의 만행은 모른 체하고 유럽의 강대국에 억눌렸던 민족에게 자주권을 주라는 말이다. 따라서 러시아의 억압을 받고 있던 발트해 주변의 민족과 독일과 오스트리아의 지배를 받던 민족들이 자주국이 되었다.

그리고 그들이 미국, 영국, 프랑스의 영향권에 들어오게 되었다. 민족 자결을 선포함으로써 그들 자신의 영향권을 확장하였다. 전 세계 연합국의 지배 밑에서 고난을 당하는 이들은 안중에 없었다. 당시 일본과 이탈리아는 제1차 세계대전 연합국가의 동맹국이다. 이것에서 우리는 말로만 정의를 외치는 미국의 본성을 본다. 당시 피압박 민족 중에서 생명을 바치면서 저항한 민족은 1919년 3월 1일에 평화 시위를 하면서 자주 독립을 외친 한민족뿐이다. 인도의 시인 타고르가 한국 민중을 아시아의 횃불이라고 칭송한 것도 이런 의미가 깔려 있다.

제2차
세계대전

제1차 세계대전의 결과 미국 기업은 막대 150 한 수익을 얻었다. 그러나 이상하게도 미국 경제는 날로 위축되었다. 수많은 은행이 문을 닫았고 자금을 구할 수 없는 기업 역시 문을 닫았다. 문을 닫지 않은 기업도 임금을 낮추든가 많은 직원을 해고할 수밖에 없었다. 그때 대통령은 프랭클린 루스벨트였다. 그가 처음으로 시작한 정책이 '국내 회복 정책(National Recovery Act)'이다. 그는 기업가, 노조, 그리고 시민을 한데 묶어서 해결 방안을 추구하는 정책을 수립했다. 이 일에 기업가들을 앞장서게 했다. 그것만이 그들과 나라 경제가 사는 길이라고 설득한 것이다. 말하자면 사회주의자들의 주장을 역이용한 것이다. 그렇지 않았다가는 나라가 사회주의에 점령당할 것이라고 느꼈기 때문이다. 이렇게 하여 국내 문제는 일단락되었다.

그러자 제2차 세계대전이 일어났다. 1937년 일본은 중국을 침략했다. 미국은 이 전쟁을 알고 있었지만 묵인했다. 처음엔 아시아에서 일본을 동맹국으로 여긴 것 같다. 태프트-가쓰라 밀약(Taft-Katsura Secret Agreement, 1905)에서 일본의 한국 침략을 용인한 것이 그것을 말한다. 난징이 함락되고 거기에서 비참한 일이 벌어져도 모른 척했다. 그 다음 해에 이탈리아가 에티오피아를 침공했다. 그러나 미국은 참전하지 않았다. 그리고 1939년에 독일이 오스트리아와 체코슬로바키아를 점령하자 영국, 캐나다, 호주, 남아연맹 등이 선전포고를 하고 프랑스도 이에 따랐다. 독일이 오스트리아 수도를 침공해도 미국은 참전하지 않았다. 그러나 아프리카를 침공한 이탈리아와는 외교 관계를 끊었으나 그들에게 필요한 휘발유는 공급하고 일본에는 전쟁에 필요한 고철을 수출했다. 그러다가 일본이 주석^{朱錫}, 고무, 석유 등이 풍부한 동남아를 위협하자 미국은 이에 반응하여 그동안 공급하던 고철 수출을 금지했다. 일본이 진주만을 공습한 이유는 이에 대한 반응이었고 미국은 자동적으로 제2차 세계대전에 뛰어든다. 이에 대한 미국 국민의 반전 시위도 엄청났다.

미국이 뛰어든 세계 전선은 동부와 서부로 갈라졌다. 동부는 맥아더 장군이 지휘하고 서부 전선은 아이젠하워 장군이 지휘했다. 당시 동부 전선은 해군이 가장 중요한 역할을 했다. 1942년 6월 4일에서 7일까지 이룩된 미드웨이 해전에서 연합군이 일본 주축 함대를 격파하자 일본군은 크게 밀리기 시작했다. 이것은 일본이 진주만을 공격한 1941년 12월 7일로부터 6개월 뒤였다. 이같이 제2차 세계전쟁에서 연합군의 승리는 확보된 듯했다. 하지만 서부 전선은 독일이 프랑스를 제압하고 이탈리아와 더불어 아프리카까지 확산되어 있었다. 이에 북에서 소련 공산군이 남하하여 독일과 격전을 벌였다. 특히 레닌그라드의 공방전은 치열했다. 결국 노르망디 상륙작전이 전세를 판가름하는 전투가 되었다. 그날을 D-day라고도 부른다. 이 날 영국군, 캐나

다군, 미국군을 중심으로 모든 연합국이 병력을 총동원하여 노르망디에 사상 최대의 상륙작전을 펼쳐 독일과 본격적으로 대결한다. 이 날이 1944년 6월 6일이다. 그해 7월 4일까지 100만 명의 연합군이 상륙했다. 그리고 베를린을 향한 작전이 시작되었다. 이 작전에서 공군의 무차별 폭격이 자행되면서 비전투원의 피해도 엄청났다.

한편 루스벨트 대통령과 처칠 총리는 뉴펀들랜드에서 새로운 내일을 그리는 대서양 선언을 1941년 8월 14일에 발표한다. 이에 따르면 전후 양국은 식민주의 등의 확대 정책을 버리고, 모든 민족은 그들이 원하는 정부를 세워서 자주적인 삶을 영위하도록 지지한다는 내용이다. 이것 역시 윌슨의 민족자결주의 선언과 마찬가지로 말잔치일 뿐이다. 특히 미국은 그렇다. 제2차 세계대전이 끝난 뒤 미국의 신식민지 정책은 이 선언을 휴지화했다. 사실 저명한 시인으로 루스벨트 정권의 국무차관 아치볼드 매클리시는 전후의 세계를 이렇게 표현했다. 152

"지금 보는 대로 내일을 위한 평화란 석유의 평화, 황금의 평화, 선박 수송의 평화다. 미국 정치가들이 말하는 평화란 도덕적인 목표나 인간 존중의 정신이 없는 평화다."

이 선언의 허구성은 제2차 세계대전이 어떻게 끝났는지, 그 뒤를 따른 미국의 행태가 어땠는지를 보면 알 수 있다. 대일본 전쟁을 마무리한 것은 누구나 아는 것처럼 무자비하기 그지없는 원자폭탄 투하. 미국은 일본이 항복할 것을 알았다. 일본의 암호를 해독했기 때문이다. 이에 따르면 일본이 항복할 의사를 소련에 알리면서 이 항복 교섭을 주선해 달라고 부탁했다. 따라서 소련은 동부 전선에는 개입하지 않기로 했다. 반면 미국은 소련 개입 전에 전쟁을 끝내고 싶었다. 전후 극동 문제 처리를 미국이 마음대로 하고 싶기 때문이었다. 그래서 미국은 1945년 8월 6일 일본 히로시마에 원자폭탄을 투하하고 연이어 9일에는 나가 사키에 투하한다. 그렇게 함으로써 두 도시의 인구를 몰살하는 말할 수 없는 만행을 저질렀다. 루스벨트와 처칠의 성스러워 보이는 선언의 허위가 명확히 드러났다.

이것은 실로 악마적인 행위다. 어찌 무고한 생명을 그렇게 짓밟을 수가 있는가? 원자폭탄의 위력을 보여 일본을 무조건 항복시키려면 그 폭탄을 산간이나 넓은 평야에 투하해도 넉넉히 목적을 이룰 수 있다. 어찌 수만의 인구가 사는 도시에 퍼부은 것인가? 그것도 한 번이면 충분한데 왜 두 번이나 투하했는지. 이는 도저히 상상할 수 없는 만행이다.

계속되는
도살 행위

제2차 세계대전이 끝난 뒤의 미국 정책은 그들의 무한대 식욕을 채우기 위한 도살 행위였다. 두 번의 세계대전을 치르며 무기를 팔아 엄청난 부를 축적한 자본가들은 전쟁이 끝나자 당황했다. 무기를 팔 곳이 사라졌기 때문이다. 그 결과 공장 곳곳이 문을 닫아 수많은 실업자가 아우성을 쳤다. 이 문제는 1947년부터 시작되어 1949년에 극에 달했다. 그래서 군수산업 기업인들은 세상 어디에서든 전쟁이 계속 벌어지기를 바랐다. 따라서 제너럴 모터스 회사의 사장 찰스 윌슨이 트루먼 대통령을 찾아가 전시 경제가 얼마나 좋았는지를 말하면서 미국 기업과 정부의 안정적 발전이 지속되는 전쟁 정책을 수립하자고 제언했다. 그 후 1950년에 트루먼 대통령은 국회에 공산주의의 위협을 받는 전 세계 국가에 군사 원조를 내용으로 하는 이른바 트루먼 독트린을 제시하여 동의를 받는다.

당시 새롭게 독립하려는 민족에게는 사회주의가 가장 매력적이었다. 특히 중남미 나라들이 그랬다. 사회주의는 반드시 러시아의 충동으로 말미암은 것은 아니다. 식민주의에 억눌려 살던 그들에게 사회주의가 가장 이상적으로 보였기 때문이다. 트루먼 정부는 미국이 공산주의에 맞선 민주주의의 본산이라는 말을 반복하면서 미국의 반공 분위기를 조성하며 이러한 정책을 수행했다. 위스콘신주 공화당 상원의원인 조지프 매카시가 미국 국무부에도 수없이 많은 공산주의자들이 있어서 위험천만하다고 허위 선전을 하여 미국 여론에 커다란 매카시즘 광풍을 일으킨 것도 이때다.

이 트루먼 독트린의 첫 번째 희생양이 한국이다. 제2차 세계대전이 끝난 뒤 한반도는 38선을 경계로 두 진영으로 갈라진다. 남에서는 미국이 일본군을 무장 해제시키고 북에서는 소련이 같은 일을 했다. 사실 소련에 이런 특권을 주어야 할 이유는 없다. 그들은 아시아 전쟁에서 총 한 방도 쏘지 않았다. 왜 그들에게 38선 이북의 일본군 무장 해제를 허용했는가? 소련의 전쟁 개입을 막으려고 미국은 원자폭탄까지 사용하지 않았는가? 미국의 저명한 역사가인 가 알페로비츠는 『원자폭탄 외교』에서 1945년 미국 해군장관 제임스 포레스털의 수기를 인용하면서 "당시 미국의 국무장관인 제임스 번스는 소련이 참전하기 전에 전쟁을 끝내려고 조바심을 냈다."고 기록하고 있다. 미군이 아직 한반도에서 멀리 있었기 때문이라는 것도 타당하지 않다. 공수작전으로 얼마든지 필요한 미군을 주둔시킬 수 있었다. 유럽 전쟁에서 공수작전의 유효성을 충분히 경험하지 않았던가. 그런데 왜 한반도의 38선 이북을 소련에 맡겼는가? 그것은 한반도를 문제 지역으로 만들기 위해서다. 그 후에 전개된 일이 그것을 증명한다.

결국 남과 북에 적대적인 이념을 가진 정부가 수립된다. 그리고 미소 양국은 그들의 군대를 한국에서 철수한다. 그 과정에서 두 가지 납득할 수 없는 사건이 벌어진다. 미국 국무장관 딘 애치슨이 1950년 봄 한국은 미국 방위선에 속하지 않는다고 선언한다. 그리고 남한에서 한국 정부군을 제대로 무장시키지도 않은 채 미군을 철수했다. 반면 그 당시 소련은 북을 탱크, 비행기 등 중화기로 무장시켰다. 미국 정부가 그 정보를 모를 까닭이 없다. 결국 북의 남침을 유도한 것이라는 설은 충분히 설득력이 있다. 이것은 미국이 멕시코를 침략할 때 이미 사용한 전술이다. 결국 북한군을 유도하여 전쟁을 일으키게 하고 북한군은 신속하게 부산 근처까지 진격한다.

미국은 북한군이 남쪽으로 진격하여 부산 주변에서 전투가 장기화하자 맥아더 장군이 이끈 미군이 인천항에 상륙하여 북한군의 허리를 끊어 버린다. 그리고 미군은 서울 폭격을 위시해서 일대 폭격전을 전개한다. 서울 폭격에서는 가톨릭 성당 하나만 남기고 다 부숴 버렸다. 유럽 전쟁에서 실시한 폭격의 재연이다. 평양을 위시한 북한 도시도 잿더미가 되었다. 결국 북한군은 지리멸렬되고 한국군과 미군은 압록강과 두만강까지 진격한다.

이렇게 되자 중공군이 인해전술로 침공해 들어온다. 사실 중공은 오랫동안 일본군과 장제스 정부와 전쟁을 치르느라 기진맥진해 있었다. 그러나 미군이 국경선까지 접근하자 인해전술로 대응하며 남하했다. 필사적인 작전이었다. 이에 대하여 맥아더 장군은 원자폭탄을 사용하더라도 중공과 대결해야 한다고 주장했다. 그러나 트루먼 대통령의 의도는 이와는 달랐다. 한국을 문제 지역으로 유지하는 것이 목적이었다. 따라서 트루먼은 맥아더 장군을 파면하고 리지웨이 장군을 총지휘관으로 파송했다. 전쟁을 오래 끌라는 것이다. 그래서 미군을 다시 38선으로 후퇴시키고 남하하는 중공군을 공습해서 엄청난 손실을 입혔다. 말하자면 중공을 향한 출혈 작전이다. 따라서 중공군은 기진맥진했다. 필자의 형인 문익환 목사가 당시 판문점에서 통역관으로 근무해서 당시의 상황을 잘 안다. 그의 말로는 당시 미군은 무혈로 북진할 수 있었다고 한다.

그러나 미국은 그렇게 하지 않았다. 아이젠하워 장군이 대통령 선거에 출마하면서 한반도 휴전을 공약했다. 미국 국민이 전쟁이 계속되는 것을 원하지 않았기 때문이란다. 그래서 그는 중공과 휴전협정을 맺었다. 평화협정이 아니다. 평양에서 원산을 휴전선으로 할 수도 있었다. 그러면 북쪽이 정권을 유지할 수 없다. 그래서 미국은 38선을 휴전선으로 삼도록 했다. 미국은 다시 38선을 휴전선으로 하여 긴장을 유지하려는 것이었다. 그렇게 함으로써 북조선이 회생할 수 있게 한 것이다. 그래야 한반도를 계속 문제 지역으로 유지할 수 있기 때문이다.

156

그 후 미국은 남한과 군수동맹을 맺었다. 이 동맹으로 미군이 한국에 주둔하는 한편 한국 정부는 계속 미국 무기를 구매하고 한미합동 군사훈련을 정례화하여 북을 궁지에 몰아넣었다. 결국 이북으로 하여금 핵폭탄을 만들게 하였다. 그리고 그것을 구실로 한국의 중무장을 조장하고 남과 북의 평화협정을 불가능하게 만들었다. 그것이 바로 미국의 전략이다.

오바마 대통령은 북한이 핵폭탄을 포기하기 전에는 대화할 수 없다고 주장했다. 현재 트럼프 대통령은 힘으로 북한을 제압하겠다고 공언한다. 하지만 북한은 핵폭탄을 포기할 수 없다. 남한과 미국의 군사동맹이 그들을 위협하고 있기 때문이라고 선전한다. 이렇게 트루먼 독트린 이후 미국은 한반도를 계속 궁지에 몰아넣고 있다.

트루먼 독트린의 또 다른 예는 베트남 전쟁이다. 베트남 전쟁은

셋째 마당

1959년부터 1975년까지 16년 동안 지속되었으며 세계에서 가장 강한 나라 미국이 프랑스 식민지로 고생한 베트남에 패망한 놀라운 전쟁이다. 이 전쟁은 트루먼 대통령의 뒤를 이은 아이젠하워 대통령이 시작하여 케네디, 존슨, 닉슨 대통령에 걸친 장기 전쟁이다. 무엇보다 이 전쟁이 일어난 과정이 흥미롭다.

제2차 세계대전이 끝나고 일본 침략에 저항해 온 호찌민 지도하의 베트남은 독립을 선언한다. 이것은 루스벨트 대통령과 처칠 총리가 발표한 선언이 보장한 약소민족의 독립 지지에 기초한다. 그러나 베트남을 식민지로 삼아 오래 수탈하던 프랑스는 이것을 받아들이지 않는다. 따라서 호찌민군과 프랑스군의 전투가 재연된다. 당시 호찌민은 트루먼 대통령에게 세 번이나 친서를 보냈다. 제퍼슨의 고상한 독립 선언문을 인용하면서 베트남의 독립을 인정해 달라고 요청했다. 그러나 트루먼은 이에 아무 답변도 하지 않고 프랑스에 엄청난 군사원조를 제공한다. 프랑스군 전체가 무장할 수 있는 30만 정의 기관총을 제공하고 프랑스 전쟁 비용의 80퍼센트에 해당하는 천만 달러를 원조한다. 그러나 베트남 호찌민 군대와 치른 프랑스의 8년간의 전쟁은 허무하게 끝난다. 자주와 독립의 정신으로 뭉친 호찌민 군대를 도저히 이길 수 없었다.

그러자 국제연합은 오스트리아 빈^{Wien}에서 회의를 열어 남과 북이 17도선에서 휴전을 하고 1956년 총선으로 형성된 정부를 중심으로 한 나라를 이룩하기로 결정했다. 호찌민은 이에 동의했다. 그러나 당시 미국 대통령 아이젠하워는 이 결정에 반발했다. 선거 결과 공산화를 우려했기 때문이다. 베트남이 공산화 통일이 되면 동남아시아 여러 나라가 '도미노 현상'으로 공산화할 것이라고 주장했다. 그래서 미국은 뉴저지에 있던 '디엠'이라는 베트남 정치인을 귀국시키고 남쪽만의 선거를 실시해 그를 총리로 만들었다. 이것이야말로 미국의 월권행위이다. 국제연합의 결정을 미국이 거부하고 마음대로 베트남 정부를 세운 것이다. 이렇게 조작하여 베트남 국민을 적대적인 남과 북의 두 정부로 갈라놓았다. 한국에서 자행한 사악한 정책을 재연한 것이다. 그리고 그들에게 무기를 판매하겠다는 심산이었다.

그러나 이 악랄한 정책은 베트남에서는 실패하고 만다. 로마 가톨릭 신자인 디엠은 주로 불교 신자들인 베트남 국민과는 근본적으로 화합하기 힘들었다. 그뿐만 아니라 디엠은 불공정하게도 부유한 자를 위한 정치를 시행하여 베트남 주민과의 사이에 치열한 공방전이 벌어졌다. 이렇게 되면서 북부의 호찌민 정부는 베트남 국민 사이에 선전원을 파송하여 철저한 정신 무장과 치밀한 조직을 형성시켰다. 그것을 베트콩이라고 부른다. 이렇게 디엠군과 베트콩 사이에 치열한 전투가 벌어지다가 디엠이 암살된다.

158

그 뒤 얼마 있다가 이 전쟁을 '뉴프런티어^{New Frontier}'라고 부르면서 조장하던 미국 케네디 대통령도 암살당한다. 1961년 그가 대통령으로 취임하면서 제기한 연설은 퍽 유명하다. 미국은 이제 새로운 전선을 전개한다는 것이다. 이것은 옛 전선을 전제로 한 것이다. 그의 옛 전선은 무엇인가? 록산 던바오르티즈^{Roxanne, Dunbar-Ortiz}라는 미국 선주민 여류 역사학자는 옛 전선을 아메리카 선주민을 살상한 무자비한 종족학살이라고 보았다. 그녀는 자신이 쓴 『아메리카 선주민이 본 미국 역사(An Indigenous People' History of the USA)』에서 케네디에게 옛 전선은 유럽 식민주의자의 한없는 탐욕을 채우기 위하여 아메리카 선주민을 무자비하게 학살한 것이라고 선언한다. 사실 베트남에서 자행한 학살은 아메리카 선주민에게 자행한 악랄한 학살을 재연한 것이다.

케네디가 암살당한 뒤 대통령이 된 존슨이 자행한 정책이 바로 그것이다. 그는 지연되는 전쟁을 본격화하려고 불법으로 통킹만 폭격을 명령했다. 호찌민 군대가 통킹만에 정박한 미국 함대를 폭침했다는 거짓 구실로 미국 폭격기가 남과 북 베트남을 무자비하게 폭침했다. 네이팜이라는 폭탄을 대량으로 투하하여 베트남의 밀림을 다 고사시켰다. 이렇게 함으로써 밀림 속에 숨어서 돌아다니는 월맹군을 격파하려고 했다. 베트남에 투하한 폭탄의 수량이 제2차 세계대전 동안에 유럽과 아시아에 투하한 폭탄의 두 배나 된다. 그러는 과정에서 참극이 벌어졌다.

밀라이 대학살이 대표적이다. 1968년 미군이 월맹군에 반격하는 과정에서 미군이 밀라이 부락에서 비전투원인 노인, 여성 그리고 그들의 품에 안긴 어린이들까지 구덩이에 몰아넣고 학살한 사건이다. 1969년 미군 군법재판에서 증언한 병사들의 이야기를 들어보면 비참하기 그지없다. 사격이 시작되자 옆 사람을 보호하기 위하여 그 위에 엎드리기도 하고, 죽은 엄마 품에서 나오는 어린이가 총을 맞고 죽기도 했다. 그런 참사가 여기저기에서 일어났다는 것이다. 그러나 땅굴을 파고 싸우는 월맹군을 이길 수는 없었다. 자유와 평화 그리고 정의를 위하여 하나가 된 무리의 열렬한 정신을 꺾을 수는 없는 것이다.

다른 한편 미국 내에서는 베트남 전쟁에 반대하는 시민운동이 강렬하게 일어났다. 이 운동에 선봉으로 나선 이들은 오랫동안 똑같은 인간으로 대접해 달라고 투쟁한 흑인이다. 당시 세계적인 권투 선수인 알리는 "왜 우리가 백인을 위한 싸움에 가담해야 하는가!" 하고 참전을 거부했다. 이에 세계복싱연맹은 그에게서 챔피언 자격을 박탈했다. 마틴 루서 킹 목사도 뉴욕에 있는 리버사이드 교회에서 이 미친 짓은 종결되어야 한다고 목청을 높였다. "이 전쟁은 미국이 확대했다. 따라서 이 비참한 전쟁을 끝낼 책임도 우리 미국이다."고 주장했다. 아메리카 선주민도 항거했다. 특히 미국이 밀라이에서 자행한 참혹한 종족 학살을 보면서 그것이 바로 그들이 유럽에서 온 식민주의자에게 당했던 악랄한 종족 학살의 재판이었음을 알았기 때문이다.

청년들도 이 전쟁에 강력하게 반발하여 징병에 응하지 않거나 탈영했다. 1965년 징병 거부로 재판을 받은 사람이 380명이었는데 1969년에는 33,969명으로 늘어났다. 1972년에 2만여 명의 징병거부 운동가들이 워싱턴에 모여서 잔혹한 베트남전에 반대하는 시위를 벌여 큰 반향을 일으켰고 이 시위에서 체포된 사람만도 1만 4000명이나 된다. 1967년 가톨릭 신부인 베리간^{Berigan} 형제가 메릴랜드주에 있는 병무청 사무실에 들어가서 병역 명부를 탈취하여 기자들이 보는 앞에서 불을 질러 큰 물의를 일으켰다. 물론 그들은 처벌을 받았다. 그런데 흥미로운 내용은 초등학교 졸업 정도 학력인 국민의 반전의식이 대학을 졸업한 사람보다 높았다. 대졸 이상의 학력을 가진 사람들의 반전 지지율이 27퍼센트인 데 반하여 초등학교 졸업 학력의 사람들의 반전 지지율은 41퍼센트였다. 현재의 산업문화 제도에서 더 소외된 자들이 미국 정치제도의 악랄함에 더 민감했다는 사실이다. 이와 같은 청년들의 강력한 반발에 부딪쳐 결국 1975년에 군사 강대국인 미국이 약체 호찌민 군대에 패배하여 베트남에서 철수했다.

한국처럼 베트남을 남과 북으로 나누어서 그 지역을 통치하려는 미국의 의도가 수포로 돌아간 것이다. 이것이야말로 미국의 커다란 수치였다. 제2차 세계대전을 승리로 이끈 미국이 동남아의 자그마한 종족에게 패전을 했으니 그 수모감이란 이만저만이 아니었다. 따라서 미국은 동남아를 포함해서 동아시아 전역을 위험 지역으로 삼아 일본까지 끌어들여서 광대한 반공전선을 구성하였다.

1970년 미국 정부가 미친 듯이 베트남을 폭격하고 있을 때 예일대학 법학과의 찰스 레이 교수가 미국 시민의 마음을 뒤흔든 책을 저술했다. 그 책은 『미국의 인간성 회복(The Greening of America)』이다. 이것은 생태계를 푸르게 하는 녹화綠化가 아니라 미국인의 마음이 새로운 의식으로 재생해야 한다는 의미다. 부당한 베트남전쟁이 빚어내는 참혹한 현실을 보면서 미국 청년들이 들고 일어나서 생명을 존중하고 아끼는 새 문화를 창조하려는 시대의 몸부림에 감화 받고 쓴 책이다. 이 책이 언론을 통해 알려지자 미국 시민이 이에 크게 호응하여 미국에서 가장 많이 팔린 책 중 하나가 되었다.

161   저자는 미국인의 의식변화를 주시하면서 미국 역사를 전개했다. 그는 미국 역사를 3단계의 의식 변화로 설명한다. 첫째, 뉴잉글랜드에 상륙한 청교도의 개인주의적인 의식이다. 둘째, 프랭클린 루스벨트 정부가 조성한 뉴딜 정책에서 보여 주는, 거대하고 강력한 정부가 사회를 바로잡는다는 의식이다. 셋째, 강력한 정부에 굴복하는 것이 아니라 이에 항거하는 미국 청년들의 쓰라린 투쟁을 통해 생명사랑과 평화의 공동체만이 살 길이라는 삶을 통하여 체득한 의식이다. 그는 '의식'이라는 단어를 이렇게 설명한다.

　　내가 이해하는 의식은 정보나 가치가 아니다. 삶의 실존 또는 세계관이 어떤 것인지를 투시하는 마음, 동시에 그의 배경, 교육, 정치, 깨달음, 감정, 철학 등을 포함한다. 그러나 의식이란 이런 것들의 종합 이상이다. 그의 삶, 그의 머리 전체다.

그는 인간의 의식이 문화를 탄생시켜 공동체를 창출한다고 말한다. 이것은 삶의 진리를 총체적인 경험으로 체득한 마음이다. 그는 미국인의 첫째 의식을 뉴잉글랜드에 상륙한 청교도의 의식에서 보았다. 제1의식으로서의 청교도 의식은 누구나 열심히 일하면 성공할 수 있다는 의식이다. 그들 앞에 전개된 광활한 천지를 보면서 누구나 열심히 일하면 행복하게 살 수 있다는 것이다. 이것은 기독교 장로교를 설립한 장 칼뱅Jean Calvin의 경제관이다. 그는 "열심히 일하라. 그리고 저축하라. 그리고 그 부를 잘 사용하라."고 가르쳤다. 그래서 뉴잉글랜드에 도착한 청교도들은 열심히 일하는 것을 하느님의 신실한 삶의 원칙으로 삼았다. 그래서 부를 축적했다. 그러나 그들은 이렇게 이룬 부를 가난한 자들과 함께 나누려고 하지 않았다. 날로 더 부자가 되려고만 했다.

그러나 이런 삶은 생존경쟁을 유발한다. 본래 뉴잉글랜드에 도착한 청교도들은 평화롭게 사는 선주민을 학살하고 이기주의적인 그들만의 세계를 만들지 않았던가? 생존경쟁이 극심한 유럽에서 억눌려 살던 그들이 아메리카 대륙에 와서 그들을 환영하는 선주민을 학살하고 "열심히 일하면 된다."고 주장한다. 찰스 레이는 이것을 제1의식이라고 불렀다.

그러나 이러한 개인주의적인 제1의식은 치열한 경쟁을 촉발한다. 그리고 그들 위에 군림하려는 정부에 항거한다. 이 정부는 밴더빌트, 카네기, 포드, 록펠러 등 대자본가의 비호 아래 강력한 힘을 가지고 있었다. 이렇듯 미국 정부는 부유한 기득권층을 옹호하는 정치제도이기에 밑바닥 민중과 대결하지 않을 수가 없다. 그 결과 미국에는 일대 혼란이 야기되었다. 노동조합운동과 사회주의운동이 격렬하게 일어나서 민중을 도왔다. 동시에 정부를 앞세운 기득권자의 수탈이 빈부격차를 극대화하여 사회에는 일대 혼란이 일어났다. 결국 이러한 대혼란은 자본가들에게도 당혹감을 주었다. 부가 상층부에만 집중되어 대중의 구매력이 약화되자 경제가 제대로 돌아가지 않았기 때문이다. 1929년 이른바 대공황은 이러한 미국 경제의 모순이 최고조에 달한 결과다.

이렇게 되자 민주당의 프랭클린 루스벨트 대통령은 과학적인 사고를 하는 지성인들을 활용하여 새로운 경제제도를 창출했다. 경제학자 케인스가 총지휘한 그것을 뉴딜New Deal 정책이라고 부른다. 그들은 부자에게 세금을 더 부과하여 새로운 직업을 창출하고 의료제도나 교육제도를 갱신하는 동시에 극빈자 구호에 나섰다. 여기에서 제2의식이 탄생한다. 과학적 지식인을 활용하고 정부의 역할을 확장하면 모든 문제가 해결된다는 의식이다. 이렇게 하여 민중을 숨 돌리게 하는 동시에 기업도 재기할 수 있었다. 대중의 구매력이 증가했기 때문이다.

163   그러나 그 이후의 미국 역사를 보면 거대 정부는 모든 문제의 정답이 아니다. 강력한 정부가 자본가의 편에 서서 민중을 수탈하기 때문이다. 눌린 자를 위한다는 민주당이 사실은 자본가를 옹호하는 정당이었다. 제2차 세계대전이 끝난 뒤 민주당의 트루먼 대통령이 두 번의 세계대전을 치르면서 전쟁무기를 생산하고 판매하여 미국을 세계 최대 강국으로 만들었다. 그 결과 미국은 무기를 생산하는 군수산업 재벌의 요청에 따라서 세계 방방곡곡에 문제 지역을 창출해서 그들의 치부를 돕는 정책을 펴왔던 것이다. 그들의 공장이 문을 닫으면 미국 경제도 파탄이 난다. 따라서 미국은 군사력 증강에 따른 군비 정책을 버릴 수가 없다.

1961년 민주당의 혜성처럼 나타난 케네디 대통령은 취임연설에서 '새로운 전선'을 역설했다. 앞에서도 언급했듯이 새 전선이란 '옛 전선'에 대비되는 개념이다. 그 옛 전선은 아메리카 선주민을 학살한 과거다. 아메리카 대륙을 하느님이 주신 신천지라고 하면서 그곳에서 수만 년을 평화롭게 살아온 선주민을 무참히 학살했다. 이제 과거의 전선은 끝났고 미국 밖에 새로운 전선을 전개한다는 것이다.

앞으로 미국은 온 세계를 손아귀에 넣고 세계의 경찰국가로서 새로운 전선을 형성하겠다는 강한 의지를 천명한 것이다. 새로운 전선을 확대하는 과정에 장애물이 등장하는데 바로 소련이라는 공산주의 국가였다. 그런데 바로 제2차 세계대전이 끝난 그 시기에 세계 방방곡곡에서 억압당하던 민족들이 독립운동을 일으켰다. 민족 독립을 외치던 그들은 자본주의에 대립되는 공산주의나 사회주의에 매력을 느꼈다. 그들이 사회주의를 지향하게 된 것은 소련의 사주만 작용한 것은 아니다. 사회주의 이론이 민족주의자에게 더 매력적인 요소가 많았기 때문이다. 이 시기 케네디의 '새 전선'이란 소련과 사회주의를 지향하는 국가들을 멸절하겠다는 의미다. 아메리카 선주민을 멸절했듯이 말이다. 그렇게 외친 민주당은 한국 전쟁을 위시해서 세계 방방곡곡에서 분란을 일으켰다. 한국이 그 시초다. 그리고 이어 베트남 전쟁에 국력을 퍼부었다.

그러고 보면 거대 정부가 문제의 정답이라는 제2의식에도 문제가 있다. 바로 제2의식의 저변에 깔린 가치관이다. 이 거대한 정부가 그릇된 가치관에 사로잡히면 거대한 악마가 된다. 미국 정부가 그랬다. 그동안 모두 찬사를 보낸 과학적 지식인들도 신뢰할 수가 없었다. 루스벨트 대통령을 도운 지성인들이 거의 다 자본에 매수되어 그들의 책사가 되었다. 그들은 이 거대 정부의 비밀을 잘 알았다. 따라서 자본으로 하여금 정부를 사로잡게 만들었다. 돈으로 정치인을 매수하고 매스컴을 조종하여 국민을 우롱하면서 정부를 그들의 이익을 위한 기관으로 전락시켰다. 찰스 레이가 그렇게까지 말을 하지는 않았지만,

본래 필라델피아에서 미국 정부가 수립되었을 때부터 정부의 역할은 자본가를 위한 도구에 불과했다. 따라서 매수된 정치인과 정부는 자본의 요구사항을 충실히 수행할 뿐이다. 다만 국민의 반발이 극심해지면 자본은 정부를 민주당에서 공화당으로, 공화당에서 민주당으로 옮기면서 몇몇 정책을 수정하여 국민을 어루만지는 척하고 자기의 이익을 관철하는 것이다. 문제는 근본적인 의식의 변화가 수행되지 않는다는 사실이다. 그래서 어처구니없는 베트남 전쟁이 자행된 것이다.

여기서 제3의식이란 삶을 총체적으로 의식하고 생명이 날개를 펴는 새 내일을 구하는 의식이다. 생명을 지극히 사랑하고 모두의 삶이 더불어 아름답게 피어나고 꽃피게 하는 삶의 문화를 창출하려는 마음이다. 이것이 없으면 삶은 무의미하다고 느끼는 심정이다. 그리고 이런 의식으로 전력투구하는 사람은 이러한 새 삶의 맛을 본 사람이다. 1960년대 청년들 속에서 이러한 새로운 운동이 태동되었다. 그들에게는 생명사랑이 삶의 핵이었다. 생명사랑이란 생명을 아끼고 섬기는 공동체에서만 음미할 수 있다. 그들은 투쟁하는 과정에서 이것을 몸으로 맛보았다. 따라서 그들의 의식은 사랑과 생명 공동체다. 그들은 더불어 나누고 사랑하는 삶을 살았다. 찰스 레이는 이것을 회개(Conversion)라고 불렀다. 그들의 의복, 두발, 습성, 취미, 그리고 인간관계가 다 변했다. 그들이 폭력 정부에 항거하는 방법도 사랑이었다. 과거의 항거는 폭력 투쟁이었다. 폭력에 직접 몸으로 맞서 몽둥이를 들고 거리 유리창을 파괴하면서 시위를 했다. 그러나 제3의식을 가진 청년들은 최루탄을 쏘는 경찰에게 장미꽃을 건네면서 사랑을 속삭였다. 그리고 그들끼리 모여서 노래하고 춤을 춘다. 몸에 해를 끼치지 않는 수준의 마약도 사용한다. 마약을 사용하여 생명의 신비를 맛보는 경험을 한다. 하지만 마약을 계속할 필요도 없다. 생명사랑, 공동체 향

165

유가 그 지향이기 때문이다. 제3의식의 확장이다. 흑인, 여성, 그리고 아메리카 선주민이 합세했다. 이러한 제3의식이 바로 아메리카 선주민의 의식이었다. 멸절된 듯했던 아메리카 선주민 후손의 마음속에서 샘물처럼 남 몰래 솟아 흐른 것이다. 이 의식이 베트남전에 항거하는 젊은 혼에 스며들어서 제3의식으로 합류한 것이다.

찰스 레이는 제3의식에서 새 내일의 가능성을 본다. 그리고 생각 있는 중산층에 호소한다. 생명을 사랑하는 제3의식을 받아들이라고, 당신도 폭력 정부 문화를 미워하지 않느냐고, 새 내일을 갈망하지 않느냐고, 그러기에 제3의식을 확산하자고, 미국을 인간화하자고, 이 젊은이들에게는 한계가 있다고, 아직 사회에서 독립하지 못하고 있지 않느냐고, 그러기에 의식이 있는 중산층이 변화해야 한다고 호소했다. 내일을 중산층에 기대했다. 하워드 진$^{\text{Howard Zinn}}$도 같은 결론을 내린다. 미국 상위 1퍼센트가 미국 전체 부^{富}의 30퍼센트를 소유하고 있다. 이 격차는 날로 벌어지고 있다. 이것이 1퍼센트 대 99퍼센트의 대결이다. 99퍼센트가 각성하여 1퍼센트의 횡포를 거부한다면 새 내일이 온다는 것이다. 따라서 그의 소망과 노력은 이것을 이룩하는 데 있다.

사실 미국 정치를 깊이 살펴보면 이런 결론이 나온다. 우선 대통령 선거를 보자. 1980년과 1984년 레이건 대통령의 당선과 1988년 부시 대통령(아버지 부시) 선거를 『뉴욕타임스』도 파격적인 승리라고 보도했다. 그러나 사실 이 선거에 국민의 50퍼센트는 투표하지 않았다. 실제로는 레이건이나 부시는 국민의 27퍼센트의 지지를 받은 셈이다. 왜 이렇게 투표하지 않는가? 반면 국민에게 좀 더 건설적인 질문을 하면 응답이 달라진다. 1992년 『뉴욕타임스』와 CBS가 '정부가 빈곤층을 위한 예산을 늘려야 하는가?' 하고 질문했더니 부정적인 대답이 27퍼센트요, 긍정적인 대답이 64퍼센트나 되었다. 압도적인 다수가 타락한 정치에 외면하는 한편 건설적인 제안에는 긍정적인 응답을 했다. 따라서 이러한 생각을 가진 반정부 세력은 공화당도 민주당도 믿지를 않았다. 두 정당이 다른 듯이 말은 하지만 실제로는 다르지 않다는 것을 잘 알고 있는 것이다. 찰스 레이나 하워드 진이 국민에게 긍정적인 기대를 하는 것은 이러한 맥락을 이해했기 때문이다.

미국 정치사의
숨은 비밀

그러나 미국 중산층은 이 기대에 응하지 않았다. 그리고 닉슨에서 오바마 대통령에 이르기까지의 미국 역사를 면밀히 살펴보면 중산층이 제3의식으로 변하지 않을 뿐만 아니라 민주당과 공화당이 기대하는 것처럼 보수와 진보로 갈라지지 않고 때로는 공화당 대통령이 더 진보적이고 민주당은 모두의 기대를 배반하는 것처럼 보인다. 왜 그런 것인가? 1970년대에서 오늘에 이르기까지의 미국 역사를 좀 더 깊이 이해하면 우리는 어처구니없는 사실을 발견한다. 그리고 미국의 앞날, 더 나아가 세계의 미래를 걱정하지 않을 수 없다. 먼저 공화당 대통령 리처드 닉슨의 이야기부터 살펴보자.

리처드 닉슨은 캘리포니아주를 대표하는 상원의원이었다. 그리고 공화당 아이젠하워 대통령 정부에서 부통령을 지냈다. 그는 상원의원 당시부터 반공에 심혈을 기울였다. 그런데 그가 민주당 존슨 대통령의 뒤를 이어서 대통령이 된 뒤 그의 정책은 존슨 대통령과는 비교가 되지 않을 정도로 민주적이며 평화적이었다. 그의 뒤를 따른 카터를 위시한 여러 대통령과 비교할 수 없이 평화적이요 민주적이었다. 이것을 어떻게 이해할 것인가? 이제 닉슨 대통령의 뒤를 따른 대통령들

167

과 비교해 보자. 그리고 이와 같은 이해하기 어려운 현상이 왜 일어났는지를 살펴보자.

닉슨이 캘리포니아 공화당 상원의원이었을 당시 그는 반공주의를 열렬하게 외쳤다. 당시 조지프 매카시 공화당 상원의원이 국무부에도 공산주의자가 많다고 하면서 크게 물의를 일으키다가 상원에서 추방당했을 때 닉슨은 그와 가까이 하지 않았다. 당시 전 세계의 약소민족이 자주독립 투쟁을 하면서 사회주의 이념을 선호했기 때문에 미국은 이 사실을 크게 경계했다. 이런 틀에서 닉슨도 반공적이었다. 그러다가 그는 공화당 대통령 아이젠하워의 부통령이 되었다.

그는 1969년 대선에서 대기업의 후원을 얻어 민주당 존슨 대통령 정부의 부통령인 휴버트 험프리를 압도적인 표차로 물리치고 당선되었다. 그의 대통령 취임식은 모두를 놀라게 했다. 그는 아내에게 가족 성서를 펼쳐 들게 하고 그 위에 손을 얹고 서약했다. 그가 펼친 성경 구절은 이사야서 2장 4절이다. '나라마다 칼을 쳐서 보습을 만들고 창을 쳐서 낫을 만들리라.'는 구절이다. 그는 이러한 야훼 하느님의 뜻을 이루겠다는 것이다. "평화를 이룩하는 자라는 칭호 이상 더 높은 칭호가 없을 것이다." 하고 그는 취임 연설에서 말했다. 그리고 "서로 목청을 높여서 싸우지 말고 조용히 서로의 말을 경청해야 배워야 할 것을 배운다."고도 말하여 모두의 찬사를 받았다. 반공을 외치던 그의 입에서 이런 말이 나오리라고는 아무도 예상하지 못했다.

그가 실시한 정책들도 이것을 반영하는 것 같다. 먼저 그의 외교 정책을 살펴보자. 그는 취임 초 중국에 서로 화합하자는 메시지를 보냈다. 그러자 1971년에 중국에서 주석 마오쩌둥이 두 나라 사이에 탁구경기를 하자고 초청을 했다. 이렇게 하여 핑퐁외교가 시작되었다. 그다음에 닉슨은 국무장관 키신저를 중국에 파송하여 두 나라의 관계

개선을 협의했다. 결국 1972년에 닉슨은 마오쩌둥의 초청을 받아 중국을 방문했다. 베이징에 도착한 닉슨은 공항에서 의도적으로 저우언라이와 악수했다. 여러 해 전에 미국의 루스벨트 정부에서 국무장관을 지낸 키신저가 국제 회합에서 저우언라이와 악수를 하지 않은 것이 화제가 되었기에 닉슨은 의도적으로 저우언라이와 악수한 것이다. 닉슨 대통령은 마오쩌둥이 마련한 만찬에 참석하고 그와 담화를 나눈 뒤 베이징의 비원과 만리장성 등 중국의 문화적인 명소를 감상했다. 닉슨에 대한 마오쩌둥의 발언은 흥미롭다. 그는 닉슨을 공산주의자와 러시아인보다 솔직한, 인상적인 인물이라고 평했다. 그 다음 날 닉슨과 저우언라이는 두 나라 사이의 우호 관계를 표시하는 성명을 발표하고 동시에 대만도 중국의 일부라고 선언했다.

그 후 소련과의 관계도 개선되었다. 소련은 중국과 미국이 동맹을 맺을까 봐 걱정했다. 따라서 닉슨은 1972년 5월에 아내를 동행하고 러시아를 방문하여 소련의 브레즈네프 서기장과 다른 지도자와도 회동했다. 그 다음 해인 1973년에 브레즈네프 서기장이 미국을 순회 방문할 때 그와 회동하여 중요한 역사적 협의를 했다. 즉, 두 나라 사이의 상거래를 확대하는 동시에 이른바 'Salt 1'이라는 협약을 체결했다. 그 첫째가 무력 감축, 특히 미사일 방어 체계를 폐기하는 것이다. 그리고 두 정치가는 '평화 공존'이라는 새 시대를 선포했다. 그 후 우주개발운동도 상호협력하면서 진행하기로 했다.

반공주의자의 놀라운 변신이다. 국내 정치도 국민의 아우성 소리에 호응했다. 가장 놀라운 것은 환경보호국(Environmental Protection Agency, EPA)의 창설이다. 그는 본래 환경문제에 별 관심이 없었다. 그러나 대통령이 된 뒤 환경보호국을 신설하여 맑은 공기와 수자원 보호, 안전한 음료수 운동, 해충 제거와 유해물질 방지운동을 추진했다. 그는 직장 안전과 건강을 보호하는 기구인 직업안전위생관리국(Occupational Safety and Health Administration, OSHA)도 만들어서 노동자와 시민의 안전을 도모했다. 교통안전을 위한 기구, 광산 노동자 안전을 위한 법도 제정했다. 그리고 노조위원회(Trade Commission)를 설립하고 이를 통하여 노동자의 보험과 은퇴 후 노동자의 연금보험제도도 만들었다. 실로 놀랍다.

그러나 닉슨의 진면목은 베트남전을 종식하려는 기도와 워터게이트 사건에서 드러난다. 닉슨은 베트남전이 실패할 것이라고 보았다. 우선 디엠 정부가 타락할 대로 타락해 국민이 반발하고 있었다. 국민은 베트콩이라는 전투부대를 형성하여 디엠 정부에 항거했다. 그들은 강한 민족정신과 새 내일을 향한 이념으로 무장되어 있어서 당해낼 수가 없다. 그리고 그들을 지원하는 호찌민의 치밀한 리더십은 강력하고 유화적이었다. 반면 미군은 이것을 자신의 전쟁으로 보지 않았다. 남을 위한 전쟁이었다. 따라서 징병 거부와 탈영이 다반사였다. 특히 흑인은 이것을 백인을 위한 싸움이라고 반발했다. 아메리카 선주민도 마찬가지다. 거기에 미국 시민의 반전 운동은 날이 갈수록 더 격렬해졌다. 이런 상황에서 대통령 선거는 1973년 11월에 실시될 예정이었다. 재선을 열망하는 닉슨에게 이것은 다급한 상황이었다. 따라서 그는 자신을 평화주의자로 분장하기로 한다. 1971년에 중국과 화해하고 1972년에는 러시아 브레즈네프 서기장과 평화조약을 맺었다. 사실 러시아는 1953년 스탈린 사망 후 흐루쇼프는 억압적인 공산주의를 버리고 민주화 지향적으로 변화를 시도했다. 닉슨이 중국, 소련과 평화 관계를 수립한 이유도 베트남전 종식에 도움이 되리라고 생각했기 때문이다. 말하자면 그는 평화적인 지도자상을 형성해야 1973년 대선에서 유리했다. 그래서 닉슨은 미군을 베트남에서 철수하고 베트남 문제를 베트남 민중에게 일임한다고 했다. 그것을 '베트남화'라고 불렀다.

그리고 1974년 1월 파리에서 국제회합을 열고 베트남전의 평화적인 종결을 제시한다. 미군을 베트남에서 철수할 터이니 잠시 전투를 중지하고 베트남은 총선을 실시해 유일 정부를 수립하라는 것이다. 호찌민 정부는 이를 수락한다. 그러나 남쪽 사이공 정부는 받아들이지 않는다. 같은 해 11월에 대통령 선거를 치를 닉슨은 이른바 '전쟁의 베트남화'라는 구실로 미군을 철수했다. 그러나 닉슨 대통령은 진심으로 전쟁을 포기한 것은 아니었다. 미국 내에서 심각한 문제인 미군의 참전을 중지하겠다는 것뿐이었다. 따라서 티우 대통령에게 비밀리에 전투를 도울 자금을 지원하고 계속 공습하기로 약속한다. 이에 따라 미국은 공습을 계속했다. 특히 호찌민군의 지원로인 캄보디아와 라오스 공습은 잔인무도했다. 그러는 한편 미국 의회가 남베트남을 위한 군사 원조를 완전히 중단하자 1974년 사이공 정부는 패망한다. 그렇게 볼 때 닉슨의 평화정책도 대통령 선거를 위한 쇼일 뿐이다. 국내의 갖가지 정책도 대통령 선거를 성공적으로 치르기 위하여 민심을 사려는 데서 나왔다.

무엇보다도 닉슨의 정체를 명확히 파악하려면 워터게이트 사건으로 알려진 닉슨 대통령의 비밀정보 수집 정책을 알아야 한다. 1972년 6월 닉슨 대통령의 부하들이 워싱턴 워터게이트 호텔에서 열리는 민주당 전국대회를 도청하려다가 발각되었다. 이것이 닉슨 대통령의 지시에 따른 것이라고 보도되자 닉슨은 강력히 부정했다. 그러나 조사를 본격적으로 추진한 결과 닉슨 대통령이 미국의 모든 기관에 도청 장치를 설치하여 백악관에서 들었다는 사실이 폭로되었다. 닉슨은 자신의 권력을 유지하려고 못하는 짓이 없었다. 그 결과 닉슨은 1974년

백악관에서 물러났다. 그러고 보면 그의 그럴듯한 민생정책도 가치관의 표현이 아니라 국민의 아우성에 동조해 재선을 노린 포장이었을 뿐이다. 이것은 대부분의 정치가에게서 볼 수 있지만 닉슨에게서 가장 명확히 드러났다. 그는 기업주들과 긴밀하게 교제하면서도 가끔은 이런 반기업적인 정책을 수행했다. 그와 대기업들 사이의 관계가 어떤 것이었는지는 아직 알려진 바가 없다. 닉슨이 워터게이트 사건으로 굴욕적으로 사임한 뒤 부통령인 제럴드 포드가 남은 임기를 마친다.

그 뒤 미국에서는 민주당 후보인 지미 카터가 대통령에 당선된다. 그는 유세과정에서 스스로 인권을 존중하는 정치가로 분장했다. 1960년대와 1970년대 청년들의 아우성을 거부할 수 없었기 때문이다. 그는 대통령 선거 유세 과정에서 억눌린 계층의 인권을 살리는 대통령이 되겠다고 약속했다. 특히 오랫동안 핍박을 받아온 흑인의 인권 확대를 위해 힘쓰겠다고 다짐했다. 비참하게 끝마친 닉슨 대통령의 참극과 대조되는 약속이다. 그래서 선거에 승리한다.

그러나 그의 치적은 약속과는 완전히 다르다. 그는 흑인 앤드루 영을 유엔 대사로 임명하면서 흑인 문제에 관심을 보였다. 그러나 남아프리카공화국을 위시한 아프리카에서 갖가지 문제가 발생했으나 모른 척했다. 그의 기본 정책은 여전히 보수적이었다. 그는 트루먼 독트린을 그대로 계승하여 군비확장정책을 유지했고 취임한 다음 해인 1978년 말에 와서는 대기업이 44퍼센트의 이윤을 남기도록 도왔고 그들에게 180억 달러의 세금 감면 혜택을 주기도 했다. 그리고 필리핀의 잔악한 독재자 마르코스를 지원하고, 보수적인 니카라과, 사모아 그리고 보수적인 부패정치의 상징인 이란의 샤^{shah} 정권을 지원했다.

이런 극우정책이 공화당 레이건 정부에 와서는 극대화하였다. 그의 일차적인 정책은 소련과의 대결이다. 소련을 굴복시켜 추락한 미국의 위상을 되돌리려고 했다. 따라서 그는 엄청난 핵폭탄을 생산하여 소련과의 냉전을 극대화했다. 그리고 핵폭탄을 실어 나를 로켓 경쟁에도 열을 올렸다. 심지어 성층권 전투계획까지 추진하는 광기를 부림으로써 엄청난 비용을 낭비했다. 그리고 이를 위해서 가난한 자를 위한 갖가지 국가정책을 파기했다. 더더욱 그는 소련 침략의 핵전쟁 가능성을 부추겨서 전 세계 국민을 불안에 떨게 했다.

이렇게 되자 소련은 군비경쟁을 감당할 수가 없었다. 그렇지 않아도 여러 경제 난관에 처한 소련은 1989년 손을 들고 말았다. 페레스트로이카Perestroika와 글라스노스트Glasnost를 표방하던 고르바초프 서기장의 선언으로 소비에트연방에 예속되었던 나라들은 정치적 자유와 독립이 보장되고 소비에트 공산주의 연방은 그 자취를 감추고 말았다. 이어 유럽 분단국의 상징인 동서독이 하나가 되는 등 세계사에 엄청난 정치적인 변화가 초래되었다. 이 과정에서 레이건은 국민의 압도적인 지지를 받는 대통령으로 알려졌다.

소련과의 군사 대립이 사라지게 되자 미국의 정치에도 일대 변화가 일어났다. 그러나 미국은 군산복합체를 포기할 수는 없었다. 무기 생산으로 유지되던 대기업이 무너지면 미국 경제에 일대 혼란이 오기 때문이다. 따라서 미국은 군수산업을 계속해서 유지할 수 있도록 다른 구실을 찾아야 했다. 그것은 유럽 여러 나라를 러시아 공화국이 침략할 수도 있다는 구실이다. 따라서 미국이 유럽 국가의 방어를 위하여 유럽에 강력한 미군 기지를 건설해야 한다고 주장했다. 말하자면 미국이 전 세계의 경찰국이 되어야 한다는 것이다. 이렇게 하여 미국은 전 세계 800여 곳에 군사기지를 설치했다. 사실 이것은 혹 떼러 갔다가 혹을 붙이는 격이었다. 이것이 앞으로 미국 경제에 큰 부담을 주었기 때문이다.

173

그리고 레이건은 대기업에 190억 달러라는 막대한 세금 혜택을 주었다. 그래야 그들이 더 많은 공장을 설립하여 일자리를 창출한다는 논리다. 이것을 그는 낙숫물 정책이라고 불렀다. 대기업이 흥하면 그들이 공장을 세워서 그 이윤이 낙숫물처럼 아래로 떨어진다는 것이다. 그러나 그런 현상은 나타나지 않았다. 거부들이 미국에 공장을 세우지 않고 임금이 싼 제3국으로 나갔기 때문이다.

그러면서 레이건 대통령은 국제적으로 신자유주의라고 불리는 시장경제를 추진했다. 이에 따르면 모든 나라는 국경선을 자유화하여 기업가들이 마음대로 들락날락하면서 후진국 경제를 진작시킨다는 것이다. 대자본이 후진국에 들어가서 공장을 세우고 국민이 필요한 제품을 저가로 생산하며 동시에 많은 직장을 제공한다. 따라서 정부는 기업체를 도와야 한다는 것이다.

이에 따르면 각국은 국경선을 폐지하고 기업인이 마음대로 들락날락하게 해야 한다. 그래야 그들이 세계 방방곡곡에 필요한 공장을 세우고 일터를 창출하기 때문이다. 대신 공장을 유치하는 국가의 정부는 노동운동을 적절하게 제어해야 한다. 그래야 염가의 상품을 대량으로 생산하여 모두에게 혜택을 줄 수 있다. 그리고 자본이 마음대로 들락날락하면서 세계의 노동시장을 개방하고 그 결과 부가 온 세계에 골고루 퍼질 수 있다. 이런 시장경제 논리로 대기업은 세계 시장에서 엄청난 이윤을 획득한다. 그러나 이 제도는 제3세계 수탈은 더 말할 것도 없고 미국 경제 자체에도 엄청난 타격을 주었다. 공장이 서로 경쟁하여 임금이 싼 제3세계로 옮겨 간 것이다. 따라서 미국에는 실업자 문제가 날이 갈수록 심각해졌다. 중산층이 갈수록 빈민층으로 추락했다.

그러는 동안 중남미에서는 새로운 운동이 시작되었다. 소련 고르바초프의 글라스노스트와 페레스트로이카 영향으로 동유럽 국가들이 민족국가로 각기 독립하여 나라를 민주화 방향으로 이끌었다. 일부는 민족 간의 갈등으로 지역 분쟁의 소용돌이에 빠지는 한편, 중남미에서는 미주기구(Organization of American States, OAS : 아메리카 대륙의 지역 협력을 위한 기구)를 조직하여 중남미에서 민주화운동이 촉발되었다. 이렇게 되자 워싱턴 정부는 이를 마약 뿌리 뽑기 운동이라고 크게 선전하면서 골치 아팠던 반미정권인 니카라과를 침공하여 오랫동안 미국에 적극적으로 협력한 노리에가로 하여금 정부를 뒤엎게 만든다. 이러한 반미정부를 전복시키는 작전은 콜롬비아, 멕시코까지 확산되었다. 그러면서 미국 국내에서는 남미에서 들여오는 마약을 근절하는 운동을 확산하여 불만에 찬 국내 정치 안정을 위한 정치적 쇼로 이용한다.

그러나 이것으로는 베트남전에서 참패하여 비참해진 미국의 위상을 회복하기에는 너무나 미약했다. 그러던 차에 이라크의 사담 후세인 독재자가 이웃인 자그마한 석유 생산국 쿠웨이트를 침공했다. 그것이 1990년 8월이다. 이것을 본 부시 대통령은 환성을 올렸다. 이제 곧 다가올 대선에 크게 이용할 수 있다고 생각했다. 베트남전 패배로 미국 군사력에 크게 실망한 국민에게 미군의 위력을 보여 주고 그것이 그의 대선 연임에 크게 도움이 될 수 있다고 보았다. 미국이 군사적인 약소국을 후세인이라는 극악무도한 폭군의 침략으로부터 지킨다는 것이 얼마나 좋은 구실인가? 그래서 그는 국회에 전쟁선포권 허용을 신청하고 국회는 이를 인준했다.

반면 이라크는 미국과 평화를 위한 협상을 요청했다. 그러나 부시 대통령은 이에 응하지 않고 이라크 폭격을 시작했다. 그리고 스마트 폭탄을 무제한으로 투하했다. 그것이 1991년 1월이다. 그 공습을 '사막의 폭풍(Desert Storm)'이라고 불렀다. 그리고 이 폭격 정황을 TV로 미국 전역에 방송했다. 따라서 미국 시민들도 전폭적으로 이 전쟁을 지원했다. 처음에는 절반 정도의 지지를 받았을 뿐이다. 후에 알려진 바에 따르면 이 폭격의 40퍼센트는 빗나갔다. 하버드 대학 의료지원팀은 약 5만 5000명의 어린이가 사망했다고 보고했다. 그러나 미국은 그들의 살상력을 전 세계에 보여 줬다. 그리고 중동에 대한 이권을 확보했다. 그런데 놀랍게도 미국은 사담 후세인을 권좌에서 물러나게 하지 않았다.

찰스 레이가 호소한 미국의 인간성 회복은 이루어지지 않았다. 그가 희망한 것과는 달리 미국 중산층은 미국 정치가 날을 세우도록 내버려 두었다. 그래서 미국 정부는 전술핵무기 사용에 열을 올렸다. 소련이 없는 상태에서도 전쟁을 지속하여 무기를 팔아 이윤만 채우면 다 되었다.

왜 그렇게 되었는가?

이 물음의 대답은 네 가지다.

첫째, 군산복합체의 절대화다. 제2차 세계대전이 끝나면서 트루먼 대통령이 선언한 이른바 '트루먼 독트린'이 그것이다. 세계 여러 곳에 문제 지역을 만들고 군수물자 생산을 계속해야 한다는 정책이다. 제2차 세계대전을 치르면서 군비 생산을 극대화하여 엄청난 부를 축적한 대기업들이 계속 치부하려면 공장이 계속 돌아가야 한다. 만약 공장이 멈춘다면 엄청난 실업자가 거리를 뒤덮어서 미국 경제는 유지될 수 없다는 논리다. 결국 전 세계에 문제 지역을 만들고 무기를 생산해야 한다. 그리고 인권 대통령으로 알려진 카터 정부가 이에 앞장을 섰다. 경제학자 로버트 리카먼이 『네이션Nation』에 발표한 글에서 1978년 대기업의 이윤 획득이 1977년보다 44퍼센트나 늘었다고 한다. 그리고 카터 대통령은 대기업과 부호들에게 1억 8000만 달러의 세금 혜택을 안겨 주었다는 것이다.

둘째, 미국의 인간성 회복(Greening of America)은 결코 이루어지지 않았다. 미국의 인간화는 많은 사람들이 찰스 레이의 『미국의 인간성 회복』에 자극을 받은 결과지만 미국이 선 자리에서는 안착하질 못했다. 그들은 산업문화라는 거대한 제도 속에 예속되어 있기 때문이다. 거기에 젖줄을 대고 있었고 자녀를 기르고 있었다. 물고기가 어항을 떠나서 존명할 수 없는 것과 같다. 사실 미국 정부가 태어나서 기득권자를 옹호함으로써 격렬한 반발이 일어났을 때 기득권층은 중산층을 조성해서 완충지대로 삼으려고 했던 것이 아닌가? 따라서 중산층은 현존하는 제도에 늘 순응하기 마련이다. 결국 젊은이들의 인간성 회복운동도 점차 자취를 감추었다. 경제적인 기반이 없었기 때문이다.

셋째, 오늘날 미국의 빈부격차의 증가이다. 전 세계에서 빈부격차는 지속적으로 증가하고 있다. 2013년 스위스 다보스에서 개최된 각국의 정치 경제 수뇌부 모임에서 발표한 통계를 보면 세계에서 가장 부유한 86명의 재산을 합치면 인류 전체 재산을 모두 합한 부富의 반이 넘는다. 그리고 이 격차는 날로 늘어간다. 미국 자체의 빈부격차도 날로 확대되고 있다. 1978년 통계를 보면 가장 부유한 1퍼센트의 재산이 미국 총재산의 30퍼센트를 차지했는데 2012년에는 40퍼센트로 상승했다. 이러한 경향은 계속 지속되고 있다. 따라서 교육이나 의료 등의 불평등이 계속 심화되고 있다.

넷째, 우리가 주목할 중요한 사실은 미국의 총기폭력 사건이 점증하고 있다는 점이다. 이것은 탐욕과 폭력문화의 상징이다. 생명을 압사하는 탐욕과 폭력의 거대한 암석이 미국민을 둘러싸고 있다. 그리고 그것 자체가 미국의 앞날에 큰 장애가 되고 있다.

오늘날 계속 증가하는 군사비용은 미국 경제를 갈수록 더 곤경에 처하게 한다. 그리고 미국 기업들이 약소국에 진출하여 날로 치부를 하나 미국 내에는 실업자가 이에 비례하여 늘어난다. 따라서 미국은 점점 채무국이 되어가고 있다. 해법은 어디에서 찾을 수 있을까?

무산자의
항거

아메리카 선주민의 투쟁은 그 선조가 이룩한 생명문화를 유지하려는 몸부림이었다. 그런데 북미에는 또 다른 투쟁이 벌어지고 있었다. 그것은 무산자의 투쟁이다. 그들은 독립전쟁이 끝나면 그들에게도 살 길이 있으리라고 믿어서 목숨을 내걸고 미합중국의 건설을 위하여 투쟁했다. 그러나 미합중국은 독립했으나 그들의 심정이란 허망하기 그지없었다. 그 넓은 대륙의 땅과 권리를 거부들이 장악하고 그들 몫으로 돌아온 것은 없었다. 그도 그럴 것이 필라델피아에 모여서 독립선언을 주도한 기득권자들이 모든 것을 자신들이 독점하도록 헌법을 만들었기 때문이다. 무지한 자들에게도 똑같은 권리를 준다면 그들이 소유한 땅을 다 나누어 달라고 요구할지도 모른다고 본 것이다. 그리고 그것은 불의한 일이라고 보았다. 그러면서도 무산자들을 속여 그들이 목숨 걸고 투쟁하여 독립을 쟁취하면 모두 땅을 얻어 지주가 될 것이라는 거짓 소망을 품게 했다. 이것이야말로 엄청난 사기극이다. 전쟁이 끝난 뒤 그들에게 약 24헥타르씩을 나누어주기로 했다. 그러나 빈털터리로 당장 내일 먹을 것이 없는 그들은 그 지분을 토지거래꾼에게 50달러에 팔아 버렸다. 그 결과 광활한 땅을 소유하는 대지주들이 생기고 반대로 그들은 길거리의 거지가 된다. 땅을 그대로 유지하려는 소지주들이 있으나 엄청난 대지주와 애초부터 경쟁할 수가 없다. 결국 빈털터리가 된 그들은 저항하지 않을 수가 없었다. 그 수는 엄청났다. 유럽에서 몰려든 이들이 다 그랬다. 특히 뉴욕을 비롯한 대도시는 그런 사람들로 뒤덮여 있었다.

이런 무산자들 사이에 끓어오르는 분노를 느낀 기득권자들은 자신의 토지 일부를 나누어주고 그들 대다수를 소작인으로 삼았다. 기득권자들은 자기들이 직접 농사를 짓지 않는다. 땅을 소작인에게 빌려주고 소작료를 받아서 치부한다. 특히 노예를 부리지 않는 북쪽에서 그랬다. 따라서 수천, 수만 명의 소작인이 태어나게 된다. 그러나 소작료를 내고 난 소작인의 삶은 날로 비참해진다. 소작료를 낼 수 없던 소작농민들은 들 수 있는 무기들을 모두 들고 반란을 일으켰다. 이것이 1842년이다. 그러나 그들은 미국 정부의 폭압적인 무력 앞에 뿔뿔이 흩어져 도시로 몰려들었다.

남부 지역에서도 농민운동이 세차게 일어났다. 링컨 대통령의 선언으로 해방은 되었으나 그들에게 필요한 땅을 주지는 않았다. 그들은 노예 신분에서 백인 대지주에게 품삯을 받는 일꾼으로 변했을 뿐이다. 하지만 트랙터를 비롯한 기계를 이용해 농사를 짓게 되면서 소농들은 이와 경쟁할 수가 없어서 도시로 모여들었다. 그렇게 대부분은 도시로 모여들어 저임금 노동자가 되었다. 이때의 혼란은 이만저만이 아니었다. 이 참극을 소설가 존 스타인벡은 『에덴의 동쪽(East of Eden)』이라는 소설로 감명 깊게 표현해 노벨문학상까지 받았다. 이렇게 해서 미국 내의 전선은 노동운동으로 발전한다.

노동
운동

광활한 대지는 더 말할 것도 없고 풍부한 지하자원까지 매장되어 있는 신대륙에 강력한 연방정부까지 이루었으니 미합중국의 발전은 눈부신 것이었다. 그러나 동시에 이로 말미암아 수탈당하는 영세민의 아우성도 천하에 가득 찼다. 특히 가로세로를 가르는 철도 건설 붐이 일어나 이로 말미암은 노동자의 수탈은 참으로 가혹했다. 특히 중국에서 건너온 노무자들이 비참하게 수탈당했다. 동서를 잇는 수없이 많은 기차를 운행하면서 필요한 석탄의 양역시 엄청났으나 동시에 채굴하는 탄광에서 혹사를 당하는 탄광 노동자들의 항거도 속출했다. 정부는 그들을 무력으로 억압하고 유럽, 특히 이탈리아에서 수많은 노동자를 데려와 임금인상을 막으면서 그들사이에 심각한 갈등이 생겨났다. 이렇게 되면서 도시는 영세민으로 인산인해를 이루고 굶주린 자들은 직장을 찾아 두루 헤매며 일대 혼란이 벌어졌다. 이것은 농업지대인 남부에서도 마찬가지였다. 일자리를 찾지 못하는 사람들이 아우성을 치고 있었다.

당시 미국의 정치적 상황은 민주주의를 요구하고 있었다. 첫째, 링컨 대통령의 선언으로 해방된 흑인들이 도시노동자로 이주했다. 그들이 백인 농장에서 해방되었으나 정부는 그들에게 자영할 땅을 주지않았다. 땅이 없는 해방 흑인들이 남부에서 생존할 길은 없었다. 백인도 다를 것이 없다. 유럽에서 몰려든 백인들 역시 농촌에서는 땅 없이살 수가 없다. 따라서 그들 중 많은 수가 새로운 공장들이 우후죽순처럼 세워지는 북부 도시로 몰려들었다. 그러니 북부의 뉴욕, 보스턴, 필라델피아 등 큰 도시는 일을 찾는 사람들로 북새통을 이뤘다.

북부의 기업가들은 이것을 십분 이용했다. 가는 곳마다 수많은 공장을 세우고 남아도는 노동자들을 저임금으로 혹사했다. 온종일 일을 시키고도 임금은 고작 1달러밖에 주지 않았다. '그날그날 1달러로 사는 하루살이 인생(Another day, another dollar, ADAD)'이라는 유행어가 생겨나기도 했다. 그런데 그 공장 설비마저도 제대로 되어 있지 않아서 숱한 사고가 일어났다. 특히 섬유공장, 직조공장, 재단공장에서 수탈당하는 부녀자와 어린이의 참상은 이루 말할 수가 없었다. 건성으로 지은 거대한 공장은 무너지기 일쑤고, 이따금씩 화재도 일어났다. 그런 환경에서 하루 12시간 이상 일하는 부녀자와 어린이의 삶은 실로 말로 형용하기 어려울 정도로 비참했다. 특히 학교에서 친구들과 더불어 뛰놀면서 자라야 하는 어린이들의 참상이 조금의 양심이 남아 있는 사람들의 마음에 불을 질렀다.

대표적인 사례를 보자. 펜실베이니아주 뉴켄싱턴에서 약 7만 5000명의 노동자들이 노동시간 단축과 임금인상을 요구하면서 시위를 했다. 그중 1만여 명이 어린 노동자였는데 그중에는 손목이 잘린 아이, 손가락이 없는 아이, 쩔룩거리는 아이가 적지 않았다. 사실 공장에 화재가 나고 지붕이 주저앉으며 탄광이 무너지는 참상이 자주 일어났다. 이런 상황에서 1886년 미국노동자협의회(AFL)가 결성되었다. 그리고 뒤이어 세계노동자협회(IWW)가 설립되었다. 이 IWW 운동은 유럽에서 일어났는데 미국에 들어와서 놀라운 성과를 이루었다. 이 운동은 단순히 노동시간이나 줄이고 임금을 올리는 정도가 아니다. 근본적인 인식의 전환을 주장하는데 생산기관의 주인은 거기에서 일하는 노동자라는 것이다. 모든 것은 가진 자가 지배해야 한다는 미합중국 연방제도 창립자들의 생각과는 정반대였다.

이렇게 주장하는 사람들은 철저한 정치이념으로 무장하고 목숨을 걸고 투쟁하여 미국 사회에 놀라운 반향을 일으켰다. 장애인 사회운동가인 헬렌 켈러도 이 운동에 적극적으로 가담하여 매우 큰 주목을 받았다. 그러자 뉴욕에 있는 《이글The Eagle》의 한 기자가 "헬렌 켈러는 보지도 못하고, 말하지도 못하며 듣지도 못하는데 어떻게 사회에서 무엇이 일어나는지를 알겠는가? 아마도 잘 알지 못하고 그러는 것 같다."는 글을 실었다. 이에 대하여 헬렌 켈러는 "나는 많은 책을 읽어 정치적으로, 철학적으로, 사회학적으로, 그리고 신학적으로 무엇이 일어나고 있는지 잘 안다. 그런데 문제는 눈 뜬 자, 귀가 열린 자, 말을 잘하는 자 들 가운데 보지도 듣지도 말을 제대로 하지도 못하는 자들이 많아서 사회에 문제가 이렇게 많다."고 응수했다.

이런 세상을 보면서 시어도어 루스벨트 대통령은 "지금 같은 때 전쟁이 일어나면 얼마나 좋겠는가." 하는 편지를 친구에게 썼다. 전쟁이 일어나면 복잡한 경제문제를 일시에 다 해결할 수 있다는 것이다. 그의 말대로 그가 백악관에서 물러난 뒤 5년이 지나 진짜로 제1차 세계대전이 일어났다. 그의 소원대로 이 전쟁으로 말미암아 미국의 군수산업이 크게 발전했고 경제문제 역시 해결되었다. 제2차 세계대전 때도 미국은 군수물자를 생산하고 팔아 엄청난 경제성장을 이루었다.

182

전쟁과
평화

두 차례에 걸친 세계대전 결과 전 세계의 참혹한 폐허 위에서 엄청난 전쟁 흑자를 거둔 미국은 뉴욕에 유엔을 설립하고 전쟁 없는 세계 평화를 위한다는 명분으로 앞으로의 세계사를 조정하려고 했다. 유엔의 특징은 안전보장이사회(안보리, Security Council)의 권한이다. 이 안보리에서 무력행사에 관한 모든 결정을 내린다. 그러나 이 회의에서 안보리 상임이사국인 미국, 프랑스, 영국, 러시아(구소련), 중국 가운데 한 국가라도 거부권을 행사하면 아무런 결정도 할 수 없다. 아무리 타당한 안건이라도 그들의 국익에 위배되면 부결되는 구조다. 말하자면 그렇게 힘을 가진 자들이 마음대로 할 수 있는 기구다. 오늘날까지 이 거부권을 가장 많이 행사한 나라가 미국과 러시아다.

이렇게 전쟁이 끝난 후 미국 군수공업의 대주주인 자본가들에게 또다시 문제가 닥쳤다. 전쟁이 끝나 무기를 팔 곳이 없어졌기 때문이다. 따라서 1947년에서 1949년까지 경제 공황이 재발했다. 그러자 카네기재단은 트루먼 대통령에게 다음과 같이 요구했다. 세계 이곳저곳에 군사적인 분쟁 지역을 만들어서 계속 무기를 팔게 하라는 것이다. 이렇게 되자 트루먼은 국회에 엄청난 제안을 한다. 세계 곳곳에서 일어나는 반공운동을 적극적으로 지원하자는 것이다. 제2차 세계대전이 끝나자 전 세계에서 약소민족들이 반제국주의 독립운동을 전개했다. 그들에게는 독립국가 이념으로 사회주의가 매력적이었다. 이러한 공산주의 독립운동을 다 억압하고 이들을 자본주의 국가로 세워야 한다는 것이다. 이것이 1950년에 제정된 이른바 트루먼 독트린이다. 트루먼은 또한 그리스의 정치적인 내분에도 간섭했다. 그리스에 사회주의 정권이 수립되자 영국의 요청에 따라 미국이 개입하여 다시 타락한 보수 정부를 재건했다.

탐욕에 사로잡힌 폭력 정책이 지속되자 미국 내에 반전운동이 강력하게 일어났다. 이 일에 노동자들이 앞장을 섰다. 징병거부운동에서 탈영운동으로 번져 갔다. 이 운동은 1960년대와 70년대의 청년생명공동체운동으로 발전했다. 미국 산업문화의 악독한 뿌리를 발견한 것이다. 그것은 돈과 폭력의 횡포다. 모두 돈에 미쳐 있다. 그리고 권력과 결탁하여 인명은 물론 생태계까지 파괴한다. 정부는 이 횡포의 기관차다. 이를 제공하는 자들은 다 기업가들이다. 그것이 자본주의적인 산업문화의 정체라는 것을 깨달았다. 그리고 이에 대치되는 생명문화를 요청했다. 이것이 들불처럼 확산이 되었다. 국경을 넘어서 캐나다와 유럽으로 확산되었다. 이 운동에 생명문화 공동체에 뿌리를 박은 미국 선주민 청년들이 적극적으로 가담했다. 그들의 구호는 생명문화 공동체다. 생명을, 지상의 폭력문화에 대치하는 생명문화공동체를 창출해야 한다는 것이다. 이를 위하여 그들은 온몸으로 투쟁했다. 그 결과 세계 곳곳 여기저기에서 공동체운동이 일어났다.

이것을 찰스 레이 교수가 주창한 미국의 인간성회복으로 볼 수 있을지는 아직까지 미지수이다. 미국의 제1의식인 개인이 노력하면 잘 산다는 의식과 제2의식인 국가가 문제해결자라는 의식은 환상에 불과했다. 탐욕과 폭력이 일상화한 미국 개척자들의 행태가 오늘날까지 그대로 유지되고 있기 때문이다. 미국의 트루먼, 아이젠하워, 케네디, 존슨, 닉슨, 카터, 레이건, 부시, 클린턴, 아들 부시, 오바마, 트럼프 대통령에 이르기까지 모두 이 제1의식과 제2의식의 주동자가 된 것이다. 산업문화를 세계화한 레이건은 더 말할 것도 없다. 심지어 남미의 해방신학을 배운 오바마 대통령도 똑같이 폭력과 수탈주의의 포로가 되었다. 어떻게 이렇게 되었는가? 이것은 역사의 커다란 수수께끼라고 할 수밖에 없다.

넷째 마당

에덴동산과
하느님의 경륜

J 기자가 본
인류 역사의 틀

　　　　　　　　　　J 기자는 야훼 하느님이 이끄시는 인류 역사에는 하나의 역동적인 틀이 있다고 본다. 그것을 우리는 창세기 2장부터 11장에 이르는 인류 역사 시발에 관한 J 기자가 인용 · 수정한 신화에서 본다. J 기자는 출애굽 사건을 중심으로 이집트 노예로 수백 년 동안 노예 생활을 한 떠돌이 '하비루Habiru'들이 이집트 제국을 박차고 탈출하여 왕이 없는 가나안 땅에서 안심하고 살 수 있는 정의와 평화의 공동체를 창출하는 과정을 기록한 솔로몬 시대의 이야기꾼이다. 그는 그 설화들을 기록하기 전에 당시 유포된 전설들 가운데 자신의 생각을 잘 표현한 설화를 선택하고 수정하여 야훼 하느님이 어떻게 인류 역사를 이끌어 가시는지를 기록했다. 그러나 유대나라가 망한 뒤 바빌론에 잡혀간 다윗 숭배자들이 야훼가 어떻게 이스라엘 백성을 얼마나 놀라운 기적으로 구출했는지를 강조하기 위하여 열 가지 재앙, 홍해가

갈라지는 이야기를 추가하여 J 기자의 본뜻을 흐리게 했다.

구약성서 머리에 있는 창조설화(창 1:1-2:4)는 이스라엘 백성이 기원전 586년에 바빌론에 잡혀가서 포로가 된 뒤에 기록한 사상이다. 바빌론이 바사(페르시아) 왕 고레스에게 패망하면서 창조주로 자처한 바빌론의 수호신 마르둑 신이 무력화하자 다윗 왕조의 재건을 대망하던 이스라엘의 사제들이 야훼가 창조주이시라고 제창하면서 그의 창조를 높이 찬양한 설화를 성서 편찬을 하면서 그 벽두에 놓았다. 그는 하느님의 이름을 '야훼'라고 불렀다. 독일 말로는 '야웨스트Jahwist'라고 한다. 그래서 하느님을 야훼라고 부른 문서의 야웨스트 첫 글자 J를 따서 J 문서라고 부른다. 창세기 3장에서 아담과 이브가 선악과의 유혹을 받는 장면을 "보기에 탐스러울뿐더러 사람을 영리하게 해줄 것 같아서"(창 3:6)라고 표현했다. 이것은 마치 솔로몬이 아름다운 여인에게 유혹받는 장면을 연상시킨다. 그리고 솔로몬은 자신이 세계에서 가장 지혜 있는 왕이라고 선전하지 않았던가?

이야기는 야훼 하느님이 아담을 창조하신 이야기에서 시작한다. 야훼 하느님은 마른 땅에서 샘물을 솟아나게 하시고, 진흙을 빚어 아담의 육체를 만드셨다는 것이다. J 기자에게 야훼 하느님은 무에서 유를 창조하신 절대신이 아니었다. 이미 땅이 존재했고 그 땅에서 샘이 솟게 하시고, 그 흙을 빚어서 아담의 육체를 만드셨다는 것이다. 육체는 결국 흙으로 돌아갈 물질이다. 아담이라는 말은 히브리어로 '흙'이라는 말이다. J 기자는 진흙으로 된 아담의 육체에 하느님이 생명의 영을 불어넣어 산 사람이 되게 하셨다고 말한다. 인간이란 흙으로 돌아갈 육체와 하느님의 생명의 영으로 이루어졌다는 것이다. 따라서 이 사람들의 삶에는 두 개의 지향성이 있다. 육으로 말미암는 각자위심各自爲心의 지향과 생명 사랑의 영으로 삶을 새롭게 하는 지향이다. 이것은 마치 씨알에 눈이 있는 것과 마찬가지다. 씨알에 비가 내리면 씨알이 죽어 없어지면서 그 눈이 자라서 나무와 오곡백과를 자라게 한다. 씨알이 땅에 떨어져서 썩어야 열매를 맺는다고 하신 예수님의 말씀이 바로 그것이다.(요 12:24) 그러나 그 씨알이 죽지 않고 살아 있으면 한 알 그대로 있다. 그러다가 말라 죽고 만다.

야훼 하느님은 이 씨알인 아담을 위하여 네 줄기의 맑은 강이 흐르고 여러 가지 과일 나무가 자라는 에덴동산을 마련해 주셨다. 육신에 필요한 것을 마련해 주신 것이다. 이 씨알은 하느님의 따뜻한 품 안에 있다. 그리고 그를 동산을 가꾸는 주역으로 만드셨다. 그로 하여금 모든 동물의 이름을 짓게 하신 것이 그것을 말한다. 그리고 아담에게 말한다.

> 이 동산에 있는 나무 열매는 무엇이든지 마음대로 따먹어라. 그러나 선과 악을 알게 하는 나무 열매만은 따먹지 마라. 그것을 따먹는 날, 너는 반드시 죽는다.(창 2:16-17)

그러나 아담은 이것으로 만족하지 못했다. 무엇인가 가장 중요한 것이 주어지지 않은 것이다. 생명의 영으로 지음을 받은 사람은 서로 더불어 위하고 돕는 배우자가 있어야 했다. 생명의 영이란 서로 위하고 아끼는 공동체에서 기쁨을 찾고 열매를 맺을 수 있기 때문이다.

그래서 하느님은 아담이 혼자 있는 것을 안쓰럽게 보시고, 아담을 깊이 잠들게 하고 그의 갈비뼈로 여자를 만들어 주셨다는 것이다. 그러자 잠에서 깨어난 아담은 그 옆에 있는 여자를 보자 그의 입에서 인류의 첫 환희의 시가 흘러나왔다.

넷째 마당

드디어 나타났구나.

내 뼈에서 나온 뼈요,

내 살에서 나온 살이로구나.

지아비에게서 나왔으니 지어미라고 부르리라!(창 2:23)

사실 아담은 여성이어야 했다. 여성이 다른 생명체를 만들기 때문이다. 갈비뼈를 꺼내서 이브를 만드는 것은 남성의 억지다. 아무튼 생명이란 '더불어 껴안고 노래를 부르는 사랑의 환성이 일어나는'의 뜻이다. 아름다운 낙원에서 서로 껴안고 노래를 부르는 공동체가 야훼 하느님이 이룩하시려는 새로운 내일의 표상이다. 그가 이끄실 역사의 지향이기도 하다.

그런데 아담과 이브에게는 선택의 자유가 주어졌다. 하느님의 지시에 반역을 하여 먹지 말라는 나무 열매를 따 먹을 수도 야훼의 지시에 따라서 먹지 않을 수도 있다. 야훼 하느님은 아담과 이브에게 이런 자유를 주셨다. 이것은 야훼 하느님이 인류에게 자유를 주셨다는 말도 된다. 그리고 이런 자유란 언젠가는 범하게 마련이다. 각자위심을 가진 육으로 된 사람으로서는 그럴 수밖에 없다. 따라서 그들은 야훼의 뜻에 따르지 않고 선악과를 따 먹는다.

우리는 선악과를 따 먹는 그 과정을 주시해야 한다. 먼저 뱀을 유혹자로 등장시킨다. 뱀은 여자에게 "야훼 하느님이 이 동산에 있는 나무의 열매를 따 먹지 말라고 했느냐?" 하고 말이다. 이렇게 부정적으로 물어서 이브의 반발적인 태도를 유발한다. 이브는 "아니야. 다 먹어도 된다고 했어. 그러나 이 동산 한가운데 있는 나무 열매는 먹지도 만지지도 말라고 하셨다."고 대답한다. 이 과장된 반응에는 선과 악을 알게 하는 열매를 먹지 말라고 한 야훼의 지시에 은근히 반발하는 심정

189

이 숨어 있다. 그러자 뱀은 죽지 않는다고 말한다. 그 열매를 먹어야 하느님처럼 선과 악을 알게 되기 때문이라고 속삭인다. 히브리인은 '알기 위해서는 경험해야 한다.'고 생각한다. 그래서 여인은 선악과를 쳐다본다. 그리고 그것이 먹음직스럽고 사람을 지혜롭게 할 것 같았다는 것이다. 따라서 그녀는 그 과일을 따 먹고 아담에게도 먹게 했다는 것이다. 이렇게 아담과 이브는 하느님이 주신 자유를 오용했다. 사실 육체를 가진 인간은 언젠가는 그 자유를 오용하게 마련이다. 육체란 언제나 각자위심의 유혹이 있다. 문제는 어떻게 이것을 극복하느냐에 있다.

여기에서 우리는 두 가지 문제에 부닥친다. 첫째, 이 설화는 여자를 인류 타락의 주동자라고 기록했다는 사실이다. 특히 여성 신학자들은 이 문제를 심각하게 다룬다. 교회사를 통하여 인류 타락의 원인을 여자에게 돌렸기 때문이다. 둘째, 하느님이 왜 인간에게 이런 자유의지를 주셨느냐는 질문이다. 따라서 그들의 타락에는 야훼 자신의 책임이 있는 것이 아니냐는 주장이다.

여자에게 인류 타락의 뿌리가 있다는 성서와 교회의 해석은 완전히 그릇된 사고다. 아담도 이브도 똑같이 밖에서 들어온 유혹에 넘어갔다. 이브는 뱀의 유혹에 넘어가 그녀에게 주어진 자유를 오용했다. 아담은 여인의 유혹을 받아서다. 둘 다 밖에서 오는 유혹에 넘어갔다. 이것이 육체를 가진 사람의 특징이기도 하다. 각자위심이 그런 과오를 범하게 한다. 문제는 이 문제를 어떻게 극복하느냐. 이것이 인류에게 주어진 과제다. 선악과를 따 먹은 아담과 그의 아내는 저들이 나체인 사실을 발견하고 나뭇잎으로 앞을 가린다. 자신들의 부끄러운 실체를 발견했다는 것이다. 거기에 야훼 하느님이 나타나신다. 그리고 아담과 이브는 숲 속에 몸을 감춘다. 죄책감에 사로잡힌 것이다. 야훼의 추궁을 받자 그들은 책임을 서로에게 돌린다. 아담은 여인에게, 여인은 뱀에게 말이다. "드디어 나타났구나!" 하던 하나 됨의 환희는 사라지고 만다. 육신의 유혹에 사로잡히면 그렇게 된다는 것이다.

그들을 향한 야훼의 자세도 놀랍다. 따 먹으면 죽을 것이라고 했는데 그들은 죽지 않았다. 야훼 하느님은 그들에게 가죽 옷을 만들어 입혀 주신다. 그들은 야훼의 따뜻한 인정을 느낀다. 그리고 야훼 하느님은 아담에게 이마에 땀을 흘리면서 일을 해야 먹고 살 것이라고 선언하셨다. 그리고 여인에게는 해산의 수고를 떠맡게 될 것이라고 하신다. 역사를 이어가라는 의미다. 그러나 생명나무가 있는 에덴동산에는 들어가지 못하게 그 길을 막는다. 앞으로 에덴동산으로 가는 길을 찾는 것이 그들의 과제라는 것이다.

왜 아담과 이브에게 자유의지를 주셨느냐 하는 질문에는 깊은 삶의 진리가 있다. 야훼 하느님은 버튼을 누르면 설계한 대로 움직이는 장난감 같은 인간을 원하지 않으셨다. 스스로 삶을 경험하여 깨닫고 삶의 길을 찾는 주체적인 인간을 원하셨다. 이 주체적인 인간은 먼저 육신이 유혹으로 그릇된 길에 들어선다. 그리고 경험을 통해 깨닫는다. 그리고 돌아서서 스스로 생명의 길로 들어선다. 그들에게는 하느님의 생명의 영이 내재해 있어서 고난을 통해 깨닫고 다시 서로 사랑하는 공동체를 이룩할 샘 줄기가 있기 때문이다. 야훼 하느님은 그들과 더불어서 환희의 공동체를 이룩하시려는 것이다. 예수님이 말씀하신 탕자의 비유가 그것을 말한다. 인류 역사를 그런 관점에서 이해해야 한다는 것이다.

J 기자는 아담과 이브의 두 아들 카인과 아벨의 이야기로 본격적인 인류 역사를 해명한다. 카인은 농사꾼이요, 아벨은 목자다. 농경자에 비해서 목자란 약자의 상징이다. 농경민족이 유목민족보다 강하기 때

문이다. 그런데 야훼 하느님은 약자 아벨의 제사를 받으시고 강자 가인의 제사는 받지 않으셨다고 말한다. 이에 분노하여 고개를 떨어트린 카인에게 야훼 하느님은 말씀하셨다.

"왜 분노하느냐? 네가 잘했다면 왜 얼굴을 쳐들지 못하느냐?"

바르게 행동하면 하느님이 그의 제사도 받아주실 것이라는 의미다. 그러나 힘의 철학을 신봉하는 강자는 회개하지 않는다. 카인은 아벨을 들로 데리고 나가서 돌로 쳐 죽인다. 이렇게 강자의 횡포가 시작된다. 그리고 반복된다. 생명수의 흐름을 막는다는 것이다.

그러자 야훼 하느님은 그를 꾸짖고 그를 그 땅에서 추방하신다. 그러나 유랑민이 될 카인이 앞날을 두려워하자 하느님은 아무도 그를 죽여서는 아니 된다는 표를 주신다. 야훼의 인정은 그까지도 껴안아주신다. 그리고 역사는 계속된다. 그 뒤를 잇는 이야기는 거인족 설화다. 하늘에서 쫓겨난 신들이 땅의 딸들과 결합하여 거인족이 탄생했다는 것이다. 스스로 신으로 자처하는 강자의 문화가 확산이 된다는 말이다. 그래서 땅 위에는 일대 참극이 벌어진다. 생명운동이 일어나는 곳마다 암석과 언덕이 이를 가로막는다는 것이다. 그 뒤를 따르는 이야기는 노아 홍수의 설화다. J 기자는 강자의 횡포를 보고 분노한 야훼 하느님이 타락한 이 세상을 홍수로 멸절하셨다고 선언한다. 이 이야기의 야훼 하느님은 이때까지의 야훼와는 다르다. 이때까지의 야훼는 그의 뜻을 어기는 자에게도 온정을 베풀어주셨다. 그런데 노아 홍수 이야기의 야훼는 분노하시어 홍수로 인류를 멸절하셨다.

그러나 창세기 1장 바벨탑 이야기의 야훼는 그렇게 분노하는 분이 아니시다. 벽돌을 굽는 기술을 발견한 인간이 오만불손해져서 하늘에 닿는 바벨탑을 쌓고 하느님에게 도전하려고 했다는 것이다. 힘에 도취한 강자의 이야기다. 그러나 이 이야기에서는 하느님이 그들을 징

192

벌하지 않으신다. 오만불손해진 그들 사이에 말이 통하지 않아 분열되어 바벨탑은 무너진다. 말하자면 자업자득일 뿐이라는 것이다.

왜 이런 차이가 생겼는가? J 기자는 홍수가 끝나고 방주에서 나온 노아가 야훼께 감사 제물을 바치자 야훼는 이렇게 말씀을 하셨다고 기록한다.

> 사람은 어려서부터 악한 마음을 품게 마련,
> 다시는 사람 때문에 땅을 저주하지 않으리라.
> 다시는 전처럼
> 모든 짐승을 없애버리지 않으리라.
> 땅이 있는 한,
> 뿌리는 때와 거두는 때,
> 추위와 더위, 여름과 겨울,
> 밤과 낮이 쉬지 않고 오리라. (창 8:21-22)

인정 어린 야훼의 심정을 그린 시다. 그렇다면 J 기자가 왜 홍수로 인류를 멸절한 이야기를 했는가? 그것은 당시 엄청난 홍수 이야기가 유포되고 있었기 때문이다. 그리고 그런 홍수를 신의 징벌이라고 해석했기 때문이다. 그래서 J 기자는 홍수 이야기를 활용했다. 그러나 야훼 하느님이 그런 분이 아니라는 것을 믿는 J 기자는 홍수 이야기를 인용한 다음 야훼가 다시는 홍수로 땅 위의 생명을 멸절하지 않을 것이라고 선언하셨다고 한다. 강자가 망하는 것은 자업자득이라는 말이다.

인류 역사에서 '강자의 횡포가 그런 파괴적인 것이라면 약자의 역할은 무엇인가?' 하는 질문이 나올 수밖에 없다. 따라서 J 기자는 카인에게 죽임을 당한 아벨의 이야기로 돌아간다. 약자 아벨이 돌에 맞아 죽은 다음, 야훼 하느님은 아담과 이브에게 셋을 주신다. 그리고 셋의 후손이 야훼를 예배하게 된다고 선언한다.(창 4:25-26) 이것은 실로 놀라운 선언이다. 강자가 힘으로 천하를 지배하고 약자를 학살하는데 J 기자는 약자 셋의 후손이 야훼를 예배하게 된다고 선언한다. 다른 말로 해서 셋의 후손이 에덴동산으로 가는 길을 찾아 야훼가 마련하는 정의와 평화가 강물처럼 흐르는 낙원을 이룩한다는 것이다. 여기에서 우리는 야훼 하느님의 역사 경륜^{經綸}이 어떤 것인지를 볼 수 있다. 강자 카인의 후손이 천하를 지배하면서 약자의 생명을 짓밟으나 에덴동산 회복은 그들에게 수탈을 당하는 약자의 몫이라는 것이다. 그들 속에서 흐르는 샘물이 강이 되고 바다가 되어 땅 위의 모든 생명을 되살릴 것이란다.

그리고 노아가 셋의 후손으로 태어난다. 믿음의 조상으로 알려진 떠돌이 아브라함도 셋의 후손으로 등장한다. 창세기 12장 1-3절에 보면 야훼 하느님은 그의 후손에게 비옥한 땅을 주실 것이요, 그의 후손이 하늘의 별, 땅의 모래처럼 증가하여 인류로 서로 축복하면서 살게 할 것이라고 선언하신다. 이것은 유대 백성을 선민으로 삼아서 축복하실 것이라는 의미가 아니다. 인류 전체를 두고 하시는 말씀이다. 그리고 그의 후손이 떠돌이가 되어 이집트에 들어가서 노예가 된다. 새 역사 창출의 주역이 된다고 J 기자는 말한다.

떠돌이들의
에덴동산 창출의 비밀

출애굽기는 이집트 바로 왕 밑에서 수백 년 동안 노예 생활을 하던 하비루라고 불리는 떠돌이들이 탈출하여 젖과 꿀이 흐르는 가나안 땅에서 과부, 고아, 그리고 떠돌이들이 안심하고 사는 에덴동산을 회복했다는 이야기를 한다. 말하자면 이집트라는 바위와 암석이 생수의 흐름을 막아 호수처럼 되었는데 약자 셋의 후손이 새 역사의 주체가 되어 그들에게서 나오는 샘물이 모이고 모여서 이집트라고 하는 제국의 언덕을 넘어 야훼를 예배하는 낙원을 이룩했다는 것이다.

이야기의 출발은 이집트 바로 왕 밑에서 종살이를 한 떠돌이들의 이야기에서 시작한다. 성서에는 야곱의 열두 아들의 식구들 66명이 이집트에 들어갔다고 기록되어 있다. 그러나 이집트 나일강변에 모여든 떠돌이들이란 야곱의 식구뿐만이 아니다. 주변의 여러 민족 중 자기의 땅에서 밀려난 약자들이 살 길을 찾아서 나일 강변으로 모여들었다고 출애굽기는 말한다. 그들이 결국 바로 왕의 노예가 되어 수백년 동안 쓰라린 노예 생활을 했다. 그들을 하비루라고 불렀다.

그런데 우리 이야기는 바로 왕이 노예가 낳은 아들은 모두 죽이라는 엄한 영을 내리는 데서 시작한다. 강자에게는 언제나 힘의 문제가 중요하다. 그들보다 더 강한 종족이 생기는 것을 허용할 수 없다. 그런데 노예의 수효가 날로 늘어나서 바로 왕은 이에 대하여 손을 쓰지 않을 수가 없었다. 그래서 노예가 아들을 낳으면 다 죽이라는 영을 내린 것이다. 말하자면 증가하는 약자의 물줄기를 막는 처사를 한 것이다. 출애굽기의 주인공 모세는 이런 시기에 탄생했다. 그리고 나일강에 던져진다.

그러나 이 대목에서 중요한 역할을 하는 자는 연약한 여성이다. 이 이야기는 J 기자가 쓴 기록이 아니라 E 기자가 쓴 이야기다. E 기자는 유대나라가 남북조로 갈라졌을 때 북조가 기록한 역사 이야기다. 북 이스라엘이 유대나라보다 출애굽 전통을 더 이어받았고 예언자 운동도 거기에서 활성화하였다. E 문서란 엘로힘^{Elohim}이라는 신의 이름에서 나온 것인데 이스라엘 백성이 출애굽을 하기 전에는 그들의 신을 엘^{El} 혹은 엘로힘이라고 불렀다. 엘이란 만신전 수좌에 앉은 신이며 엘로힘이란 그 복수다. 복수로 부름으로 그를 더 존중한다고 생각했다. 여호와라는 이름은 출애굽 뒤에 사용한 호칭이다. 그러나 이것은 신의 이름이 아니라 그의 성격을 표현한 것으로 '있을 것을 있게 하시는 영'이라는 의미다. 자연과 인의 발전과정을 주관하시는 분이라는 뜻이다. 엘이라는 신의 이름을 사용한 기자는 사건을 더 극적으로 표현했다.

첫째, 산파들이 이 영을 거스른다. "하비루 여인들은 강해서 산파가 오기 전에 애기를 낳아 버립니다."는 구실로 애기들을 살려준다. 둘째, 모세의 어머니가 몰래 모세를 기른다. 그러다가 아기의 울음소리가 커져서 숨길 수 없자 물이 새지 않는 바구니에 모세를 담아서 나일강에 버린다. 그런데 모세의 누나 미리암이 모세를 담은 바구니를 바로의 공주가 이따금씩 목욕을 하려고 나오는 강가 갈대 숲 속에 둔다. 그래서 바로의 공주가 이를 보고 양자로 삼는다. 그러자 미리암이 나타나서 모세의 어머니를 유모로 추천한다. 따라서 모세는 어머니의 젖을 먹으면서 자란다. 우리는 이것을 무심히 읽어서는 아니 된다. 새 역사의 출처는 강자가 아니라 약자다. 모세이기 전에 그를 기르고 살려준 여성들이다. 바로의 딸도 한몫을 한다.

어머니의 젖을 먹으면서 자란 모세는 젖과 더불어 어머니의 심정도 마음도 마셨을 것이다. 어머니는 젖 먹는 모세에게 이런 자장가를 불러주었으리라.

모세야. 모세야. 잊지 말아라.
네 어머니, 아버지는 하비루란다.

늠름하게 자라서 장정이 되거든
고생살이하는 하비루들을 잊지 말아라!

　모세는 이렇게 삶의 기초가 되는 영적인 교육을 하비루인 어머니의
자장가에서 배웠을 것이다. 모세의 누나 미리암도 이따금씩 모세를
업어주었을 것이다. 그러면서 같은 자장가를 불러주었을 것이다. 따
라서 모세는 화려한 바로의 궁중에서 자랐지만 그의 귓가에는 언제나
어머니와 누나가 불러준 자장가가 들렸을 것이다. 그리고 하비루들을
수탈하며 호화롭게 사는 바로 왕의 무자비함에 분노를 느꼈을 것이
다. 그는 청년이 되어 이집트 제국 안에서 일어나는 잔악한 일을 보고
참을 수 없었을 것이다. 그래서 마침내 그는 궁중을 탈출한다. 바로 왕
이 하비루들을 해방시켜 줄 까닭이 없음을 명확히 본 것이다. 출애굽
기는 그가 야훼 하느님의 지시에 따라서 이스라엘 백성을 이집트에서
이끌어내어 가나안 복지에서 과부, 고아, 떠돌이 들이 안심하고 사는
평화의 낙원을 이룩했다고 기록했다.

　물론 우리는 이런 이야기를 역사적인 사건으로 볼 수 없다. 역사
학자들은 출애굽 사건을 기원전 1250년 내외로 본다. 그것이 구전으
로 내려오다가 다윗 왕조와 북방국 이스라엘 왕조 초기에 기록이 된
다. 이 기록에 놀라운 설화가 많다. 그리고 이것을 현재 우리가 가지고
있는 문서로 정리한 것은 유대 왕국이 망하고 바빌론에 잡혀간 뒤 다
윗 왕조의 재건을 갈망하는 사제들이 그들이 가진 야훼 신앙으로 착
색 편집한 것이다. 야훼 하느님이 노예로 있는 하비루족을 그의 백성
으로 선택하여 놀라운 기사이적^{奇事異蹟}으로 구출하여 가나안 복지로 이
끄신 것처럼 이제 유대인이 율법을 지키고 야훼만을 예배하면 다윗
의 후손에서 메시아를 보내시어 또다시 구출할 것이라는 신앙을 뒷받

침하기 위하여 구전되어 온 설화들을 재수록하여 히브리인의 역사를 재구성한 것이다. 그리하여 이집트의 노예들이 탈출하여 가나안 땅에 이르러 그곳에 사는 종족과 더불어 과부, 고아, 떠돌이까지 평화롭게 사는 공동체를 이룩했다. 그 출애굽을 기원전 1250년경으로 보고 다윗 왕이 이룩한 통일 왕국을 기원전 1000년으로 본다.

출애굽 공동체의
모습

그곳 가나안에서 사는 200여 년 동안 그들은 왕을 세우지 않았다. 출애굽 전통대로 판관들의 지도로 살았다. 이것은 실로 놀랍다. 어떻게 왕을 가진 무리가 계속 침략해 오는데도 왕을 세우지 않고 더불어 살았는가? 그들은 저 유능한 기드온을 왕으로 모시려고 했다. 그러나 기드온은 이를 거부한다. 야훼만이 그들의 왕이라고 믿었기 때문이다.

그런데 기드온 판관의 첩의 아들 중 아비멜렉이라는 자가 있었다. 아비멜렉은 외갓집 식구를 충동하여 왕이 된다. 그리고 집에 돌아와서 자신의 형제를 모두 살해한다. 그러나 막내 요담만은 피신하여 죽음을 면한다. 그의 형제 둘이 아비멜렉에게 죽임을 당했다는 소식을 들은 요담은 그리짐산에 올라가서 큰 소리로 외친다.

하루는 나무들이 모여서 왕을 세우기로 하고
올리브 나무에게 청을 드려보았소.
"우리 왕이 되어 주게나."
그러나 올리브 나무는 사양을 했소.

내 기름은 모든 신과 사람을 영화롭게 하는 것,

그런데 나 어찌 기름을 내지 않고 자리를 떠나

다른 나무를 내려다보며 으스대겠는가?

그래서 나무들은 무화과나무에게 청을 드려보았소.

"자네가 와서 우리의 왕이 되어 주게나."

그러나 무화과나무도 사양을 했소.

"나 어찌 이 훌륭한 과일을 맺지 않고

나 어찌 이 달콤한 맛을 내지 않고 자리를 떠나

다른 나무들을 내려다보며 으스대겠는가?"

그래서 나무들은 포도나무에게 가서 청을 드려보았소.

"자네가 와서 왕이 되어주게나."

그러나 포도나무도 사양을 했소.

"내 술은 모든 신과 사람을 흥겹게 해주는 것,

그런데 나 어찌 이 술을 내지 않고 자리를 떠나

다른 나무들을 내려다보며 으스대겠는가?"

그래서 모든 나무는 가시나무에게 청을 드려보았소.

"자네가 와서 우리 왕이 되어주게나."

그러자 가시나무는 그 나무들에게 이렇게 대답을 하는 것이었소!

"너희가 정말로 나를 왕으로 모시려는가?

정녕 그렇거든 와서 내 그늘 아래 숨어라.

그러지 않았다가는 이 가시덤불이 불을 뿜어

레바논의 송백까지 삼켜 버릴 것이다."(사사기 9:8-15)

그리고 그는 아비멜렉 외갓집 식구를 꾸중한다. 결국 아비멜렉은
비참하게 전사한다. 이 설화에서 우리는 가나안 복지에서 아름답게

산 출애굽 공동체의 정신을 본다. 그들은 모든 이웃과 더불어 아름답고 화목하게 사는 데 공헌하는 것을 삶의 기쁨으로 삼았다. 그러다가 블레셋이 철기를 가지고 침입하자 백성들이 상비병을 거느린 왕이 필요하다고 강요해서 사울 왕이 등장한다. 그러나 사울은 전투사령관일 뿐 백성의 삶을 지도한 것은 사무엘 판관이다. 사울이 출병하려면 사무엘이 와서 제사를 드려야 한다. 그래서 대망^{待望}하다가 군의 사기가 떨어지는 것을 보고 사울이 제사를 드렸다가 사무엘에게 꾸중을 받는다. 그 뒤 사울 왕이 아비멜렉을 치고 그의 부관들이 살진 염소와 송아지를 제물로 쓰려고 보존했는데 모든 동물까지 다 학살하라는 하느님의 영을 어겼다고 그의 권한을 완전히 무시했다.

다윗
왕조

그다음으로 다윗 왕의 이야기가 등장한다. 현재 우리가 알고 있는 다윗 왕의 이야기는 요압 왕 때에 성전을 수리하다가 성전 바람벽에서 종교개혁 문건을 발견하고 종교개혁을 시도한 사업의 중요한 일부다. 그들을 신명기 작가라고 부르는데 그들은 다윗 왕이 유대나라를 이룩한 이야기와 그의 후손이 계속 왕위를 지키면서 된 일들을 그들이 믿는 신앙에 따라서 편집하여 수록했다. 그 이야기를 보면 다윗이 왕위에 오르기까지의 설화는 매우 아름답다. 목동 시절에 사무엘에게서 기름 부음을 받는다. 사울 왕조에 공헌하고 사울 왕조와 깊은 연계를 갖는다. 그러다가 사울의 질투를 받아 피해 돌아다니면서 힘을 길러 유대나라의 왕이 된다. 여기까지는 아름답게 진전이 된다.

그러나 왕위에 오르면서 다윗 왕조에는 문제가 속출한다. 첫째, 다윗 왕 자신이 충실한 부하의 아내와 간통하고 그 부하를 격전지에 보내 죽게 한다. 그의 아들들이 서로 반목하여 살해하기도 한다. 아들 압살롬은 아버지에게 반발하여 왕위까지 탈취했으나 실패하고 살해된다. 애첩 바쎄바에게서 난 솔로몬은 왕위에 오르자 형제들을 전부 살해하여 왕좌를 견고히 한다. 야훼를 위하여 성전을 짓고 법궤를 지하 감방에 가둔다. 성전과 궁전을 위시하여 예루살렘을 거대하게 건축한다. 수많은 노예를 부려서 곳곳에 도성을 건설한다. 이집트 공주를 위시한 왕후 천 명을 두고 그들이 가져온 우상을 위하여 제단을 마련한다. 궁전에는 금과 은으로 된 집기들로 휘황찬란하다. 결국 그의 나라는 분열이 되어 위기를 맞이한다.

다윗의 손자 르호보암 때에 나라는 둘로 갈라진다. 솔로몬이 북쪽 이스라엘 백성들을 혹사했기에 르호보암이 즉위할 때 북쪽은 장로들을 보내어 청원했다. 솔로몬 왕이 그들을 혹사했는데 새로 취임하는 왕은 그 부담을 적게 해달라는 것이다. 그랬더니 르호보암은 "내 새끼 손가락이 아버지의 허리보다 굵다. 내 아버지가 너희에게 무거운 짐을 지웠다면 나는 더 무거운 짐을 지울 것이다. 내 아버지가 너희들을 가죽 채찍으로 다스렸다면 나는 쇠 채찍으로 다스릴 것이다." 하고 호통을 쳤다. 따라서 북쪽 열 지파는 다윗 왕조에서 탈출하여 이스라엘 왕국을 조성했다. 그랬는데 다윗 왕조의 나단이라고 하는 자칭 예언자가 다윗에게 야훼의 말씀이라고 하면서 야훼 하느님이 다윗을 사랑하시어 그의 후손이 대대로 왕위에 오를 것이라고 말한다. 그들 중에 야훼의 뜻을 벗어나는 자가 있으면 사울과는 달리 아버지가 자식을 징계하듯이 징계는 하겠지만 왕위는 영구히 다윗의 후손들이 차지할 것이라고 말이다.(삼하 7:14-17)

그 후 다윗 왕조의 왕들은 거의 다 야훼 하느님의 뜻에 역행하여 결국 바빌론의 공격을 받아 패망하고 만다.(기원전 586) 탐욕에 사로잡혀서 탐욕과 향락에 도취한 권력제도의 모습을 보여준다.

북왕국 예언자의
역할

　　　　　　북왕국을 조성한 여로보암 왕은 베델에 금송아지를 만들어놓고 그 위에 야훼가 임재하신다고 주장을 했다. 그러나 왕 제도는 제대로 유지되지 않는다. 서로 왕이 되려고 암살을 하여 난맥상을 이룩한다. 북왕국의 주역은 예언자들이다. 그들이 과부, 고아, 떠돌이 들을 소중하게 여기는 출애굽 공동의 샘 줄기를 이어받는다. 그들은 야훼를 엘 혹은 엘로힘으로 불렀다.

　누구보다도 먼저 엘의 명령에 순종한 자는 엘리야다. 엘리야는 바알 신을 섬기는 아합 왕과 그의 아내 이세벨과 대결한다. 갈멜 산상에서 바알 신을 섬기는 바알 신이자 남신의 아들 사제들과 신께 제사를 드리는 내기를 하여 대승을 거둔다. 그러자 이세벨은 엘리야를 잡아 죽이려고 한다. 엘리야는 야훼의 산 호렙으로 도피한다. 거기에서 지진, 바람, 산화 등의 이변을 거친 다음 적막 속에서 야훼를 만난다. 그 야훼는 엘리야를 다마스쿠스에 가서 하자엘에게 기름을 부어 시리아의 왕으로 삼고 님시의 아들 예후에게 기름을 부어 이스라엘의 왕으로 삼고 사밧으로 가서 사밧의 아들 엘리사에게 기름을 부어 그의 대를 잇게 하라는 것이다. 이것은 야훼 하느님은 다윗 왕의 수호신이 아니라는 것을 말한다. 그는 자연을 주관하시고 모든 나라를 돌보는 분이라는 것이다. 그것을 엘리야는 조용한 가운데 인류 역사를 주시하면서 발견한다.

　그다음 나타나는 인물은 엘리사다. 엘리사도 민중을 위한 예언자다.

202

그는 문둥병에 걸린 시리아의 장군 나아만의 병을 고쳐 준다. 야훼는 유대나라 국경에만 매이지 않음을 보여준다. 그다음은 아모스다. 그가 등장을 했을 때는 여로보암 2세가 다스릴 때로 나라에 풍년이 들어 모두 흥청거릴 때다. 특히 특권층이 농민을 수탈하여 농민의 원성이 하늘을 찌를 때다. 그때 남쪽 드고아의 농민인 아모스가 북쪽 수도 베델로 와서 주변 왕들에 대한 야훼의 준엄한 심판을 선고한다. 그는 다마스쿠스를 향하여 꼬챙이가 달린 타작기로 길르앗을 짓부순 죄를 규탄한다.(암 1:1-3) 그리고 가자와 블레셋을 향하여 사람을 잡아 에돔에 팔아넘긴 죄를 꾸짖는다.(1:8) 그런 식으로 에돔의 죄, 모압의 죄를 규탄한다. 그리고 남방 유대의 죄를 질책한다. 야훼의 법을 지키지 않은 죄를 질책한다.(암 2:4 이하) 이것을 들으면서 이스라엘 백성은 신나서 박수를 쳤을 것이다. 그러나 아모스는 이스라엘을 향한 야훼의 준엄한 심판의 응성^{應聲}을 들려 준다.

203

나 야훼가 선고한다.
이스라엘이 지은 죄
그 쌓이고 쌓인 죄 때문에
나는 이스라엘을 벌하고 말리라.

이렇게 서두를 뗀 아모스는

죄 없는 사람을 빚돈에 종으로 팔아넘기고,
미투리 한 켤레 값에
가난한 사람을 팔아넘긴 죄 때문이다.(아모스 2:6)

이렇게 말하면서 그는 강자가 약자를 짓누르고 수탈하는 모습을 폭로한다. 그리고 아버지와 아들이 한 여자에게 드나든다고 하면서 바알 신전에서 신전 창녀들과 성행위하는 것을 규탄한다. 그들의 아내들도 똑같은 짓을 반복한다. 그리고 절기가 되면 야훼의 전에 와서 제물을 드린다고 질책한다.

> 너희의 순례절이 싫어 나는 얼굴을 돌린다.
> 축제 때마다 바치는 분향제 냄새가 역겹구나.
> 너희가 바치는 번제물과 곡식제물이
> 나는 조금도 달갑지 않다.
> 친교제물로 바치는 살진 제물은 보기도 싫다.
> 그 시끄러운 노랫소리를 집어치워라.
> 거문고 가락도 귀찮다.
> 다만 정의를 강물처럼 흐르게 하여라.
> 서로 위하는 마음 개울같이 넘쳐흐르게 하여라. (아모스 5:21-24)

이것은 가나안 복지의 삶의 회복을 이룩하라는 것이다. 그리고 아모스는 '야훼가 우리를 징계할 것이냐!' 하고 자위하는 이스라엘 백성들이 비참하게 징계를 받을 것인지를 극적으로 말한다. 이렇게 아모스는 이스라엘 백성뿐만 아니라 이방 나라 백성을 향해서도 그들의 악행을 징계할 것이라고 언명한다. 말하자면 온 인류가 다 야훼의 통치 아래에 있다는 것이다. 여기에는 선민사상이 설 자리가 없다.

그다음 등장하는 인물은 호세아다. 호세아가 등장했을 때의 이스라엘은 일대 혼란에 빠져 있었다. 북쪽 아시리아에 디글랏빌레셀이라는 호걸이 나타나서 그 세를 남쪽으로 뻗칠 때다. 따라서 이스라엘 왕국엔 일대 혼란이 일어났다. 그렇지 않아도 강자가 약자를 수탈하고 바알 신을 섬겨 야훼의 분노를 사고 있을 때다. 이때 호세아가 나타난다. 그는 야훼의 지시에 따라서 바람기가 있는 고멜이라는 여자와 결혼을 하여 자녀 셋을 둔다. 첫째 아들을 낳자 야훼는 그에게 이즈르엘이라는 이름을 준다. 예후 왕이 이스라엘에서 죄 없는 사람들을 죽인 것처럼 야훼도 이스라엘 사람들을 죽일 것이라는 것이다. 둘째로 딸을 가지자 그 이름을 로루하마라고 부르게 하신다. 야훼는 이스라엘 백성을 불쌍히 여기지 않는다는 것이다. 셋째 아들을 낳자 로암미라는 이름을 주신다. 너희는 내 백성이 아니고 나는 너희의 하느님이 아니라는 것이다. 이렇게 된 뒤에도 고멜은 집을 박차고 나가 성전 창녀가 된다. 이것은 앞으로 야훼 하느님과 이스라엘 백성과의 관계를 묘사하는 설화다. 그 뒤에 야훼가 이스라엘 백성에게 돌아오라고 호소하는 글이 나온다. 그러나 학자들은 이 글이 후세에 추가되었다고 말한다. 호세아나 후손 등도 아모스처럼 이스라엘의 패망을 예언한 것이다.

이 북방국 예언자들의 반反 왕국적인 예언이 남방에 큰 영향을 준다. 이사야와 미가서에서 우리는 그것을 본다. 그들은 다윗 왕 사후 300여 년 뒤의 인물이다. 그때까지 다윗 왕국에는 예언자다운 예언자가 나타나지 않았다. 다윗 왕과 요나단 시절 나단이라는 예언자가 나타났으나 그는 다윗 왕조를 지원하는 역할을 한 의심스러운 존재다. 그 뒤로 300여 년 동안 예언자가 나타나지 않다가 기원전 740년 이후 이사야와 미가가 나타난다. 그리고 그들이 한 역할은 북방국의 아모스나 호세아가 한 것처럼 왕조에 반격하는 일이었다.

무엇하러 이 많은 제물들을 나에게 바치느냐?
나 이제 숫양과 번제물에는 물렸고

살진 짐승의 기름기에는 지쳤다.

황소와 어린 양과 숫염소의 피는 보기도 싫다.

너희가 나를 보러오는데

도대체 누가 너희에게 내 집 뜰을 밟으라고 하더냐?”

남쪽의 이사야도 성전에 와서 제사를 드리는 무리를 향하여 야훼의
분노를 터뜨린다.

더 이상 헛된 제물을 가져오지 마라.

이제 제물 타는 냄새에는 구역질이 난다.(이사야 1:11-13)

아모스가 엄중한 꾸중을 반복한다. 그가 부름을 받은 이사야에게
내린 야훼의 심정은 더 밝히 말한다.   206

두 손 모아 아무리 빌어 보아라.

내가 보지 아니하리라.

빌고 또 빌어 보아라.

내가 듣지 아니하리라.

너희의 손은 피투성이,

몸을 씻어 정결케 하여라.

내 앞에서 악한 행실을 버려라.

깨끗이 악에서 손을 떼어라.

착한 일을 익히고 바른 삶을 찾아라.

억눌린 자를 풀어 주고, 고아의 인권을 찾아 주며

과부들을 두둔해 주어라. (이사야 1:15-17)

넷째 마당

여기에서 이사야는 유대 백성을 완전히 포기하지 않았다. 돌아올 여지를 보고 있다. 돌아와서 대화를 하고 새롭게 되기를 기대하는 것 같다. 하지만 그런 이사야를 부르는 장면과 그 후에 이스라엘의 지도자들을 향한 선언에는 티끌만한 소망도 보이지 않는다. 예루살렘의 이사야가 부르심을 받는 장면은 극히 극적이다. 우찌야 왕이 죽은 해에 이사야는 드높고 휘황찬란한 보좌에 앉아 계시는 야훼 하느님을 만나는 경험을 한다. 거기에서 이사야는 야훼 하느님의 도전에 응하여 그의 예언자가 된다. 그러자 주께서 이르셨다.

너는 가서 이 백성에게 일러라.
'듣기는 들어라. 그러나 깨닫지는 마라.
보기는 보아라, 그러나 알지는 마라.'
너는 이 백성의 마음을 둔하게 하고
귀를 어둡게 하며 눈을 뜨지 못하게 하여라.
눈으로 보고 귀로 듣고 마음으로 깨달아
돌아와서 성해지면 어찌하겠느냐?
나는 "주여, 언제까지입니까?" 하고 여쭈었다.
도시들은 헐려 주민이 없고
집에는 사람의 그림자도 없고
농토는 짓밟혀 황무지가 될 때까지다.
야훼께서 사람을 멀리 쫓아내시고 나면
이곳엔 버려진 땅이 많으리라.
주민의 십분의 일이 그 땅에 남아 있다 하더라도
그들마저 상수리나무, 잣나무가 찍히듯이 쓰러지리라.

(이사야 6:9-13)

그가 이사야 5:5-24에서 유대나라의 지도자 무리에게 외친 심판의 선언은 실로 엄중하다. "아 너희는 비참하게 되리라."는 말을 되풀이하면서 유대나라 지도급 사람들이 한이 없는 탐욕으로 자행해 온 갖가지 죄상을 열거하시면서 그들에게 내릴 징벌을 낱낱이 밝힌다. 모두 패망한다는 것이다. 무력과 폭력으로 마음대로 횡포를 부리는 자는 비참해진다는 것이다.

그들은 나쁜 것을 좋다, 좋은 것을 나쁘다, 어둠을 빛이라, 빛을 어둠이라 한다. 또한 쓴 것을 달다, 단 것을 쓰다 하는 자들이다. 그리고 지혜 있다는 자, 유식한 자로 자처한 자들 역시 비참해진다는 것이다. 자기가 제일이라는 지도자가 야훼 심판의 대상이 된다는 것이다.

수탈당하는 농촌에서 예언하는 미가의 음성은 더욱 날카롭다.

> 망할 것들!
> 권력이나 쥐었다고
> 자리에 들면 못된 일만 꾸몄다가
> 아침 밝기가 무섭게 해치우고 마는
> 이 악당들아.(미가 2 : 1)

이스라엘 가문의 어른들과 지도자에게 그는 외친다.

> 내 겨레의 가죽을 벗기고
> 뼈에서 살을 발라내며,
> 내 겨레의 살을 뜯는구나.
> 가죽을 벗기고 뼈를 바수며

고기를 저미어 냄비에 끓이고

살점은 가마솥에 삶아 먹는구나.(미가 3:2-3)

야곱의 가문의 어른들, 이스라엘 가문의 지도자들을 향하여 그는
외친다.

너희는 백성의 피를 빨아 시온을 세웠고,

백성의 진액을 짜서 예루살렘을 세웠다.

예루살렘의 어른이라는 것들은 돈에 팔려 재판을 하고

사제라는 것들은 삯을 받고 판결을 내리며

예언자라는 것들은 돈을 보고야 점을 친다.

그러면서도 야훼께 의지하여,

"야훼께서 우리 가운데 계시는데,

재앙은 무슨 재앙이냐?" 하는구나!

시온이 갈아엎은 밭이 되고,

예루살렘이 돌무더기가 되며,

성전 언덕이 잡초로 뒤덮이게 되거든,

그것이 바로 너희 탓인 줄 알아라.(미가 3:10-12)

실패한
종교개혁

이런 예언자들의 메시지가 한 두루마리
로 형성이 되어 13대 히스기야 왕에게 전달된다. 따라서 그는 종교개
혁을 시도했다. 그러나 아시리아가 공격하여 나라가 뒤숭숭해지자 이

두루마리를 성전 바람벽에 감춘다. 그것을 요시아 왕이 성전을 수리하다가 발견하고 일대 종교개혁을 시도한다.(기원전 642) 이스라엘을 포함한 전국의 우상을 섬기던 신당은 물론 야훼를 섬기던 제단까지 다 제거하고 예루살렘에 있는 성전에 와서 제사를 드려야 한다는 정책을 강행한다. 그리고 이에 동조하는 자들이 야훼만을 예배해야 그의 보호와 축복을 받는다고 하면서 구전되어 내려온 자료를 수집하여 출애굽 사건에서 시작하여 이스라엘 역사를 조성하기 시작한다. 그 자료에는 갖가지 설화와 전통이 많다. 그런 종교개혁의 원칙이란 야훼만을 섬기면 야훼가 축복을 하나 갖가지 우상을 섬기면 하느님이 징계의 벌을 내리신다는 것이다.

그러니 이 종교개혁을 기대하고 지켜보던 북쪽 예언자들의 전통을 이어받은 예레미야(기원전 626-586)는 크게 실망한다. 그는 성전 문을 가로막고 제사 드리러 오는 자들을 향하여 외친다.

이것은 야훼의 성전이다, 야훼의 성전이다, 야훼의 성전이다, 한다마는 그런 빈말을 믿어 안심하지 말고 너희의 생활태도를 깨끗이 고쳐라.

너희 사이에 억울한 일이 없도록 하여라.

유랑인과 고아와 과부를 억누르지 마라. 이 곳에서 죄없는 사람을 죽여 피를 흘리지 마라. 다른 신을 따라가 재앙을 불러들이지 마라.

그래야 한 옛날에 너희 조상에게 길이 살라고 준 이 땅에서 너희를 살게 하리라.

그런데 너희는 그런 빈말만 믿어 안심하고 있다. 그러다가는 모두 허사가 된다.

너희는 훔치고 죽이고 간음하고 위증하고 바알에게 분향하고 있다. 알지도 못하는 다른 신들을 따라가고 있다.

그리고 나의 이름으로 불리는 이 성전으로 찾아와 나의 앞에 나서서 살려주셔서 고맙다고 하고는 또 갖가지 역겨운 짓을 그대로 하고 있으니,

나의 이름으로 불리는 이 집이 너희 눈에는 도둑의 소굴로 보이느냐? 너희가 하는 짓을 나는 이 눈으로 똑똑히 보았다. 내 말이니 잘 들어라.

내가 너희의 살 곳으로 예전에 지명했던 실로에 가보아라. 내 백성 이스라엘이 못되게 굴다가 나에게 어떤 벌을 받았는지 가보아라.

그런데 너희도 이제 꼭 같은 일을 하고 있다. 내 말이니 잘 들어라. 내가 아무리 타일러도 너희는 듣지 않았다. 불러도 대답하지 않았다.

211 나의 이름으로 불리는 성전을 믿고 안심하지만, 나는 실로를 해치웠듯이 이곳을 해치우고 말리라. 자손 대대로 살라고 내가 너희 조상들에게 준 이 땅을 해치울 것이다.

너희와 한 겨레인 에브라임 족속을 다 내쫓았듯이 너희도 내 앞에서 쫓아버리리라.(렘 7:4-15)

요시아 왕의 종교개혁은 완전한 실패작이다. 예루살렘 성전을 제외한 전국에 있는 각종 제단과 신당을 허물고 예루살렘 성전에 와서 제사를 드린다고 종교개혁이 되는 것은 아니기 때문이다. 본래 예루살렘 성전이란 야훼를 다윗 왕조의 수호신으로 받들고 이를 뒷받침하도록 조작한 성전이다. 그러고는 자신들이 하고 싶은 짓을 마음대로 했다. 성전을 수축한 뒤도 마찬가지다.

그러나 저들은 가던 길을 그대로 갔다. 결국 북방의 바빌론 제국이

침공한다. 그러자 예레미야는 이것이 야훼의 뜻이니 싸울 생각을 하지 말고 순순히 포로 생활을 하라고 외친다. 그리고 이로 말미암아 그는 사경死境을 겪기도 한다. 그러나 그는 오랜 고생을 통해 너희가 진리를 깨닫게 될 것이라고 말한다. 야훼의 뜻이 이렇다고 서로 깨우쳐 줄 필요도 없을 것이란다. 쓰라린 경험을 통하여 깨닫게 되기 때문이라는 것이다.(렘 31:1-34) 결국 그들은 바빌론에 가서 쓰라린 포로의 삶을 다시 겪게 되었다.

샘 줄기를 막는
다윗 왕조

가나안 땅에서 솟아나기 시각한 생명의 샘 줄기를 가로막은 것은 다윗 왕조문화다. 이 문화는 요시아 왕의 종교 개혁을 계기로 일어난 이른바 신명기 역사가들과 바빌론에 잡혀간 뒤에 활약한 사제들이다. 요시아 왕 때까지 이스라엘 역사는 제대로 편집이 되어 있지 않았다. 몇 개의 예언서가 글로 남아 있을 뿐 모든 전통이 구술로 전해 내려온다. 이것을 이른바 신명기 역사가들이 그들이 가진 야훼 신앙에 따라서 편집했고 후에 바빌론으로 잡혀갔던 것과 같은 역사 이해를 사제들이 재정리했다. 그들이 가진 역사 이해란 야훼 하느님이 이스라엘 백성을 그의 선민으로 삼아 능하신 팔로 이집트에서 탈출시켜서 가나안 땅에 정착시키고 다윗 왕조를 일으키어 이를 수호해주신다는 것이다. 그들이 야훼의 뜻을 거스르는 일이 있을지라도 그들을 징벌은 하나 버리지는 않으신다는 것이다. 결국 그들을 시온산 위에 높이 치솟게 하시고 만방이 그들 아래 와서 살길을 찾을 것이라는 것이다.

이 신학은 출애굽 기사에서부터 시작한다. 그는 놀라운 기사이적으로 노예로 고생하는 하비루들을 이집트 제국에서 구출하여 가나안 복지에 정착시켰다는 것이다. 그들은 약 300년 동안을 가나안 복지에서 살면서 왕을 세우지 않았다. 야훼만이 그들의 왕이기 때문이다. 따라서 다른 신을 섬겨서는 아니 된다. 이방인의 유혹을 받아 이방 신을 섬기면 야훼는 이방 종족을 시켜 징벌하시나 그들이 다시 야훼께 호소하면 유능한 판관을 보내어 그들을 구출하신다는 것이다. 그러다가 철기를 가진 블레셋 족속이 나타나 그들을 괴롭히자 야훼는 왕 제도를 허용하시나 사사士師를 통한 자신의 지시에 따라서 나라를 다스리라는 것이다. 이렇게 하여 처음 왕이 된 사람이 사울이다. 그는 이스라엘의 적을 물리치라는 사무엘 사사의 지시를 받는다.

그러나 사울 왕은 버림을 받는다. 그의 부하가 아말렉을 물리치고 그들의 가족은 멸절하고 가축은 멸절시키지 않았기 때문이다. 야훼께 제사를 드리기 위해서라는 변명은 아무 효과도 없었다. 그런 뒤 사무엘은 이새의 아들인 목동 다윗에게 기름을 부었다. 유대나라의 왕으로 점을 찍었다는 것이다. 그러나 이것은 신빙성이 없다. 그 뒤로 나오는 다윗과 사울 왕의 이야기가 뒤죽박죽이다. 그다음 목동 다윗이 물맷돌로 골리앗 장군을 죽이는 이야기가 나온다. 그 이야기에서 사울 왕이 자기의 갑옷을 목동 다윗에게 입히려고 한다. 그다음 다윗이 사울 왕의 악사로 채용되는 이야기가 나온다. 이 이야기에서 다윗이 사울을 처음 만난다고 나온다. 그런 뒤 사울이 다윗을 죽이려고 한다. 그러나 죽이지 못한다. 무사인 사울이 자기의 악사를 죽이지 못한다는 것도 말이 되지 않는다. 그 후 다윗은 여러 차례 사울 왕을 죽일 기회가 있었는데 다윗은 야훼의 기름을 받은 왕을 죽여서는 아니 된다고 하면서 살려준다. 왕이 될 다윗을 모의하는 신명기 역사가들의 작품이다.

그 뒤 사회에서 버림을 받은 무리가 다윗을 찾아와 그의 부하가 된다. 그들을 이끌고 다윗은 블레셋 군에게 도피하여 모름지기 철기를 쓰는 법을 배웠으니 죽여서는 안 된다는 것이다. 그리고 사울이 공략했던 아말렉을 치고 그들의 가축을 예루살렘 근방의 장로들에게 뇌물로 바친다. 그래도 아무도 그를 질책하지 않는다. 그 뒤 예루살렘을 공략하고 북쪽 이스라엘 백성도 그를 받들어 유대나라 왕으로 모셨다. 그리고 다윗은 야훼의 법궤를 예루살렘으로 가져다가 천막 안에 모시고 제사를 드린다. 이렇게 그는 야훼를 수호신으로 모시는 왕이 된다.

그 후 다윗은 야훼의 도움으로 주변 종족을 정복한다. 그런 뒤 그는 궁중 예언자 나단에게 말한다.

"나는 송백으로 된 궁실에 사는데 야훼를 천막 속에 모셔야 하겠습니까?"

그러자 나단은 야훼에게 예언을 전한다.

"이스라엘 백성을 이집트에서 구출한 그는 다윗을 왕위에 앉게 하시고 위대한 제국을 이룩해 주실 것이다. 내가 죽은 다음 네 아들이 왕위를 잇고 그가 나를 위하여 성전을 지을 것이다. 내가 그의 아버지가 되고 그는 내 사랑하는 아들이 될 것이다. 그가 죄를 지으면 아버지가 자식을 징계하듯이 그를 징계할 것이나 그의 왕조는 영원히 지속되리라. 내가 사울에게 한 것 같이 그를 버리지 않으리라."(삼하 7:1-16)

이 나단 선지자의 말은 어처구니가 없다. 사울 왕이 실수를 하자 그를 버리지 않은 것처럼 다윗의 후손이 죄를 범해도 버리지 않으시겠다는 것이다. 야훼 하느님을 편벽^{偏僻}된 하느님으로 변질시킨 것이다.

그 후 다윗 왕 자신이 우리야의 아내 바쎄바와 간통하고 우리야를 전쟁터에서 죽게 하고 그 아내를 애첩으로 삼는다. 나단의 질책을 듣고 회개하는 척했으나 그 첩에게서 난 아기가 죽자 아무 일 없던 것처럼 행동한다. 그의 왕위를 계승한 솔로몬은 형제를 다 살해하고 왕위를 굳힌다. 천막 속에 거하시면서 이스라엘 백성을 도운 야훼를 성전 지하실에 감금한다. 그리고 호화로운 궁전을 짓고 아내를 7000명씩이나 두고 향락을 즐긴다. 그뿐만이 아니다. 그들이 가지고 온 우상을 위해 사원을 지어 주고 제사를 드린다. 그리고 그의 명성을 알리기 위하여 일대 건축사업을 시행하여 수많은 노예를 수탈한다. 나단은 다윗 왕과 솔로몬 왕 시기에 활약하고 사라진다. 그렇게 보면 그는 야훼의 종이라기보다 다윗 왕조를 정당화하려고 신명기 역사가들이 조작한 인물이 틀림없다. 그 후 이사야 선지자가 등장할 때(기원전 740-701)까지 어떤 예언자도 유대왕국에 나타나지 않은 것을 보아도 알수 있다.

215 그 후 유대나라 역사는 엉망진창이다. 히스기야 왕이 종교개혁을 하려다가 중단된다. 요시아 왕(기원전 637-608)은 배턴을 받아 종교개혁을 시도하나 예루살렘 성전을 제외한 모든 신전을 헐어버리고 예루살렘 성전에 와서 제사를 드리라는 것 외에 한 일이 없다. 예루살렘 성전을 강조하는 것은 다윗 왕조를 강요하는 것에 불과하다. 여전히 과부, 고아, 떠돌이 등 약자를 짓밟고 수탈했다. 예레미야가 성전 문을 막아서서 "이것은 야훼의 성전이다, 야훼의 성전이다, 야훼의 성전이다, 한다마는 그런 빈말을 믿어 안심하지 말고 너희의 생활태도를 깨끗이 고쳐라. 너희 사이에 억울한 일이 없도록 하여라."(렘7:4-5)고 하며 질책했다.

그러나 이스라엘 백성들은 가던 길을 그대로 갔다. 그러자 예레미야는 그들이 징벌을 받아 고생 고생할 것을 예언한다. 그렇게 고생한 뒤에야 깨달을 것이라고 선언한다. "앞으로 내가 이스라엘과 유다의 가문과 새 계약을 맺을 날이 온다. 나 야훼가 분명히 일러둔다. 이 새 계약은 그 백성의 조상들의 손을 잡아 이집트에서 데려내오던 때에 맺은 것과는 같지 않다. 나는 그들을 내 것으로 삼았지만, 그들은 나와 맺은 계약을 깨뜨리고 말았다. 귀담아들어라. 그 날 내가 이스라엘 가문과 맺을 계약이란 그들의 가슴에 새겨 줄 내 법을 말한다. 내가 분명히 말해 둔다. 그 마음에 내 법을 새겨주어, 나는 그들의 하느님이 되고 그들은 내 백성이 될 것이다. 내가 그들의 잘못을 다시는 기억하지 아니하고 그 죄를 용서하여 주리니, 다시는 이웃이나 동기끼리 서로 깨우쳐 주며 야훼의 심정을 알아드리자고 하지 않아도 될 것이며, 높은 사람이나 낮은 사람이나 내 마음을 모르는 사람이 없으리라. 이는 내 말이라, 어김이 없다."(렘 31:31-34)

그러나 이스라엘 백성들은 가던 길에서 돌아서지 않아 기원전 586년에 바빌론 제국의 침략을 받고 바빌론으로 잡혀가서 포로가 된다. 216

뒤집힌
사고와 예언

바빌론의 포로가 된 이스라엘 백성들의 사고와 삶은 180도의 변화를 일으킨다. 먼저 바빌론으로 잡혀간 일부 사제들이 요시아 왕 때 출애굽 역사가들에게 구전으로 내려온 이스라엘 백성의 설화를 종합하여 조성한 역사자료에 사제적인 강조점을 첨가해서 유대인이 걸어야 할 길을 제시했다. 그 핵심은 야훼만을 섬기고 십계명에 나타난 율법을 세분화해서 그 법대로 살고 이방인과 혼합해서 살지 않으면 야훼 하느님이 다시 출애굽과 같은 권능의 손으로 이스라엘 백성을 바빌론에서 구출하실 것이라는 전통이다. 그러다가 제2 이사야라고 불리는 시인이 등장하여 야훼 하느님이 파사 왕 고레스에게 기름을 부어 유대인이 고국으로 돌아가서 성전을 수리하고 야훼께 제사를 드릴 것을 허용할 것이라고 외쳤다. 그리고 다윗 때 예언자의 구실을 한 나단이 다윗 왕에게 그의 후손이 야훼의 법을 어길 때 징계는 하실 것이나 그 후손이 대대로 왕이 될 것이라고 예언한 것이 이루어진다는 것이다. 그러고 보면 바빌론으로 잡혀가기 전의 예언자 역할과는 완전히 다른 역할을 한 것이다. (이사 55:3-5)

고레스 왕이 바빌론을 정복하자 그는 이스라엘 백성이 예루살렘으로 돌아가 성전을 재건하고 성곽을 수축修築하는 것을 허용한다. 사실 그것은 애굽을 방어하기 위한 고레스 왕의 정책이다. 그러나 이사야는 이것을 야훼 하느님이 하시는 일이라고 확신하고 외친다.

217   위로하여라. 나의 백성을 위로하여라.
　　　　너희의 하느님께서 말씀하신다.
　　　　예루살렘 시민에게 다정스레 일러라.
　　　　이제 복역기간이 끝났다고,
　　　　그만하면 벌을 받을 만큼 받았다고,

이렇게 시작한 이사야는

　　　　한 소리 있어 외친다.
　　　　야훼께서 오신다.
　　　　사막에 길을 내어라.
　　　　벌판에 큰 길을 환히 닦아라.
　　　　모든 골짜기를 메우고

산과 언덕을 깎아 내려라.

절벽은 평지로 만들고

비탈진 산골길은 넓혀라.

야훼의 영광 나타나리니

모든 사람이 그 영광을 뵈리라.(이사야 40:1-3)

예언자 즈루빠벨은 다윗 왕조 후손이 왕이 될 터이니 금관을 준비하라고 목청을 높인다.(즈가리야 6:9-13) 이스라엘 백성들이 큰 기대를 하고 예루살렘으로 돌아가서 성전을 재건하고 성곽을 수축한다. 유대 왕국을 재건하려는 것이다. 그러나 즈루빠벨은 자취를 감춘다. 고레스 왕은 이를 허용하지 않는다. 이집트를 향한 국방을 굳히는 것뿐이다. 그리고 그들이 버리고 간 땅을 다시 찾은 그들은 이방 여인들을 아내로 삼고 바알 신을 섬기면서 타락한다. 이 소식을 들은 사제 에즈라는 크게 분노하여 귀향한 이스라엘 백성을 소집하여 이방 여인들을 내보내고 이방인과 접촉하지 못하게 했다. 선민으로 용인할 수 없다는 것이다. 이렇게 하여 일대 소동이 벌어졌다. 모두 이방 여인들을 추방한 것이다.

소수이기는 하나 이에 반발을 한 자도 있다. 요나의 이야기가 그것을 말한다. 예언자 요나가 야훼의 명령으로 이방인 니느웨 성에 가서 회개하라는 야훼의 지시를 받았다. 그러나 요나는 이 지시를 거스르고 배를 타고 다시스로 도망을 하려고 했다. 그러다가 큰 고기 뱃속에 들어가서 회개하고 니느웨에 가서 회개하라는 야훼의 말씀을 전했다. 그러자 니느웨 사람들은 어른에서 어린아이까지 모두 재를 뒤집어쓰고 회개했다는 것이다. 이것을 본 요나는 화가 나서 뒷동산에 올라가 죽여 달라고 야훼께 불평했다는 것이다. 그러나 야훼는 "이 도성에 앞

뒤를 가리지 못하는 어린이들도 12만 명이나 되고 가축도 많이 있다.”
고 하시면서 그의 생명사랑이 얼마나 큰지를 타이르셨다는 것이다.
선민사상에 대한 날카로운 비판이다.

　　그 후 고향에 돌아온 유대나라 백성은 다시 타락한다. 갖가지 우상
을 섬기고 강자는 약자를 억압한다. 그러자 제3 이사야가 나타나서 백
성을 꾸중한다. 그러는 동시에 그는 야훼 하느님이 이 다윗의 후손 중
에서 메시아를 세우셔서 다윗 왕국을 회복하고 이방 나라들이 와서
그들을 섬기고 흩어진 유대 백성을 고국에 불러 모아주실 것이라고
목청을 높인다. 다윗 왕조를 재건하고 열방들이 그들을 섬길 것을 노
래한 길고도 화려한 그의 예언 중 일부만을 소개하면 다음과 같다.

　　　　일어나 비추어라. 너의 빛이 왔다.
219　　　야훼의 영광이 너를 비춘다.
　　　　온 땅이 아직도 어둠에 덮여
　　　　민족들은 아직도 어둠에 싸여 있는데
　　　　야훼께서는 너만은 비추신다.
　　　　네 위에서만은 그 영광을 나타내신다.
　　　　민족들이 네 빛을 보고 모여들며
　　　　너의 광채에 끌려오는구나.
　　　　머리를 들고 사방을 둘러보아라.
　　　　모두 너에게 모여오고 있지 아니 않느냐?
　　　　너의 아들들이 먼 데서 오고,
　　　　너희 딸들도 품에 안겨 온다.
　　　　……
　　　　사람들이 세바에서 찾아오리라.

금과 향료를 싣고

야훼를 높이 찬양을 하며 찾아오리라.

케달의 모든 양떼가 너에게로 모여 오리라.

......

외국인들이 너의 성을 수축하고

그 왕들이 너의 신하가 되리라.

내가 노하여 너를 때렸지만

귀여운 생각이 들어 너를 가엾게 보았기 때문이다.

밤에도 낮에도 잠그지 아니하고

성문은 늘 열려 있어

왕들이 앞장 선 가운데

뭇 민족이 보화를 성 안으로 들여오리라.

......   220

너는 뭇 민족의 젖을 빨며

제왕들의 젖을 먹고 자라리라.

그래서 나 야훼가 너를 구원한 줄을 알게 하고

야곱의 강하신 이가 너를 건져낸 줄을 알게 되리라.

(이사야 60:1-16)

그리고 제3 이사야는 이렇게 그의 약속을 끝맺는다.

야훼가 너의 영원한 빛이 되리니

다시는 곡하는 날이 오지 아니하리라.

너의 백성은 모두 올바르게 살아

영원히 땅을 차지하리라.

넷째 마당

> 너의 백성은 내가 심은 나무에서 돋은 햇순이요
>
> 내가 손수 만든 나의 자랑거리다.
>
> 가장 보잘것없는 자가 천 명으로 불어나고
>
> 가장 하잘것없는 자가 강대한 민족을 이루리라.
>
> 나 야훼가 제때에 지체 없이 이루리라.(이사야 60:20-22)

엄청난 약속이다. 예루살렘에 온 무리는 이 약속이 이루어지기를 학수고대했다. 그러나 이런 희망은 허무하게 무너지고 만다. 알렉산더 대왕이 헬라의 대군을 끌고 인도에 이르기까지 완전히 점령하고 헬라 문화를 그곳 민족에게 정착시켰기 때문이다.

포로들의 여러 목소리

그러나 팔레스타인으로 가서 다윗 전통을 재건하려는 이들은 팔레스타인에 땅을 꽤나 가진 무리의 일부에 불과했다. 바빌론에 남은 대다수의 유대인은 그들 나름의 생각이 있었다. 첫째 부류는 성실하게 율법을 지켰다고 자처하는 자들이다. 그들의 생각은 다르다. 바빌론의 마르둑 신을 섬기는 자들은 득세하는데 왜 성실하게 산 우리가 이런 비참한 저주를 받아야 하느냐고 질문한다. 이런 생각을 가진 무리를 설득하려는 자들은 제2 이사야의 신학을 가진 자들이 작업한 것으로 보인다. 그것이 옳기다. 둘째 부류로 모든 것이 헛되다고 하는 허무주의자다. 세상일을 솔직하게 볼 때 모든 부귀영화도 종내는 허무하게 끝나는 것이 아니냐는 것이다. 전도서가 그것을 주장한다. 셋째 부류는 고난의 종의 신들이다.(이사야 42:1-9,

49:1-6, 50:5-9, 52:13-53:12) 그들의 목소리는 크지 않다. 조용히 속
삭인다. 다윗 왕조를 회복하려는 열성분자의 주장에 거슬리는 주장을
하기 때문이다. 야훼 하느님이 이스라엘 사람을 적자로 삼아 그들만
을 돌보고 살피신다는 주장에 역행하기 때문이다. 야훼 하느님은 온
인류를 똑같이 사랑하는 분이다. 따라서 모든 인류가 평화롭게 사는
일을 해야 한다고 주장한다. 이 사상은 바빌론에 포로로 가기 전에 북
방국 이스라엘에서 외치기 시작한 예언자 운동의 재생이다. 이제 이
세 운동을 간단히 설명한다.

욥기

야훼 하느님을 진심으로 섬기는 욥이라는 자가 있었다. 야훼 하느
님도 그를 흠이 없이 선한 자로 여긴다. 그는 자식도 많고 재산도 많
다. 그런데 사탄이 야훼의 승낙을 얻어서 그를 시험한다. 하루는 스바
사람들이 몰려와서 그의 일꾼들을 죽이고 가축을 약탈해 갔다고 전한
다. 또 하늘에서 벼락이 떨어져서 그의 낙타 떼가 다 죽었다는 보고를
받는다. 이렇게 그의 재산이 삽시간에 사라지고 무너진다. 게다가 그
의 자녀들이 모여서 연찬宴饌을 하는데 모진 북풍이 불어서 집이 무너
지는 바람에 몰살당했다는 소식이 들려온다. 이 소식을 들은 욥은 겉
옷을 벗고 머리를 깎고 땅에 엎드려서 아뢴다.

> 벌거벗고 세상에 태어난 몸
> 알몸으로 돌아가리라.
> 야훼께서 주셨던 것 야훼 도로 가져가시니
> 다만 야훼의 이름을 찬양할지라.(욥기 1:21)

222

그리고 몸이 만신창이 된 욥은 잿더미 위에 앉아서 기와로 몸을 긁는다. 그의 아내도 저주하면서 그를 떠난다. 그러자 그의 세 친구가 찾아와서 삶을 깊이 반성하고 야훼께 잘못을 고백하라고 충고한다. 그러나 욥은 잘못을 찾을 수가 없다. 이런 대화가 장장 31장에 미친다. 그러자 엘리후라는 친구가 나타나 또 장장 충고를 한다. 야훼의 법을 어기지 않고 이토록 심한 벌을 받을 수 있느냐는 것이다. 그러나 욥의 심정은 변하지 않는다. 아무리 반성을 해보아도 유대인의 어버이이신 야훼의 법을 어긴 일이 없다. 늘 그를 높이 숭상하고 찬양하면서 경건하게 살았기 때문이다. 야훼 하느님이 그를 이렇게 벌하실 이유를 찾을 수가 없다. 그것도 마르둑 신을 섬기는 이방 나라를 시켜서 말이다. 사실 이렇게 경건하게 산 무리가 적지 않다. 이것을 야훼 하느님은 잘 아신다. 그런데 왜 이런 고난을 그들에게 뒤집어씌우셨는가? 욥은 궁금하고 원망스러웠다.

223

그가 어디 계신지 알기만 하면, 당장에 찾아가서
나의 정당함을 진술하겠네.
반증할 말도 궁하지는 않으련만.
그가 무슨 말로 답변하실지를 꼭 알아야겠기에
그 하시는 말을 하나도 놓치지 않고 들어야겠네.
그가 온 힘을 기울여 나를 논박하실까?
아니, 나의 말을 듣기만 하시겠지.
그러면 나의 옳았음을 아시게 될 것이고
나는 나대로 승소할 수 있을 것일세.
그런데 앞으로 가보아도 계시지 않고
뒤를 돌아보아도 보이지 않는구나.

왼쪽으로 가서 찾아도 눈에 뜨이지 아니하고

오른쪽으로 눈을 돌려도 보이지 않는구나.

그런데도 그는 나의 걸음을 낱낱이 아시다니.

털고 또 털어도 나는 순금처럼 깨끗하리라.

나의 발은 그의 발길을 따라 그가 가시는 길을

한 발짝도 벗어나지 않았네.

그의 입술에서 흘러나온 계명은 저버린 일이 없으며

그의 입에서 나온 말은

마음 깊숙이 간직해 두었네.(욥기 23 : 3-12)

이렇게 욥은 끈질기게 자신의 무죄함을 주장한다. 그러자 엘리후라는 넷째 친구가 나타나서 하느님의 전능하고 공평무사하심을 역시 장광설로 설명한다.

224

"공평무사하신 그분이 어찌 억울한 일을 하시겠소?"

말을 맺자 야훼께서 욥에게 폭풍 속에서 말씀하셨다.

부질없는 말로 나의 뜻을 가리는 자가 누구냐!

대장부답게 허리를 묶고 나서라.

나 이제 물을 터이니 알거든 대답해 보아라.

내가 땅의 기초를 놓을 때 너는 어디에 있었느냐?

그렇게 세상물정을 잘 알거든 말해 보아라.

누가 이 땅을 설계했느냐?

그 누가 줄을 치고 금을 그었느냐?

어디에 땅을 받치는 기둥이 박혀 있느냐?

그 누가 세상의 주춧돌을 놓았느냐?(욥기 38 : 2-6)

야훼 하느님은 일월성신 그리고 인류 역사에 대하여 욥에게 질문을 퍼붓는다. 그리고 욥에게 호통치신다.

> 전능하신 이와 변론하는 자야,
> 어찌 물러서려느냐?
> 하느님을 비난하는 자야,
> 대답하여라. (욥 40:2)

욥은 철퇴로 얻어맞은 듯했다. 이런 하느님은 상상해 본 일이 없기 때문이다. 그가 그동안 생각한 야훼 하느님은 성전에서 제사를 받으시고 그를 섬기고 율법을 지키면서 살면 축복해 주시고, 우상을 섬기고 이방인과 접촉해 살면 분노하시는 이스라엘의 야훼 하느님이라고 믿었다. 그리고 그 신앙에 따라서 성실하게 살았다. 그러나 이 하느님은 완전히 차원이 다른 온 우주와 온 인류 역사를 주관하시는 그의 상상을 초월하는 분이다. 그 앞에서 감히 무엇을 말할 수 있을 것인가!
욥은 글로 이렇게 대답했다.

> 아, 제 입이 너무 가벼웠습니다.
> 무슨 할 말이 더 있겠사옵니까?
> 손으로 입을 막을 도리밖에 없사옵니다.
> 한 번 말씀드린 것도 무엄한 일이었는데
> 또 무슨 대답을 하겠습니까?
> 두 번 다시 말씀드리지 않겠사옵니다. (욥 40:4-5)

스스로 의롭다고 하는 욥을 대표로 한 무리는 할 말이 없게 되었다.

그들이 섬긴 야훼는 유대나라의 수호신이 아니라 온 우주를 창조하고 인류 역사를 주관하는 분이기 때문이다. 그를 유대나라의 수호신이라고 주장한 것 자체가 야훼에 대한 모독이다. 이젠 딴소리를 하지 말고 이 어마어마한 창조주의 뜻에 따라야 한다는 말로 야훼에 대한 새로운 이해가 반문反問한 무리를 잠잠하게 만든다.

이 창조주 사상은 어떻게 태어났는가? 그것은 메시아 사상을 제창한 제2 이사야가 만든 것이다. 본래 바빌론의 마르둑 신이 창조주라고 자처했다. 그랬는데 파사 왕 고레스가 바빌론을 정복하자 마르둑 신은 찍소리도 하지 못하고 사라지고 말았다. 자기 나라가 망할 것도 알지 못한 것이다. 그런데 야훼 하느님은 유대나라가 망할 것을 예언하셨다. 그리고 엘리야 선지자와 에스겔 선지자도 유대왕국이 재건될 것을 예언하였다. 그랬는데 파사왕 고레스가 등장하여 이스라엘 사람들이 예루살렘에 돌아가서 성전을 재건하고 성곽을 수리하고 야훼를 섬기면서 살라고 하지 않았는가.(이사 45:1-8, 46:8-13) 이것은 야훼 하느님이 고레스에게 새 사명을 주시면서 기름을 부은 것이다. 따라서 야훼야말로 하늘과 땅과 그 안에 있는 모든 생명체를 창조하고 주관하는 신이시라고 믿었다.(이사 44:6-20) 그 후 야훼 하느님에 대한 경외심이 하늘을 찌르는 듯하여 경전에 야훼라는 이름이 나오면 이를 읽지 못하고 아도나이(나의 주)라고 읽었다. 이렇게 창조신앙이 그들의 삶을 완전히 지배하였다. 그리고 메시아 사상도 이에 뿌리를 박았다.

전도서

전도서는 오랫동안 고생한 무리의 삶을 솔직하게 고백한 것이다. 의롭게 산 사람이 비참하게 죽고 불의하게 산 자가 부귀영화를 누리면서 산다. 따라서 바빌론에 잡혀간 이스라엘 백성 중에는 삶을 허무한 것으로 본 이들도 있다. 변화무쌍한 그들의 경험이 이런 회의적인 사상을 조성하였다. 그들은 해마다 장막절이 되면 모여서 전도서 전체를 읽는다. 다윗 왕의 아들 솔로몬을 화자로 만들었다. 그렇게 화려하게 산 솔로몬도 모든 것을 헛되다고 보았다는 것이다. 물론 화자가 솔로몬은 아니다. 이 글은 제2 성전을 건축했을 때 기록한 것으로 보인다.

헛되고 헛되다.
세상만사 헛되다.
사람이 하늘 아래서 아무리 수고한들 무슨 보람이 있으랴.
한 세대가 가고 한 세대가 오지만
이 땅은 영원히 그대로이다.
떴다 지는 해는 다시 떴던 곳으로 숨가빠 가며
남쪽으로 불어갔다 북쪽으로 돌아오는 바람은
돌고 돌아 제자리로 돌아온다.
모든 강이 바다로 흘러드는데
바다는 넘치는 일이 없구나.
강물은 떠났던 곳으로 돌아가서 다시 흘러내리는 것을.
세상만사 속절없어 무엇이라 말할 길 없구나.
아무리 보아도 보고 싶은 대로 보는 수가 없고
아무리 들어도 듣고 싶은 대로 듣는 수가 없다.
지금 있는 것은 언젠가 있었던 것이요
지금 생긴 일은 언젠가 있었던 일이라
하늘 아래 새 것이 있을 리 없다.
"보아라. 여기에 새로운 것이 있구나."

하더라도 믿지 마라.

그런 일은 우리가 나기 전에 오래전에 이미 있던 일이다.

지나간 나날이 기억에서 사라지듯

오는 세월에도 사라지고 말 것을.(전도서 1:2-11)

**이런 서문을 올리고 저자는 이에 해당하는 여러 가지 실례를 든다.
그리고 그는 '무엇이나 다 때가 있다.'는 시구를 적는다.**

무엇이나 다 정한 때가 있다.

하늘 아래서 벌어지는 무슨 일이나 다 때가 있다.

날 때가 있으면 죽을 때가 있고

심을 때가 있으면 뽑을 때가 있다.

죽일 때가 있으면 살릴 때가 있고   228

허물 때가 있으면 세울 때가 있다.

울 때가 있으면 웃을 때가 있고

애곡할 때가 있으면 춤출 때가 있다.

연장을 쓸 때가 있으면 써서 안 될 때가 있고

서로 껴안을 때가 있으면 그만 둘 때가 있다.

모아 드릴 때가 있으면 없앨 때가 있고

건사할 때가 있으면 버릴 때가 있다.

찢을 때가 있으면 기울 때가 있고

입을 열 때가 있으면 입을 담을 때가 있다.

사랑할 때가 있으면 미워할 때가 있고

싸움이 일어날 때가 있으면 평화를 누릴 때가 있다.(전도서 3:1-8)

그리고 또다시 장황하게 그 실례를 든다. 땅 위에서 되는 일은 무쌍하게 변화하기에 지혜롭게 적당히 살라는 것이다. 그러면서 그는 또 이렇게 말한다.

> 내가 깨달은 것은 바로 이것이다.
> 멋지게 잘 사는 것은 하늘 아래서 수고한 보람으로
> 먹고 마시면서 즐기는 일이라는 것이다.
> 인생은 비록 짧아도 하나님께 허락받은 것이니
> 그렇게 살 일이다.
> 먹고 살 돈과 재산을 하나님께 몫으로 받은 사람은
> 누구나 그것을 하느님의 선물로 알아
> 수고한 보람으로 즐길 일이다.
> 하나님께서는 사람들이 행복하게 살기만 바라시니
> 인생을 너무 심각하게 생각하지 마라.(전도서 5:17-19)

그러고 보면 저들은 다윗 왕조가 조성한 선민주의자도 아니고 민족끼리 서로 도우면서 공존해야 한다고 믿은 예언자의 생각에 동조하는 공생주의자도 아니요, 열심히 일해서 자기들이 잘 살려고 하는 민초임에 틀림없다.

고난의 시인들

바빌론으로 잡혀가기 전에 야훼의 뜻을 전한 자들은 북방국 엘리야, 엘리사, 아모스, 호세아, 그리고 그들에게 영향을 받은 남방의 이사야와 예루살렘 통치자에게 수탈당하는 농민의 예언자 미가 그리고 다윗 왕조의 패망과 새 내일의 탄생을 예고한 예레미야가 있다. 그들은 하나같이 탐욕과 폭력에 사로잡힌 다윗 왕조의 패망을 선포했다. 그러나 유다 백성들이 바빌론에 포로로 잡혀간 뒤에 등장한 예언자들은 이때까지의 예언자와는 달리 야훼 하느님이 다윗 왕조를 회복할 것이라고 목청을 높였다. 다윗 왕조 독립에 열광한 저들은 이때까지의 예언자 운동을 억압했다.

다윗 왕조가 득세했을 때 예언자를 통하여 흐른 샘물은 바빌론에 가서는 고난의 종으로 알려진 시인들의 입을 통하여 재생되었다. 그 시들이란 제2 이사야의 시와 섞여서 나온 이사야 42:1-9; 49:1-6:50:4-9: 52:13-53:12이다. 이 시들은 다윗 왕조의 회복을 외치는 제2 이사야의 환성에 휘말린 유대인의 귀에는 잘 들리지 않은 것 같다. 그러나 인류를 향한 야훼의 물줄기는 그들 사이에 스며들어 잔잔한 늪을 이루어가고 있었다. 이 운동이 갈릴리 청년 예수의 삶을 통하여 강력한 생명공동체 운동으로 발전했고 그 후 서구에서 칼 마르크스의 공산주의(Communism), 에리히 프롬의 사회주의 제도로 발전하여 인류 역사에 공생주의 운동에 크게 보탬이 되고 있고 마르틴 부버는 너와 내가 마음을 열고 더불어 열린 대화를 하는 기화 공동체를 이룩하는 일에 공헌을 하고 있다. 이제 그 시들을 음미해 보자.

• 첫째 시: 이사야 42:1-9
이 시의 화자話者는 모든 생체를 창조하시고 인류를 화목한 생명문화공동체가 되게 하시려는 그의 경륜을 명확히 밝히신다. 이를 위해 그는 선포한다.

> 하늘을 창조하여 펼치시고 땅을 밟아 늘이시고
> 온갖 싹이 돋게 하신 하느님,

그 위에 사는 백성에게 입김을 넣어 주시고

거기 움직이는 것들에게 숨결을 주시는

하느님 야훼께서 이렇게 말씀하신다.

"나, 야훼가 너를 부른다.

정의를 세우라고 너를 부른다.

내가 너의 손을 잡아 지켜 주고

너를 세워 인류와 계약을 맺으니

너는 만국의 빛이 되어라.

소경들의 눈을 열어주고 감옥에 묶여 있는 이들을 풀어 주고

캄캄한 영창 속에 갇혀 있는 이들을 놓아주어라.

나는 야훼다. 이것이 내 이름이다.

내가 받을 영광을 뉘게 돌리랴?

내가 받을 찬양을 어떤 우상에게 돌리랴?

전에 말한 일들은 이미 이루어졌다.

이제 새로 될 일을 내가 미리 알려 준다.

싹도 트기 전에 너희의 귀에 들려 준다."(이사야 42 : 5-9)

여기에 나의 종이 있다.

그는 내가 믿어주는 자,

마음에 들어 뽑아 세운 나의 종이다.

그는 나의 영을 받아

뭇 민족에게 바른 인생길을 펴 주리라.(이사야 42 : 1)

그가 선택한 종은 철퇴를 휘두르면서 호통 치는 자가 아니다.

그는 소리치거나 고함을 지르지 않아

밖에서 그의 소리가 들리지 않는다.

갈대가 부러졌다 하여 잘라 버리지 아니하고,

심지가 깜박거린다 하여 등불을 꺼 버리지 아니하며,

성실하게 바른 인생길만 펴리라.

그는 기가 꺾여 용기를 잃는 일 없이

끝까지 바른 인생길을 세상에 펴리라.

바닷가에 사는 주민들도 그의 가르침을 기다린다.

(이사야 42:2-4)

이는 실로 놀라운 선언이다. 이런 선언을 하는 화자는 평화의 역사를 조성하는 창조주 하느님이시다. 그는 온 인류를 정의와 평화의 누리로 만들기 위하여 아무도 알지 못하는 자를 비밀리에 부르신다. 그 **232** 는 생명을 소중히 여겨 상한 갈대도 꺾지 아니하고 깜박거리는 등불도 끄지 않는 세상에 아무도 알지 못하게 자란다. 사실 벌써 그를 통하여 놀라운 일이 이루어졌고 또 앞으로 새로운 일들이 벌어질 것이다. 그것은 온 인류를 위하여 정의로운 새 내일을 이룩한다는 말이다. 이 종은 이집트 노예 생활에서 해방을 받아 과부, 고아, 떠돌이 들이 안심하고 사는 공동체를 이룩했던 일견 별 차이가 없어 보이는 무리다.

• 둘째 노래: 이사야 49:1-6

바닷가에 사는 주민들아, 내 말을 들어라

먼 곳에 사는 부족들아, 정신 차려 들어라.

야훼께서 태중에 있는 나를 이미 부르셨고

내가 어머니의 뱃속에 있을 때에 이미 이름을 지어 주셨다.

내 입을 칼처럼 날세우셨고

당신의 손그늘에 나를 숨겨 주셨다.

날카로운 화살처럼 나를 벼리시어

당신의 화살통에 꽂아 두시고

나에게 말씀하셨다.

"너는 나의 종, 너에게서 나의 영광이 빛나리라."

그러나 나는 생각하였다.

"나는 헛수고만 하였다. 공연히 힘만 빼었다."

그런데 야훼만은 나를 바로 알아 주시고

나의 하느님만은 나의 품삯을 셈해 주신다.

야곱을 당신께로 돌아오게 하시려고

이스라엘을 당신께로 모여들게 하시려고

나를 태중에 지어 당신의 종으로 삼으신

야훼께서 이제 말씀하신다.

"네가 나의 종으로서 할 일은

야곱의 지파들을 다시 일으키고

살아남은 이스라엘 사람을 돌아오게 하는 것으로 그치지 않는다.

나는 너를 만국의 빛으로 세운다.

너는 땅 끝까지 나의 구원이 이르게 하여라."(이사야 49:1-6)

이 노래의 화자는 이스라엘 백성이다. 야훼 하느님은 이스라엘 백성을 훈련하여 만민에게 살길을 열어 주시려 한 것인데 이스라엘 백성은 그것을 알지 못한다는 것이다. 고난을 통하여 가나안 땅에서 정의와 평화의 삶을 맛보게 했는데 이스라엘 백성은 이를 깨닫지 못하고 불의의 길로 치닫고 있다. 이제 고난을 통하여 훈련을 받은 종들이 빗나간 이스라엘 사람은 물론 온 인류를 정의와 평화의 길로 인도할 사명을 받은 것이다.

• 야훼의 종의 셋째 노래: 이사야 50:4-9

주 야훼께서 나에게 말솜씨를 익혀 주시며
고달픈 자를 격려할 줄 알게
다정한 말을 가르쳐 주신다.
아침마다 내 귀를 일깨워 주시어
배우는 마음으로 듣게 하신다.
주 야훼께서 나의 귀를 열어 주시니
나는 거역하지도 아니하고
꽁무니를 빼지도 아니한다.
나는 때리는 자들에게 등을 맡기며
수염을 뽑는 자들에게 턱을 내민다.
나는 욕설과 침뱉음을 받지 않으려고
얼굴을 가리지도 않는다,
주 야훼께서 나를 도와주시니
나 조금도 부끄러울 것 없어
차돌처럼 내 얼굴빛 변치 않는다.
나는 수치를 당하지 않을 줄 알고 있다.
하느님께서 나의 죄없음을 알아 주시고 옆에 계시는데
누가 나를 걸어 송사하랴?
법정으로 가자.

234

누가 나와 시비를 가리려느냐?

겨루어 보자.

주 야훼께서 이렇게 나를 도와주시는데

누가 감히 나를 그르다고 하느냐?

그들은 모두 낡은 옷처럼 좀이 슬어

삭아 떨어지리라.

화자는 확실히 바빌론이라는 감옥에 갇혀 있다. 그리고 아침마다
야훼의 깨치는 음성을 듣는다. 그리고 언제나 약자 편에 계시는 그의
말씀은 바빌론에 잡혀온 다른 약소 민족 죄수들도 격려한다. 그들이
이 시인을 갖가지로 능욕하고 괴롭힌다. 그러나 그는 재판정(역사)에
서 승리할 것을 확신한다. 그리고 그를 박해하는 무리는 낡은 옷처럼
235 삭아 떨어질 것으로 본다.

  • 야훼의 종의 넷째 노래: 이사야 53:1-12

그러니 우리에게 들려 주신 이 소식을 누가 곧이들으랴?

야훼께서 팔을 휘둘러 이루신 일을 누가 깨달으랴?

그는 메마른 땅에 뿌리를 박고

가까스로 돋아난 햇순이라고나 할까?

늠름한 풍채도, 멋진 모습도 그에게는 없었다.

눈길을 끌 만한 볼품도 없었다.

사람들에게 멸시를 당하고 퇴박을 맞았다.

그는 고통을 겪고 병고를 아는 사람,

사람들이 얼굴을 가리고 피해갈 만큼

멸시만 당하였으므로 우리도 덩달아 그를 업신여겼다.

그런데 실상 그는 우리가 앓을 병을 앓아 주었으며,

우리가 받을 고통을 겪어 주었다.

우리는 그가 천벌을 받은 줄로만 알았고

하느님께 매를 맞아 학대받는 줄로만 여겼다.

그를 찌른 것은 우리의 반역죄요,

그를 으스러뜨린 것은 우리의 악행이었다.

그 몸에 채찍을 맞음으로 우리를 성하게 해 주었고

그 몸에 상처를 입음으로 우리의 병을 고쳐 주었구나.

우리 모두 양처럼 길을 잃고 헤매며

제멋대로 놀아났지만,

야훼께서 우리 모두의 죄악을

그에게 지우셨구나.

236

그는 온갖 굴욕을 받으면서도

입 한번 열지 않고 참았다

도살장으로 끌려가는 어린 양처럼

가만히 서서 털을 깎이는 어미 양처럼

결코 입을 열지 않았다.

그가 억울한 재판을 받고 처형당하는데

그 신세를 걱정해 주는 자가 어디 있었느냐?

그렇다, 그는 인간 사회에서 끊기었다.

우리의 반역죄를 쓰고 사형을 당하였다.

폭행을 저지른 일도 없고

입에 거짓을 담은 적도 없었지만

그는 죄인들과 함께 처형당하고

불의한 자들과 함께 묻혔다.

야훼께서 그를 때리고 찌르신 것은

뜻이 있어 하신 일이었다.

그 뜻을 따라 그는 자기의 생명을

속죄의 제물로 내놓았다.

그리하여 그는 그의 후손을 보며 오래오래 살리라.

그의 손에서 야훼의 뜻이 이루어지리라.

그 극심한 고통이 말끔히 가시고

떠오르는 빛을 보리라.

나의 종은 많은 사람의 죄악을 스스로 짊어짊으로써

그들이 떳떳한 시민으로 살게 될 줄을 알고

마음 흐뭇해하리라.

237　　나는 그로 하여금 민중을 자기 백성으로 삼고

대중을 전리품처럼 차지하게 하리라.

이는 그가 자기 목숨을 내던져 죽었기 때문이다.

반역자의 하나처럼 그 속에 끼여

많은 사람의 죄를 짊어지고

그 반역자들을 용서해 달라고 기도했기 때문이다.

　　화자는 고난의 종이 겪는 참상을 보고 그 고난의 의미를 깨달은 자들의 감격에 차 깨달음을 고백한다. 그가 빗나간 자들의 망동으로 그 비참한 고난을 받는데 그 결과 많은 죄인이 깨달아 새로운 삶을 사는 것을 본다는 것이다. 그래서 그가 모두가 살아갈 길을 열어 주는 야훼의 종으로 높임을 받는다는 것이다.

　　창세기 2장 서문에서 인류의 역사는 강자의 난동으로 아수라장이 되나 이를 극복하고 새 역사를 창출할 자는 약자라고 대조적으로 말한다. 이스라엘 역사는 다윗 왕조의 난동으로 지리멸렬해졌으나 고난의 종들의 노래는 그 고난을 통하여 새로운 백성이 탄생하고 인류에게 새 내일을 열어 준다는 것이다. 이 예는 갈릴리 청년 예수를 통하여 분출한 생명샘운동에서 볼 수 있다. 그러나 이것은 이스라엘 백성뿐만 아니라 온 인류를 위한 운동이다. 예언자들이 이것을 명확히 중언했고 고난의 종들의 노래에서도 이것을 강조한다. 서구의 공생주의(communalism)나 마르틴 부버가 언급했듯이 너와 내가 담을 헐고 참된 대화를 해야 하느님이 주관하시는 공생공동체를 이룩한다는 역동적인 사상을 창출하여 인류에게 큰 공헌을 한 것도 이 흐름의 발로이다.

238

넷째마당

다섯째 마당

두레방 여인들을 보듬은
예수 사랑과 이후 분열

갈릴리에 치솟은
샘 줄기

기원전 4년경 유대 땅 북쪽 갈릴리에 맑은 샘이 터져 흐르기 시작했다. 당시 유대 백성은 강성한 로마제국 치하에서 신음하고 있었다. 대사제는 로마 총독에게 뇌물을 바치고 대사제복을 하사받아 성전을 중심으로 권세를 부리고 사두가이파 사람들은 대사제들을 보좌하여 공의회를 구성하고 사회를 통치했다. 율법을 지킴으로써 스스로 거룩하다는 바리새파 사람들은 법의에 성구를 써 붙이고 가는 곳마다 상좌에 앉아 권위를 부렸다. 그러나 가난해서 율법을 지키지 못하는 자는 죄인 취급을 당했다. 이렇게 사회에서 죄인으로 취급받는 무리는 주로 농촌인 갈릴리에서 두루 헤맸다.

농촌의 농토는 거의 다 헤롯 왕을 중심으로 한 강자나 대사제 같은 권세 잡은 자들이 소유하고 있어 농민은 소작농이 되거나 아니면 날품팔이로 거리를 전전하게 된다. 이런 사태에 분노한 젊은이들이 한데 뭉쳐 로마제국에 항거하다가 비참하게 학살당한다. 이런 비참한 상황에서 놀라운 사건이 일어난다. 나사렛 목수의 아들 예수가 사랑의 화신이 되어 가는 곳마다 생명의 샘물을 치솟게 했다. 그리고 서로 위하고 아끼는 아름다운 공동체를 조성했다. 필자는 그것을 예수님의 두레방이라고 부른다. 서로 위하고 아끼는 심정이 그들 사이에 있는 담을 완전히 헐어버리고 서로 위하고 아끼는 심정으로 이어가기 때문이다. 출애굽 공동체의 부활과도 같았다. 이것은 하도 오래전 일이 구전으로 내려온 일을 적은 것이기에 우리는 예수님의 전기를 쓸 수는 없다. 그러나 그런 놀라운 사건에 직면한 자들의 생생한 증언이 전해져 내려온 것이 있기에 우리도 그 솟아나는 생명수를 마실 수가 있다. 이제 복음서에 기록된 증언을 통해 그 예를 들어보자. 그리고 그 공동체가 어떻게 조성되었는지, 예수님이 무엇이라고 하셨는지를 살펴보자.

241 첫째, 우리의 관심을 끈 것은 세리 마태의 집에서 일어난 놀라운 사건이다. 당시 유대 땅에서 가장 소외된 무리는 세리들이었다. 그들은 억압하고 수탈하는 로마를 위하여 유대인에게 과중한 세금을 징수했다. 따라서 유대인은 그들을 용서할 수 없는 죄인으로 취급하여 상종조차 하지 않았다. 동시에 세리들도 유대인에게 마음의 장벽을 쌓고 있었다. 가난에 몰린 저들이 목구멍에 풀칠하려는 것을 조금도 이해해 주지 않았기 때문이다. 따라서 두 집단 사이에는 넘을 수 없는 벽이 가로막혀 있었다.

그런데 마가복음서 제2장에 예수님이 세리 마태를 제자로 부르시고 그의 집에서 식사를 하셨다. 모름지기 다른 세리들도 같이 식사했을 것이다. 그러자 바리새파 사람들은 예수님이 죄인들과 같이 식사한다고 비난했다.

이 말을 들으신 예수님은 이렇게 대답하셨다.

"성한 사람은 의사가 필요 없고 병든 사람에게 필요하다. 나는 병든 자들을 위하여 왔다."

바리새파 사람들에게 죄인 취급을 받은 자들은 죄책감과 더불어 의롭다는 자들을 향한 강한 반발심으로 병이 들었다. 그들 사이에는 넘을 수 없는 장벽이 가로놓여 있었다. 예수님은 세리 마태를 제자로 삼아서 이 장벽을 무너뜨리신 것이다. 그를 죄인으로 취급하지 않으셨다. 예수님에게는 그런 장벽이 없다. 모두 하느님의 자녀다. 예수님의 이런 삶의 자세를 경험한 세리 마태의 마음과 그곳에 참여한 다른 세리들 마음속에서도 스스로 의롭다고 하는 자들을 향한 장벽이 무너졌을 것이다. 사랑으로 껴안으시는 예수님의 따뜻한 품이 세리들의 뿌리 깊은 병을 치유하셨다. 따라서 그들 사이에는 아름다운 평화의 찬연이 벌어졌을 것이다. 오랜 미움의 장벽에 갇혀 있던 세리들은 영적인 건강을 되찾아 따뜻한 하느님 나라의 찬연에 참석하게 된 것이다. 예수님 두레방의 일원이 된 것이다.

242

둘째, 가파르나움의 두레방(막 2:1-12) 사건이다. 예수님이 가파르나움의 한 집에 들르자 많은 사람이 모여들어 그 집을 가득 채웠다. 그 때문에 한 중풍 환자를 들것에 들고 온 친구들은 그 환자를 예수님 앞으로 데리고 갈 수가 없었다. 그래서 그 집 마당을 가린 지붕을 열어제치고 그 환자를 예수님 앞에 내렸다. 이것을 본 예수님은 그 환자를 향해 "네 죄는 용서함을 받았다."고 선언하셨다. 그는 죄책감에 시달려서 그 병이 걸린 것이다. 그를 향하여 예수님은 "나는 네 죄를 용서한다."고 하지 않고 "네 죄는 용서함을 받았다."고 하셨다. 예수님을 만나는 순간 그 환자는 느낀 것이다. 예수님은 그를 죄인으로 보지 않는다는 것을, 그의 죄는 용서함을 받았다는 것을 말이다. 죄라고 하는 담이 완전히 무너진 것이다.

예수님은 이 예수님의 선언에 반발하는 한 바리새파 사람에게 말씀하셨다.

"사람의 아들이 죄를 용서하는 권한이 있다는 것을 보여 주마."

그리고 예수님은 환자에게 말씀하셨다.

"일어나서 네 침상을 들고 걸어가라."

그러자 그 환자는 벌떡 일어서서 침상을 들고 나갔다.

이와 같이 죄의 담이 무너지고 새로운 인간관계가 이룩된 데는 예수님의 두레방에 참여한 사건 때문이다. 죄책감에 사로잡힌 환자는 그를 죄인시하는 스스로 의롭다는 자들을 향하여 미움의 담에 둘러싸여 있었다. 그런데 예수님은 이 죄의 벽을 무너뜨리고 용서하는 사랑의 능력으로 둘러싸여 있으신 것이다. 따라서 예수님을 만난 환자의 마음에서도 반발의 담이 무너진 것이다. 그래서 예수님도 "네 죄가 이미 용서함을 받았다."고 말씀하신 것이다. 이렇게 예수님은 어디 가시나 사랑과 용서의 두레방을 창출하셨다.

셋째, 시로페니키아 여인의 딸을 고치신 예수(막 7:24-30)의 사건이다. 예수님은 나사렛 북방 두로와 시돈 지방에 종종 쉬러 가셨다. 따라서 그곳에서도 사람들이 모여서 두레방의 찬연이 벌어졌을 것이다. 이번에도 예수님은 쉬려고 그곳을 찾으셨는데 두로와 시돈 여인이 이를 눈치 채고 앞질러 찾아왔다. 악령에 사로잡힌 그녀의 딸을 고쳐달라고 말이다. 그러자 예수님은 놀랍게도 그 여자에게 말씀하셨다.

"자녀에게 주려는 떡을 강아지에게 줄 수 없다."

이렇게 되면 그 여자는 분노하여 돌아서고 말 것이다. 그런데 놀랍게도 이 여자는 이렇게 대답한다.

"강아지도 상에서 떨어지는 부스러기는 먹지 않습니까?"

이 말을 들은 예수님은 이렇게 말씀하셨다.

"네 딸에게서 악령은 벌써 떠나갔다."

이것은 이해하기 힘든 설화다. 어떻게 이런 묘한 사건이 기록되었는가?

이 설화는 예수님의 삶을 이해하는 데 중요한 역할을 한다. "자녀에게 주려는 떡을 강아지에게 줄 수 없다."는 말씀과 그가 삶으로 풍기는 분위기는 완전히 다른 것이 틀림없다. 그 여인을 향한 예수님의 삶에서 풍겨 나오는 느낌은 분명히 그녀를 껴안는 심정이었을 것이다. 그래서 그녀도 "강아지도 상에서 떨어지는 부스러기는 먹지 않습니까?" 하고 부드럽게 화답한다. 이 의미는 다른 이를 보는 예수님의 자세에는 벽이 없다는 것이다. 따라서 약자가 강자를 향한 자세에서 보는 도전하는 담벼락을 볼 수 없다. 이런 벽이 없는 마음과 마음은 아름다운 공동체 삶의 꽃이 핀다. 이렇게 예수님은 떠돌이들이 있는 곳을 돌아다니시면서 화목의 두레방을 조성하셨다.

244

넷째, 누가복음서 19장 1-10에서 우리는 그런 장벽이 무너지고 사랑과 화해의 공동체가 성립하는 놀라운 사건을 세리장 자캐오의 집에 예수님이 방문하시는 사건에서 명확히 본다. 두터운 시기와 미움의 장벽 속에서 몸부림을 치던 난쟁이 세리장의 집에 예수님이 찾아오신다. 완전히 자기를 주시는 예수님이 그를 껴안는다. 세상을 향해 완전히 담을 쌓고 그 안에서 질식하던 자캐오는 온전히 자기를 내어주시는 예수님을 만나자 그의 속에서 이 세상을 향하여 높이 쌓아 왔던 담이 완전히 무너졌다. 그의 집을 찾아오신 예수님과 그의 제자들을 대접하던 자캐오는 예수님 앞에 서서 떨리는 음성으로 고백한다.

"선생님, 제가 가진 것의 반은 가난한 사람들에게 나누어주겠습니다. 토색한 것이 있으면 네 배로 갚겠습니다."

그리고 자캐오도 예수님이 조성하신 두레방에서 새 사람이 된다.

예수님의 열리고 껴안는 마음이 그의 어두운 마음에 새롭고 밝은 평화의 세계를 보여 주고 그를 둘러싼 미움의 담이 완전히 무너진 것이다. 갈라진 둘을 하나로 묶는 두레방으로 만든 것이다. 완전히 변한 자캐오는 가진 것을 모두 내어놓아 아름다운 두레방을 창출했음이 틀림없다.

다섯째, 이스라엘 사람들이 불결한 지역이라고 천시하던 사마리아에도 예수님의 두레방이 형성되었다. 그리짐산으로 물 길러 온 여인의 이야기에서 우리는 그것을 본다. 한 사마리아 여인이 목이 말라서 생수를 마시려고 그리짐산으로 무거운 발길을 옮기고 있다. 그녀는 영이 목마르다. 삶에 아무런 의미도 보람도 느끼지 못한다. 세상에서 좋다는 길은 다 걸어 봤는데도 말이다. 이 말은 '남편을 다섯 번이나 갈아 보았는데도'라는 의미다. 고고학자들의 말로는 산 밑에는 여러 개의 우물이 있다고 한다. 그런데 그 물로는 해갈이 되지 않는다는 것이다. 산 정상에 있는 야곱의 우물을 마시면 혹시 나을지도 모른다고 생각해서 머리에 물동이를 이고 손에는 두레박을 들고 오르고 있다. 참된 삶을 탐구하는 구도자의 진지한 모습이다.

다른 한편 예수님의 발걸음은 사마리아로 향하신다. 유대인은 대부분 사마리아로 발걸음을 옮기지 않는다. 예루살렘에서 갈릴리로 가려면 동쪽으로 요단강을 건너 이방인의 땅을 지나야 한다. 그런데 예수님은 사마리아로 발걸음을 옮기신다. 야곱의 우물이 있는 곳에 오신 예수님은 시장하여 야곱의 우물가에 앉으신다. 제자들은 마을로 먹을 것을 구하러 가고 예수님 혼자 앉아 계신다. 사마리아 여인이 무거운 발을 끌고 올라오는 것을 주시하신다. 이렇게 해서 그 여인과 예수님이 해후한다. 진지한 탐구자와 예수님이 만나면 새로운 사건이 벌어질 것이다.

여인이 오자 예수님은 일어나 비껴 서신다. 여인은 기분이 상한다는 듯한 얼굴로 두레박을 우물에 내린다. 물이 담긴 두레박을 들어 올리자 예수님이 그녀에게 말을 건넨다.

"물 한 모금 마시게 해 주시오."

피곤한 길손에게 물 한 모금 주는 것은 상례다. 그런데 이 여인은 다음과 같이 말하며 강하게 반발한다.

"당신은 유대인 남자인데 천한 사마리아 여인에게 물을 달라고요?"

둘 사이에 두터운 장벽이 있다. 그러나 예수님은 그녀에게 부드러운 음성으로 중얼거리듯이 말씀하신다.

"네게 물을 달라고 하는 내가 누구인지를 알았다면 네가 나에게 물을 달라고 하였을 텐데."

예수님의 마음에는 그런 장벽이 없다. 삶의 한 다른 가능성을 보여 주신다. 그러나 이 여인은 그리 쉽게 마음의 문을 열지 않는다.

246

"두레박도 없으면서 무슨 물을 준다는 거죠?"

그 음성은 몹시 차갑다.

그러자 예수님은 놀라운 선언을 한다.

"이 우물의 물을 마시는 사람은 다시 목이 마르지만 내가 주는 물은 그 속에서 샘솟듯 하여 다시 목마르지 않을 것이다."

이 말에 여인은 놀란다.

'속에서 계속 솟는 샘? 다시는 목마르지 않는 물? 그것이 내가 바라는 샘인데…….'

이렇게 속으로 중얼거린 그녀는 그 물을 달라고 청한다. 그녀의 마음이 열리기 시작한 것이다. 그러자 예수님은 도전하신다. 그녀의 남편을 데려오라고 한다. 그녀가 믿고 의지하는 기둥서방을 데려오라는 것이다. 그러자 그녀는 "남편이 없습니다."고 대답한다. 그녀는 믿고

다섯째 마당

의지할 아무것도 없다. 그것이 바로 그녀의 고민이다. 이렇게 하면 행복해진다는 다양한 삶의 길을 다 시도했으나 그녀의 삶에 참된 기쁨과 보람을 주는 경험을 해본 일이 없다는 것이다. 예수님은 그것을 이미 아셨다. 그래서 사마리아로 오신 것이 아닌가? 따라서 예수님은 그녀에게 본격적으로 도전하신다.

"네 말이 옳다. 전에 남편이 다섯이나 있었지만 그 누구도 네게 삶의 만족을 주지 못했지. 지금도 웬 남자와 같이 살고 있지…… 아무 기대도 없이."

그녀는 예수님 앞에 적나라한 모습으로 서게 되었다. 생수를 마시려면 이와 같은 과정을 밟아야 한다. 자기가 무엇을 추구하면서 살았는지, 그것이 얼마나 허망한 것인지 명확히 인정해야 한다. 그리고 그것과 단斷을 하여야 한다. 그렇지 않으면 새 내일을 찾을 수가 없다. 그 다섯 남편은 무엇인가? 예수님은 그것을 세 가지로 보셨다. 요단강에서 세례자 요한에게 세례를 받은 뒤에 단한 탐욕, 권세욕, 그릇된 종교라는 그릇된 삶의 지표다. 예수님은 그것들과 단을 하시고 새로운 길을 찾으셨다. 그리고 그 새로운 길을 전하는 것을 삶의 사명으로 삼으셨다. 그래서 사마리아로 오신 것이다. 그런데 요한복음서 저자는 기둥서방이 다섯이나 있다고 한다. 두 가지를 더 추가했다. 당시 로마제국의 정황을 살펴보면 이 두 가지가 무엇인지 짐작할 수 있다.

첫째, 사기 치는 일이다. 가이사 아우구스토는 스스로 평화의 신이라고 하면서 자신을 신봉하면 구원을 얻는다고 선전한다. 그러면서 그는 무력으로 천하를 정복하여 무자비하게 수탈한다. 어처구니없는 사기다. 그리고 자기는 끝없는 향락으로 나날을 보낸다. 이런 패악이 수천수만의 약자를 사마리아 여인처럼 만들었다.

둘째, 유대인이 바라는 메시아이리라. 메시아가 오시면 시온산이 모든 나무뿌리 위에 치솟고 모든 백성이 그 밑에 와서 살길을 찾을 것이라는 바람이다. 참된 생수를 마시어 삶의 기쁨과 보람을 만끽하려면 이런 거짓 기둥서방과 단을 하여야 한다. 누가 그런 단을 할 수 있는가? 힘을 행사하는 로마 시민이 아니다. 야훼를 섬기는 선민이라는 유대인도 아니다. 죄인이라고 하는 사마리아 사람, 그중에서도 여인들이다. 그들이 다섯 남편이라고 하는 자들과 단을 해야 생수를 마실 수 있다. 그래서 예수님은 사마리아로 찾아오셨다.

여인은 자신의 삶을 밑바닥까지 꿰뚫어보시는 이를 만나자 틀림없이 야훼가 보내신 예언자라고 믿었다. 그녀는 마음 깊은 곳에 숨어 있던 질문을 던진다. '어디 가서 예배를 드리면 야훼 하느님을 만날 수 있느냐'고. 그녀는 있어야 할 것을 있게 하시는 하느님을 만나야 자신의 삶의 문제를 해결할 수 있다고 믿은 것이다. 그것 외에는 다른 도리가 없다고 생각한 것이다. 이 세상 모든 욕망에 실망을 한 자만이 물을 수 있는 질문이다.

이윽고 그녀는 묻는다.

"하느님을 만나려면 예루살렘에 있는 성전에 가야 합니까? 아니면 그리짐산에 있는 성전에 가야 합니까?"

이렇게 두 사람의 해후는 절정에 이른다. 그런데 예수님은 예루살렘 성전도 그리짐산 성전도 아니라고 하신다. 제도 종교란 다 탐욕에 사로잡힌 자들이 자신의 영광을 위하여 세운 거짓 성전이라는 것이다. 사람이 지은 성전이란 다 무용한 기둥서방 중의 하나라는 것이다.

그리고 예수님은 말씀하신다. 하느님을 만나려면 "영과 진리로 예배드려야 한다." 이 세상이 추구하는 다섯 남편으로 상징되는 욕망을 다 끊어버리고 생명의 근원인 그 길만을 갈구해야 한다. 그러면 그와 기화한다는 것이다. 모세가 그랬다. 많은 예언자들도 그랬다. 그리고 예수님 자신이 그랬다. 그러면 삶의 진리가 명확히 보인다는 것이다. 그것이 영과 진리로 예배하는 것이란다. 그러면 이웃을 자기 몸처럼 사랑하여 나누고 용서하고 섬기는 길이 진리라는 것을 깨닫게 된다. 하느님 나라 잔치에 참여한다는 것이다. 바로 그것이 출애굽 공동체의 정신이요, 예언자를 통하여 강조한 메시지요, 고난의 종들이 읊조린 사랑의 샘물을 마셔야 한다는 것이다.

그러고 보면 이 여인이 바로 그런 구도의 길을 걸었다. 살 길을 찾아 다섯 기둥서방들과 지내보기도 했다. 그것들에 다 실망하고 지금 무거운 발길을 끌고 언덕을 올라와서 야곱의 우물에 두레박을 내리기도 했다. 따라서 그녀는 사랑의 화신인 예수님을 만나서 기화의 경험을 한 것이다. 자기의 욕망을 채우기 위한 어떤 방법도 삶의 기쁨과 보람을 주지 못한다는 것을, 하느님의 뜻을 따라서 나누고 용서하고 섬기는 사랑의 길만이 삶에 기쁨과 보람을 준다는 것을 깨달았다. 하느님 나라의 잔치에 참여한다는 것을 말이다. 그래서 그녀는 물동이도 두레박도 내던지고 자기가 살던 동네로 달려갔다. 거기에도 그녀와 같이 삶의 문제에 고민하는 자들이 있었기 때문이다

그녀가 떠난 뒤 제자들이 먹을 것을 가지고 우물가로 돌아와서 예수님을 보았더니 피곤하셨던 모습은 다 사라지고 생생한 모습으로 앉아 계시는 것이 아닌가. 놀란 제자들은 누가 음식을 드린 것이 아닌가 하고 물었다. 그랬더니 예수님이 이렇게 답하셨다.

"나에게는 너희가 알지 못하는 음식이 있다. 하느님 아버지의 일을 하는 것이 나의 음식이다."

진지한 구도자를 깨우치는 것, 그를 중심으로 두레방을 창출하시는 것이 그의 양식이라는 것이다.

그렇게 그 여자는 동리로 달려간다. 두레박도 버린 채로 말이다. 가

서 동리 사람들에게 자신이 우물가에서 겪은 일을 이야기하면서 동리 사람들을 우물가로 이끌어온다. 우물가에서 예수님의 말씀을 들은 그들은 예수님을 동리로 초청한다. 결국 그 동리도 한 두레방이 된다.

예수운동의
분열

이렇게 사랑과 용서의 옹달샘인 예수의 두레방운동은 예수의 죽음과 부활 사건 이후 둘로 분열된다.

첫째, 예수님을 따르던 무리가 이집트를 향해 지중해 동방 지역으로 확산되었다. 그들이 보고 듣고 경험한 사실을 전파했다. 그들은 예수님을 모세나 엘리야와 같은 한 인간으로 하느님 나라의 진리를 가르치고 아름다운 생명문화 공동체를 이룩한 분으로 전하면서 그런 공동체 운동을 확산했다.

250

둘째, 바울은 그가 이해한 예수님을 서방 로마를 향해서 전파했다. 그는 예수님을 만난 일이 없다. 그는 예수님 운동을 전파하는 자를 박해했다. 그런데 그는 부활하신 예수님을 만나고 그를 제2 이사야가 전한 메시아로 확신한다. 그리고 이를 전하는 사도를 자처하여 서방 로마를 향해 선교운동을 했다. 로마서 5장 1절 이하에서 그는 예수님을 본래 하느님과 동등한 분으로 인류의 구원을 위하여 사람의 몸을 입고 탄생하셨다가 로마인의 십자가에 달리어 죽으셨다가 부활하시어 하느님 우편에 앉아 계시다가 다시 오실 때 그를 믿는 자들은 죄 사함을 받고 구원을 받을 것이라고 선전했다.(롬 5:1-11) 하지만 그 후 폭군 네로가 교인들을 무참하게 박해했으나 기독교 교인들은 이를 믿음으로 극복했으나 예수님은 오지 않으셨다. 바울은 하느님에게는 하루가 천년과 같으니 참고 기다리라고 설득했다.

이 두 증언이 로마제국 동방에 와서 갈릴리 전통과 대결했다. 당시 콘스탄티누스 대제는 로마제국을 점령한 후 분란 많은 거대 제국에 강력한 국교를 제정하면 안정시킬 수 있다고 생각하고 당시 가장 생명력이 있는 종교를 예수운동으로 보았다. 따라서 그는 예수운동을 국교로 삼기로 결정했다. 그런데 예수운동이 둘로 갈라져 있기에 이를 화합시키려고 니케아(지금의 터키 이즈니크)에 있는 그의 궁전에 교회의 첫 대회를 열었다. 분열이 된 두 예수 집단을 하나로 만들라는 것이다. 그러나 분열이 된 두 견해를 하나로 화합하는 것은 쉬운 일이 아니다. 모두 자기의 신앙을 절대시하기 때문이다. 그러다가 '호모우시아'라는 말로 두 신학 사조를 하나로 묶기로 결정했다. '호모'는 '동일하다'는 말이고 '우시아'는 '삶의 본질'을 말한다. 예수님과 하느님은 우시아가 같다는 말이다. 이것은 바울의 주장과는 잘 어울린다. 그러나 유대 땅에서 남하한 자들 가운데는 이를 받아들이지 못하는 이가 많았다. 따라서 논란은 계속되었다. 그러나 이 결론을 받아들이는 자들이 정통교회를 형성하고 이를 받아들이지 않는 자들을 박해했다. 따라서 그들은 지하로 잠적했다.

국교가 된 교회에는 엄청난 과제가 주어졌다. 로마 시민이 다 교인이 되었는데 이들에 대한 지도가 문제였다. 그래서 그들은 일곱 가지 성례전聖禮典을 창설했다. 아기가 태어나자마자 주는 유아세례, 좀 더 자라서는 견신례, 주일날 신부에게 하는 죄의 고백, 성찬 참여, 그리고 결혼식과 임종 시 위로식을 신부에게서 받아야 한다. 신앙생활이 완전히 신부의 손에 달렸다. 황제도 신부에게 세례를 받아야 한다. 따라서 곳곳마다 대사원을 지어야 했다. 그러나 이것은 농민에게 큰 부담이 되었다.

권력은 오래되면 타락하게 마련이다. 대사제에게서도 이런 현상이

251

나타났다. 간음하여 자식을 낳는 일까지 발생했다. 중세기 저명한 시인 단테는 그의 작품 「신곡」이란 시에서 교황을 연옥 최하층에 버린다. 이러한 교회의 타락상은 더욱 심해져 급기야 가톨릭 교황청을 건축하려고 전 유럽에서 모금 운동을 벌였다. 이 과정에서 알브레히트 대주교는 테첼 수사를 면죄부 판매원으로 삼아 면죄부를 사면 지옥에 떨어진 영혼도 사함을 받아 연옥에서 탈출할 수 있다고 목청을 높였다.

이것을 본 독일 비텐베르크에서 신학을 가르친 젊은 승려 마르틴 루터는 1517년 비텐베르크 대사원 정문에 95개조의 성명서를 게시하여 로마 교회에 반발하는 종교개혁을 시작했다. 그것이 1517년 10월 31일이다. 그는 성서를 독일어로 번역하고 초등학교를 보편화하여 국민이 성서를 읽게 했다. 이러한 종교개혁운동이 유럽에 확산되어 일대 변화를 불러왔다.

종교개혁의
여파

다른 한편 스위스에서도 종교개혁이 시작되었다 스위스의 츠빙글리가 선구자다. 그는 특히 아기 세례에 의문 부호를 던졌다. 성서에서 세례란 성인이 자기 죄를 고백하고 새로운 삶을 살기로 결정한 사람에게 주는 의식이다. 아기 세례란 찾아볼 수가 없다. 이 주장을 이어받은 콘라트 그레벨과 펠릭스 만츠가 이 운동의 주도자였다. 그들은 다 유복한 가정의 지성인이었다. 그들을 중심으로 한 신앙 동지들이 단행한 최초의 성인 세례는 1525년 초에 취리히 외곽의 아인지델른에서 시행되었으며 곧이어 대중운동으로 진행되었다. 그들은 아기 세례는 무의미하다는 것이다. 사회는 그들을 아나밥티스트[anabaptist], 일명 재세례파로 불렀다. 두 번 세례를 받은 자라는 의미다. 저들은 이 호칭을 거부했다. 아기 세례란 무의미하기 때문이다. 그러나 결국 그것이 그들의 호칭이 되고 말았다.

그들은 그동안 예수 운동을 이끌어 온 로만가톨릭 교회에 반발했다. 이 세상 정치권과 결탁하여 지나친 교권주의로 형식화하여 갈릴리 청년 예수님의 가르침에서 이탈했기 때문이다. 서구의 주류 제도 교회는 철저히 바울 서신에 근거해서 전개되었다. 특히 로마서가 중심 역할을 했다. 반면 아나밥티스트 신학은 20세기 중남미에서 시작되어 해방신학이 발흥하기까지 출애굽기와 복음서를 중심으로 예수님을 초점으로 하는 신학을 전개했다. 아나밥티스트 공동체는 복음서, 특히 산상수훈을 중심으로 삶을 영위했다.

이 운동은 농민들의 호응을 받았다. 중세기 농민은 예수님 당시의 농민처럼 사회의 지배층과 가톨릭교회에 수탈당하고 있었다. 따라서 재세례파의 깨우침에 따라서 서로 협조하면서 사는, 말하자면 초대교회 정신을 따르는 두레방운동을 진행했다. 그들은 완전 자치를 주장했고 국가의 간섭을 거부했다. 또 재세례파의 신앙에 따르면 구원받은 자들의 공동체인 교회는 국가로부터 독립해야 하는데, 국가가 제정한 법에 따라 죄인을 처벌하는 것이 국가의 유일한 존재 이유라고 보았기 때문에 국가로부터 수난을 받았다. 대부분의 재세례파는 그리스도교도가 사회질서를 유지하고 정의로운 전쟁을 명분으로 무력을 사용하는 것에 반대했으며, 시민 선서도 거부했다. 이런 신앙 때문에 수천 명의 재세례파들이 죽임을 당했다.

재세례파 운동은 취리히의 젊은 지식인 집단 가운데에서 처음 생겨났는데, 이들은 츠빙글리가 행정관에게 아부하는 듯한 태도를 보이면서 교회의 전반적인 개혁에 주저하는 태도를 보이는 데 반발했다. 스위스에서 벌어진 운동의 좀 더 독특한 신념들 가운데 일부는 미하엘

자틀러의 지도로 준비된 슐라이트하임 고백(1527)의 7개 조항에 제시되었다. 재세례파 지도자들의 격렬하고 비타협적 태도와 그들의 가르침에 함축된 혁명적인 내용 때문에 그들은 차례로 각 도시에서 추방되었으나, 이것은 기본적으로 선교운동을 촉진시켰을 뿐이다. 얼마 후 여러 도시의 시장들은 좀 더 완고한 조치를 취했고, 초기의 재세례파 지도자들은 대부분 옥사하거나 사형을 당했다.

1528년 빈에서 사형당한 발타자르 후브마이어는 현재 체코 지방인 모라비아에 속한 니콜스부르크의 지도자였다. 그곳을 다스리는 영주들은 이주자들이 들어오기를 원했으며, 많은 재세례파들이 그곳에 정착하여 예루살렘의 초대교회를 모델로 삼아 재산 공유를 강조하는 재세례파주의의 한 공동체 양식을 발전시켰다. 재세례파는 처음부터 중세 교회의 개혁을 목표로 삼지 않았으며, 초대교회의 제도와 정신을 복원한 사랑의 공동체를 이루려는 결연한 의지가 있었다. 야코프 후터가 지도자로 있을 때 이들 공생(산)주의적 이주민들은 그의 이름을 따서 후터파로 불렀다. 후터파는 현재 주로 미국 서부와 캐나다에 정착했다. 그러나 그 이후 수년 동안 전통적인 개신교도와 가톨릭교도는 호전적인 소수의 재세례파와 평화적인 다수의 재세례파를 가리지 않고 유럽 전역에 걸쳐 재세례파를 탄압했다. 따라서 수많은 재세례파 사람들은 세계 각지로 도피했다. 수많은 무리가 아프리카로 도피했다. 그리고 러시아로 도피한 사람들은 캐나다로 이주했다. 중남미와 남미에도 많은 수가 도피했다. 미국 펜실베이니아주에도 많이 정착했다. 네덜란드와 독일에도 많은 재세례파 신자들이 남아 공동체생활을 하고 있다.

네덜란드와 북부 독일의 평화적인 재세례파들은 과거에 사제였던 메노 시몬스과 그의 부관 디르크 필립스의 지도 아래 뭉쳤다. 그들의

254

지지자들은 살아남아서 마침내 메노파라는 종파를 형성했다. 메노 시몬스는 본래 가톨릭 수도사였으나 유아 세례에 반대하고 아나밥티스트의 지도자가 되었다. 그는 아나밥티스트 이론을 정리하고 운동 자체를 종교적으로 확립했다. 따라서 그 운동을 메노나이트라고 부른다. 미국에 정착한 메노나이트는 앞으로 미국 각 주에 그들의 운동을 확산시켜 미국을 평화의 나라로 만드는 데 공헌하려고 한다.

미국에서는 산업문화가 퇴조함에 따라 이 메노나이트 공동체는 그들의 평화적인 문화를 재창출하려는 본토인과 더불어 평화적인 두레방 운동을 확산할 것이라고 기대한다.

두레방의 희망을 보다

굴곡이 심한 히브리인의 역사, 특히 거친 다윗 왕조와 바빌론 왕조가 조성한 혹독한 삶의 골짜기를 흘러내려온 그들이 참된 삶을 추구한 역사 속에서, 그리고 율법을 지키는 바리새파 사람들이 비판하는 청년 예수께서 가는 곳마다 죄인 취급당하는 자들과 사랑의 두레방을 만들어 삶의 진리를 깨우치고 참된 삶의 길을 열어주시는 것을 보면서 우리는 창세기 2장에 있는 설화를 떠올린다.

아담의 아들 카인이 약자의 상징인 아벨을 죽이고 강자의 비정한 역사를 세우려다가 바벨탑처럼 무너지고 아벨 대신으로 태어난 셋의 후손이 야훼를 예배하게 된다는 설화다. 이 설화는 예수님의 삶과 가르침에서 실현되었다. 수탈당하고 죄인으로 몰리는 무리 사이에서 태어난 갈릴리 청년 예수님이 아름다운 두레방이라는 친교의 생명문화 공동체를 만들어 진리를 깨우쳐 주신 것이다. 이 진리는 인류 역사에서 거듭 확인된다.

그러나 예수님의 삶과 가르침으로 밝혀진 진리가 힘의 철학에서 벗어나지 못한 바울로 말미암아 다시 후퇴한다. 바울은 메시아 사상에 사로잡힌 열심분자다. 다윗의 후손에서 다시 기름 받은 자가 나타나서 다윗 왕조를 재건할 것이라고 한 제2 이사야의 말을 하느님의 뜻이라고 믿었다. 그래서 십자가에 달려서 처형당한 갈릴리 청년 예수가 부활했고 그가 메시아라고 믿고 이러한 부활 사건을 선전하는 예수 제자들을 박해하는 일에 앞장선 이가 바울이다. 그랬는데 그가 부활하신 예수님을 만난다. 바울은 그 경험을 명확히 말하지 않아 우리는 그것이 어떤 내용인지를 알지 못한다. 부활하신 예수가 다메섹 도상에서 그에게 나타나셨다는 사도행전 기사는 역사적으로 믿을 수 없다는 것이 신약학자들의 결론이다. 바울은 부활하신 예수께서 자신을 이방인을 위한 사도로 선택하셨다고 주장하면서 예수님은 본래 하느님과 같은 분이었으나 인류의 구원을 위하여 사람의 옷을 입고 탄생하시어 로마인의 형틀 십자가에 달려 죽으셨는데 하나님이 다시 살리시어 그의 우편에 앉아 계시게 하다가 이 세상에 다시 오시어 그를 메시아로 믿는 자들과 더불어 하나님 나라를 이룩할 것이라고 전파했다. 그는 동로마제국까지 그 나름의 예수운동을 전파했다.

그러나 예수님과 직접 접촉하여 새로운 삶을 시작한 무리는 남쪽 이집트를 향하여 예수님이 깨우쳐 주신 생명문화공동체운동을 전개해 나갔다. 그러자 이 두 흐름이 서로 충돌했다. 로마제국을 평정한 콘스탄티누스 대제는 그의 정치적 목적을 달성하기 위해 기독교를 국교로 잡으려고 이 두 주장을 통합하려고 하다가 결국 바울 주장에 손을 들어주었다. 그렇게 바울신학에 근거한 로마교회가 국교로 되자 나머지 예수님을 따르는 제자들은 이단으로 규정되어 박해를 받아 모두 지하로 스며들었다.

그러나 이 운동이 서기 1500년경 유럽의 종교개혁운동으로 되살아

257

난다. 루터와 칼뱅이 주창자다. 그러나 그들 역시 바울신학을 추종했다. 츠빙글리는 아기 세례에 의문을 던졌다. 성서에는 아기 세례가 없기 때문이다. 이에 추종하는 사람들이 나타나 서로에게 세례를 주고 복음서에 나타난 예수의 삶과 가르침에 관심을 쏟으면서 초대교회 예수운동을 시작했다. 그러자 주변 사람들은 그들을 아나밥티스트(재세례파)라고 불렀다. 그들은 그런 명명을 부정했으나 아기 세례를 부정하기에 결국 그것이 그들의 이름이 되었다. 그들은 평화주의자로 국가권력 확장을 꾀하는 정부와 그들에 협조하는 기성 교회에 반기를 들었다. 하지만 이 운동은 그동안 천대를 받아온 독일 농민에게 확산되었다. 그들은 가는 곳마다 생명을 소중히 여기는 평화적인 공동체 운동을 일구어가면서 생명이 넘치는 두레방을 확산해 나갔다.

　이렇게 되자 정부는 물론 루터교까지 그들을 박해하기 시작했고 이를 피해 아나밥티스트들은 전 세계로 피해 나갔다. 일부는 구소련으로, 캐나다로, 중남미로 박해를 피해 나갔는데 특히 메노를 따르는 무리는 메노나이트파로 미국에 정착하여 세력을 확산하며 평화교회운동을 전개하였다. 메노나이트는 영국의 퀘이커와 마찬가지로 세계평화운동의 기수가 되었다. 20세기 들어 중남미에서 해방신학이 탄생하여 농민들 사이에서 새로운 기독교생명공동체운동을 시작하여 기독교운동에 새로운 전기를 만들어 주었는데 아마도 이것 역시 중남미로 건너간 아나밥티시트들이 영향을 미치지 않았나 생각한다. 결국 기독교는 새로운 도전에 부딪칠 때마다 새로운 차원으로 한 걸음씩 발전해 나가는 하느님의 끊임없는 창조의 역할이라고 보아야 한다. 두레방 운동도 이와 같은 하느님의 끊임없는 재창조의 표식이다.

　현재 전 세계의 맹주라고 자타가 공인하는 미국에서도 같은 현상이 나타나고 있다. 콜럼버스가 아메리카 대륙을 발견하자 저들은 이것을 임자 없는 땅이라고 하면서 쟁탈전을 벌였다. 그러다가 영국이 승리하여 북미를 장악하면서 이미 살고 있던 선주민을 가혹하게 살육하며 영국 식민지로부터 독립을 선포하고 미합중국을 세웠다. 민이 주인이라는 헌법을 만들어 선포한 뒤 이 헌법은 자기들이 주관한다고 선언한다. 그리고 정부를 부유한 자들을 섬기는 기관으로 운용했다. 정당으로는 민주당과 공화당을 만들었으나 양당 모두 부호들이 돈으로 조종했다. 국민의 반발이 없는 것은 아니나 부호들은 정치인을 매수하여 그들의 탐욕을 채우고 세계 여러 곳을 계속 분쟁지역으로 만들어서 미군을 출동시키거나 제3세계의 독재자에게 무기를 팔아 치부했다. 그러는 과정에서 미국은 압도적인 패권을 쥐었다. 미국은 세계 800여 곳에 미군 기지를 설치하여 스스로 세계 경찰국가로 자임하고 있다.

259   그런데 시장경제제도가 세계화 추세를 따라 미국 기업이 노동력이 낮은 나라로 공장을 옮기자 미국 내에는 실직자들이 급격히 늘어나 나라의 미래가 암담하게 되었다. 그렇다고 전 세계에 설치한 미군 부대를 철수할 수도 공장을 다시 국내로 이전할 수도 없다. 이 문제 해결을 자신한 오바마 대통령도 속수무책이다. 오히려 새로 일어나는 거대한 정치경제 강대국인 중국과 대결하기 위하여 일본과 한국을 미국 군사력에 종속시킨 한·미·일 군사동맹을 강조하면서 중국에 압력을 강화한 것이 결국 중국을 군사대국으로 성장시킨 결과를 초래했다.

미국은 한국전쟁에 개입하여 냉전체제의 희생물로 삼았다. 이 전쟁의 뿌리는 한국을 남과 북으로 갈라놓는 데서 시작되었다. 1950년 1월 12일 미국의 애치슨 국무 장관이 한국은 미국의 방어선에 속하지 않는다고 선포를 했고 한국에서 미군을 철수하자 김일성은 1950년 6월 25일 탱크를 몰고 남한을 침략하여 부산지역까지 진격을 했다. 그 결과 남한은 초토화되었다. 그러자 미국은 맥아더 장군으로 하여금 미군을 인천에 상륙하게 하여 유엔군이라는 명분하에 16개 국가들의 추가병력 지원을 얻어서 인민군을 압록강과 두만강까지 몰고 올라간다. 이에 대하여 중공의 농민군이 인해전술로 쳐들어 왔다. 밀고 밀리는 대치 속에서 유엔군은 38선 주변에서 대치하다가 휴전협정을 맺고 38선 주변을 중심으로 휴전선을 그었다. 그리고 오늘에 이르기까지 한반도를 갈라진 채로 유지한다. 왜 그러는가? 그것은 위험지대를 유지하여 그들의 무기를 판매하기 위해서이다. 이러한 악의 고리로 인해 한국은 철저히 미국에 종속될 수밖에 없는 운명이고 이러한 잘못된 체제로 인해 가장 피해를 보는 대상이 바로 기지촌 여성들이다.

군산복합체를 기조로 하는 세계자본주의의 폭력적 산업문화는 군수물자를 생산해서 상상할 수 없는 거액의 이윤을 남기며 판매할 뿐만 아니라 800여 곳 이상의 전 세계 미군기지 주변에 성산업을 온존시킨다. 그래서 미군기지를 제공한 국가 여성들이 가장 소중한 자기 몸을 판매하는 성매매사회가 형성된다. 군사강대국이 만든 해외군사기지에서 자행되는 수많은 성폭력적 반인류행위는 인류를 도살장으로 몰고 간다. 겉으로만 보면 오늘날 인류를 파멸의 길로 이끄는 군사주의와 신자유주의적 경제위기를 극복하는 길이 보이지 않는다.

하지만 인류에게 그런 사회가 있었다. 출애굽 공동체가 그런 곳이다. 모두가 공동체에 헌신하는 한 사람으로만 지내고 능력 있는 사람도 왕이 되기를 거부했다. 미국 선주민 공동체는 자연도 사랑하면서 조화롭게 오순도순 행복하게 살았다. 1960년대 청년들은 그런 문화를 이루려고 아우성을 쳤다. 이러한 시대적 몸부림을 당시 찰스 레이 교수는 미국의 인간성 회복이라고 보았고 앞으로 미국 중산층이 이러한 청년들의 가치관을 소유하게 되면 미국도 희망이 보일 것이라고 기대했다.

이러한 기대가 미국 내에서도 다양한 생명문화공동체운동으로 발화되었고 또한 신자유주의에 저항하는 반세계화 시위도 가열차게 일어나곤 했다. 세계 곳곳에서도 여전히 비참하고 폭력적 삶에 던져진 이들에게 생명수를 건네는 두레방이 세계 각 곳에 있다. 폭력적 산업문화가 압도하는 가운데 생명문화공동체가 여기저기서 싹트고 있다. 폭압적인 산업문화에 밀려서 몸을 팔면서도 오순도순 더불어 살던 삶을 위해서 자신을 내던져 살리려던 생명문화공동체가 다시 살아나야 한다. 힘을 행사하는 나라들이 사라지고 정의와 사랑이 강같이 흐르던 출애굽 문화, 미국 인디언의 자연주의 문화, 갈릴리 청년 예수님이 세리 마태와 자캐오와 이루신 두레방, 가파르나움에서 중풍환자와 일군 두레방, 시린페니키아 여인의 딸을 통해 이룬 두레방, 사마리아 여인과 함께 한 두레방 등에서 보여주신 생명문화공동체의 부활은 산업문화가 창출한 강자의 바벨탑이 무너진 새로운 조건 속에서 기대해야 한다. 오늘 두레방 여인들의 증언을 되새기면서 출애굽 문화가 오늘까지 이어지는, 갈릴리 청년 예수님이 이룩한 생명문화공동체가 부활하는, 그리고 미국 선주민이 보존해 온 자연과 인간의 공생문화가 되살아나는 기운을 느낀다.

억눌렸던 하비루들이 이집트 폭정을 박차고 탈출하여 정의와 평화의 공동체를 이루었다는 출애굽 사건을 통해 오늘의 하비루인 두레방 여인들이 인류의 새 내일을 여는 역사적 주체로 우뚝 설 수 있다는 믿음이 우리에게 있다. 하느님은 억눌리고 수탈당하는 약자와 더불어 그의 뜻이 이루어지는 생명문화공동체를 이룩하셨다는 성서의 증언이 그것이다. 창세기 2장에서 11장에 있는 이른바 원 역사에서 갈릴리 청년 예수에게 이르기까지 히브리 민중의 도도한 생명사랑에서 우

261

리는 인류의 희망을 본다. 그래서 "이런 두레방을 알게 해 주신 하느님의 크신 은혜를 감사합니다." 하고 고백하는 여인들의 증언이 인류 역사의 소망이다.